"十四五"时期国家重点出版物出版专项规划项目（重大出版工程）
中国工程院重大咨询项目
中国农业发展战略研究（2050）丛书

第一卷

至 2050 年
中国种植业发展战略研究

中国工程院"至2050年中国种植业发展战略研究"课题组
邓秀新　青　平　罗小锋　主编

科学出版社
北京

内容简介

本书是中国工程院重大咨询项目"中国农业发展战略研究（2050）"的研究成果，在梳理过去 40 年全球与中国种植业发展演变状况的基础上，总结与分析了中国种植业发展现状和面临的机遇与挑战，并分析了至 2050 年中国主要农作物生产经营状况和发展趋势、中国种植业生产方式与发展趋势，以及中国种植业发展目标与战略等。

本书适合从事农业发展战略研究、农业产业生产的相关人员阅读，可供从事农林研究的科研院所、高校的科技工作者参考，也适合关心国家农业发展的其他读者收藏和阅读。

图书在版编目（CIP）数据

至 2050 年中国种植业发展战略研究 / 邓秀新，青平，罗小锋主编. -- 北京：科学出版社，2025.6. --（中国农业发展战略研究（2050）丛书）. ISBN 978-7-03-081058-8

Ⅰ．F326.1

中国国家版本馆 CIP 数据核字第 2025A2A848 号

责任编辑：马　俊　岳漫宇　闫小敏 / 责任校对：郑金红
责任印制：肖　兴 / 封面设计：无极书装

科 学 出 版 社 出版
北京东黄城根北街 16 号
邮政编码：100717
http://www.sciencep.com

北京建宏印刷有限公司印刷
科学出版社发行　各地新华书店经销

*

2025 年 6 月第 一 版　开本：787×1092　1/16
2025 年 6 月第一次印刷　印张：9 3/4
字数：231 000

定价：150.00 元
（如有印装质量问题，我社负责调换）

"中国农业发展战略研究（2050）"
项目组成员名单

顾　问

宋　健　徐匡迪　周　济　李晓红　潘云鹤　沈国舫

组　长

刘　旭　邓秀新

副组长

罗锡文　唐华俊　李德发

成　员

孙宝国	王　浩	陈君石	尹伟伦	盖钧镒	陈温福
李　玉	李　坚	康绍忠	戴景瑞	汪懋华	武维华
傅廷栋	颜龙安	官春云	桂建芳	陈焕春	陈剑平
山　仑	李佩成	南志标	陈学庚	荣廷昭	向仲怀
朱有勇	麦康森	黄季焜	青　平	王济民	王金霞
盛　誉	高中琪	左家和	王晓兵	侯玲玲	解　伟
黄海涛	鞠光伟	杨　波	王　波	王　庆	梁真真
缴　旭	宝明涛	吕　彤	侯晓云		

中国工程院"至 2050 年中国种植业发展战略研究"课题组成员名单

组　长	邓秀新	中国工程院院士、华中农业大学，教授
	青　平	华中农业大学，教授
副组长	罗小锋	华中农业大学，教授
	周　晶	华中农业大学，副教授
成　员	李晓云	华中农业大学，教授
	宋长鸣	华中农业大学，副教授
	杨志海	华中农业大学，副教授
	肖小勇	华中农业大学，副教授
	闵　师	华中农业大学，教授
	张晓恒	南京航天航空大学，副教授

丛 书 序

2017年，党的十九大报告首次提出，实施乡村振兴战略，要求坚持农业农村优先发展，加快推进农业农村现代化。过去四十年，中国农业GDP年均增长4.5%，农业支持保护政策体系不断完善，强农惠农富农政策力度不断加大，成功解决了近14亿人口的吃饭问题，创造了世界农业发展的奇迹。科技进步、制度创新、市场改革和农业投入是过去四十年农业增长的主要驱动力。但农业发展也面临主要农产品比较优势与竞争力下降、农业科技创新体制不顺、农业转型升级缺乏关键技术与政策支撑、农业资源与生态环境恶化等多重挑战。

为更好地落实乡村振兴发展战略，为实现四化同步和两阶段奋斗目标提供决策依据，有必要在全球背景下，展望2035年和2050年我国农业发展前景和方向，明确2035年和2050年的分阶段发展目标，并围绕种植业现代化、养殖业现代化、生产方式与产业体系、资源环境与可持续发展等重点领域开展前瞻性和战略性研究，提出加速实现农业现代化的总体思路、战略重点、关键措施和政策保障。

2018年1月至2020年6月，中国工程院开展了"中国农业发展战略研究（2050）"重大战略研究与咨询项目。项目共有30位院士、200余位相关领域内的专家学者、近40家科研院所和大学参加。

项目研究认为，未来几年口粮需求将继续缓慢下降，饲料和畜产品需求将持续增长，2035年食物总量需求达峰后进入结构微调阶段，绿色安全的高值农产品需求显著增长；现在至2035年是我国农业向可持续和现代化发展的关键转型时期，2035年至2050年是我国农业可持续发展和现代化的稳步提升时期。

项目提出至2025年、2035年和2050年分阶段的发展思路、发展目标、战略重点和保障措施与政策的路线图。

总体发展思路：以创新、绿色、高效和可持续发展为理念，在保障国家口粮绝对安全和粮食总供给自主可控的前提下，分阶段推进高值与永续农业发展，最终全面实现农业现代化。2025年前，重点通过体制机制、科技和投入等创新，加快农业供给侧结构性改革进程，大幅提升农业全要素生产率。2025年至2035年，重点发展现代智慧农业，加速农业现代化进程；并基于各地比较优势和水土资源承载力，优化各区域农业发展路径和发展模式。2035年至2050年，重点巩固和提升农业可持续发展和农业现代化水平。

总体战略目标：各阶段都确保口粮绝对安全。在2025年、2035年和2050年，谷物自给率分别达95%、88%和85%以上，猪肉自给率分别达98%、96%和95%，牛羊肉自给率分别达80%、70%和60%以上。并分别于2025年、2035年和2050年全面实施、基本实现和全面实现高质与可持续发展的现代化农业。

为实现以上分阶段的总体战略目标，建议分阶段实施"口粮绝对安全与食物供给自主可控的底线保障战略""全面提升农业全要素生产率的创新发展战略""对外开放与保障国家食物供给能力的国际发展战略""基于比较优势与资源承载力的区域农业可持续发展战略""绿色高效多功能的高值农业的转型发展战略""现代智慧生态化农业的跨越发展战略""制度、政策与投资创新引领的现代农业创新战略"等七大重点战略。建议分阶段实施"现代生物育种与种业创新""农地地力提升""种养结合循环农业""科技创新与人才培养"等重点工程。建议加快农业优先发展的体制机制保障建设、实施国家农业科技创新与农民教育培训人才计划、构建高值农业与可持续发展的政策支持体系、积极推进全球贸易治理体系建设等。

"中国农业发展战略研究（2050）丛书"是众多院士和多部门多学科专家教授、企业工程技术人员及政府管理者辛勤劳动和共同努力的结果，在此向他们表示衷心的感谢，特别感谢项目顾问组的指导。

希望本丛书的出版，对深刻认识我国农业发展面临的新挑战和新机遇，强化各区域食物安全保障能力，确保国家食物安全起到积极的作用。

"中国农业发展战略研究（2050）"项目组

2024 年 6 月 30 日

前　言

　　农业，作为人类社会的根基产业，承载着人类生存与发展的重任。在时代的浪潮中，农业历经沧桑巨变，但始终坚守着其核心价值与使命。在当今全球化的时代背景下，农业的发展更是牵一发而动全身，与经济、社会、生态等诸多领域紧密相连。农业的发展对于国家的稳定、人民的福祉以及全球的粮食安全都有着不可替代的重要性。

　　本书的撰写，始于对过去 40 年中国种植业发展演变状况的细致梳理。这 40 年，是全球农业技术飞速发展、市场格局深刻重塑的时期，也是中国种植业在改革开放浪潮中从传统走向现代化的关键阶段。我们回溯这段历史，不单是为了总结经验、汲取教训，更是为了从中探寻规律，为未来的发展筑牢根基。通过深入分析中国种植业的现状，我们清晰地看到其在产量提升、技术进步、产业融合等方面取得的显著成就，同时敏锐地捕捉到其在资源环境约束、市场竞争加剧、气候变化等诸多因素交织下所面临的严峻挑战。

　　然而，挑战与机遇总是并存的。随着科技的不断突破、政策的持续支持以及全球农业合作的日益深化，中国种植业正站在一个新的历史起点上。本书深入剖析了至 2050 年中国主要农作物生产经营状况的发展趋势，从品种选育、种植技术、市场流通到消费趋势，全方位勾勒出一幅未来农业发展的宏伟蓝图。同时，我们着重探讨了中国种植业生产方式的变革方向，正在从传统的以人力、畜力为主向机械化、智能化、绿色化加速转型，这一转型不单是技术的进步，更是发展理念的革新，是对可持续发展理念的深刻践行。

　　明确的发展目标与战略是引领中国种植业走向未来的灯塔。本书在综合考虑国内外诸多因素的基础上，提出了切实可行的发展目标与战略举措。这些目标既立足于保障国家粮食安全、满足人民日益增长的美好生活需要，又着眼于提升中国农业在全球的竞争力与影响力；战略举措则涵盖了技术创新、产业融合、政策支持、人才培养等诸多关键领域，旨在构建一个全方位、多层次、可持续的农业发展体系。

　　我们深知，农业的发展是一项长期而艰巨的任务，需要全社会的共同努力。本书的出版，旨在为从事农业发展战略研究、农业产业生产的相关人员提供一份权威、全面的参考，助力其在各自的岗位上更好地把握方向、作出决策；同时希望为科研院所、高校的农林科技工作者提供一个交流、碰撞思想的平台，激发更多的创新思维与研究成果；此外，对于那些关心国家农业发展的其他读者，我们希望通过本书，让大家更加深入地了解农业、关注农业，共同为农业的繁荣发展贡献力量。

　　在未来的岁月里，中国种植业将在时代的浪潮中继续前行，而本书所提出的观点与建议，也将随着实践的深入不断接受检验并完善。我们期待与每一位读者共同见证中国农业迈向 2050 年的辉煌征程，为实现农业强国的目标而携手共进。

目　　录

第一章　中国种植业发展现状和面临的机遇与挑战 1

第一节　过去40年中国种植业发展历程与演变特征 1
一、发展历程 1
二、演变特征 4
三、主要成就 7
四、主要经验 10

第二节　中国种植业发展中存在的主要问题 12
一、生产经营主体与现代化发展需求不匹配 12
二、食物需求增长与资源环境约束不协调 12
三、食物供给与消费需求不平衡 13
四、区域布局与地方资源状况不匹配 14
五、基础设施建设进度与发展需求不匹配 14
六、国内发展与国际市场环境不协调 15
七、"粮头"与"食尾"和"农头"与"工尾"发展不平衡 15

第三节　新时代中国种植业发展面临的机遇与挑战 16
一、面临的机遇 16
二、面临的挑战 26

第四节　国外种植业发展的新趋势及经验 35
一、美国 35
二、欧洲 37
三、日本 40
四、澳大利亚 43

第二章　中国主要农作物生产经营状况和发展趋势 46

第一节　生产比较优势与国际竞争力 46
一、水稻 46
二、小麦 49
三、玉米 51
四、棉花 52
五、油菜 54

六、蔬菜 ··· 56

　　七、水果 ··· 59

　　八、小结 ··· 60

第二节　经营状况 ··· 61

　　一、水稻 ··· 61

　　二、小麦 ··· 63

　　三、玉米 ··· 65

　　四、棉花 ··· 67

　　五、油菜 ··· 68

　　六、蔬菜 ··· 70

　　七、水果 ··· 72

　　八、小结 ··· 76

第三节　生产布局演变的主要驱动因素与趋势 ··· 77

　　一、生产布局演变 ·· 77

　　二、生产布局演变的主要驱动因素 ·· 83

　　三、生产布局演变趋势 ·· 86

第四节　种植方式演变的主要驱动因素与趋势 ··· 88

　　一、种植方式及其演变 ·· 88

　　二、种植方式演变的主要驱动因素 ·· 92

　　三、种植方式演变趋势 ·· 94

第五节　主要科技创新发展方向 ·· 95

　　一、种植业技术发展的总目标 ·· 95

　　二、当前种植业技术中存在的主要问题 ··· 95

　　三、种植业技术的发展方向 ··· 99

第三章　中国种植业生产方式与发展趋势 ·· 105

第一节　农业机械化的发展情况 ··· 105

　　一、农业机械化的总体情况 ··· 105

　　二、农业机械化面临的现实问题 ··· 107

　　三、农业机械化的未来展望 ··· 111

第二节　现代高新技术的认知与应用、发展趋势 ·· 113

　　一、现代高新技术的认知与应用 ··· 113

　　二、现代高新技术的发展趋势 ·· 114

第三节　农业社会化服务的需求与供给 ··· 115

一、农业社会化服务的战略意义 115
　　二、农业社会化服务的供需分析 116
　　三、农业社会化服务的未来展望 119
　　四、农业社会化服务的重要启示 120
　第四节　种植业生产与生态环境 120
　　一、化肥、薄膜、农药的使用现状 120
　　二、种植业绿色生产的意义 122
　　三、农户对生态环境的认知现状 122
　　四、气候变化对农户种植业生产经营的影响 124
　　五、生态环境约束下种植业的发展趋势 125

第四章　中国种植业发展目标与战略 127
　第一节　发展目标 127
　　一、2025年目标 127
　　二、2035年目标 127
　　三、2050年目标 127
　第二节　发展战略 127
　　一、食物安全保障战略 127
　　二、农业产业融合发展战略 131
　　三、现代智慧生态农业发展战略 132
　第三节　重大工程 134
　　一、高标准农田建设工程 134
　　二、"良种培育"建设工程 135
　　三、新型经营主体培育工程 135
　　四、种养结合循环农业工程 136
　第四节　发展路线图 137
　　一、食物安全保障战略路线 137
　　二、农业产业融合发展战略路线 138
　　三、现代智慧生态农业发展战略路线 138

参考文献 140

第一章 中国种植业发展现状和面临的机遇与挑战

第一节 过去40年中国种植业发展历程与演变特征

一、发展历程

自1978年以来,我国种植业发展在总体上呈现增长态势。粮食作物与经济作物产量不断增长,粮食作物由1978年的3.05亿t增至2018年的6.58亿t,增长了1.16倍,棉花产量从216.7万t增至610万t,增长了1.81倍,其他经济作物的产量也呈上升趋势;同时种植业贸易规模不断扩大。不过,种植业在不同时期呈现不同的变化态势,其发展历程大致可划分为以下四个阶段。

(一)第一阶段:1978~1984年

这一阶段的主要特征是农业发展政策的不断提出推动种植业生产能力显著提升,粮食作物与经济作物产量实现大幅度增长。1978年,党的十一届三中全会后,我国在农村地区逐步推行家庭联产承包责任制;1982年,中央一号文件进一步确认包产到户的合法性,激发了广大农民的生产积极性;1983年,中共中央印发《当前农村经济政策的若干问题》,提出要促进农业从自给半自给经济向较大规模的商品生产转化,从传统农业向现代农业转化,推动种植业向现代化转变;1984年,《中共中央关于1984年农村工作的通知》提出延长土地承包期,允许有偿转让土地使用权,减少统派统购的品种和数量,进一步减轻了对农民的约束,上述政策都推动了种植业的快速发展。

种植业的快速发展体现在粮食作物与经济作物总产和单产的不断提高。由于农业科技水平的提高带动了粮食品种的优化,粮食总产从1978年的3.05亿t增至1984年的4.07亿t,首次登上4亿t的台阶,增幅达33.44%;粮食单产从1978年的2527.3kg/hm^{2}提高到1984年的3608.18kg/hm^2。棉花总产也从1978年的216.7万t增长到1984年的625.84万t;同期,全国取消布票,结束了棉纺织品管制史,棉花播种面积从4866.4×10^{3}hm^{2}增至6923.13×10^{3}hm^2;同时棉花单产大幅提高,从445.3kg/hm^{2}增至806.69kg/hm^2,增加81.16%。1978~1984年,油料作物总产从521.79万t增至1190.95万t;播种面积也不断扩大,从6222.331×10^{3}hm^{2}扩大到9343.07×10^{3}hm^2;单产从838.58kg/hm^{2}增至1264.82kg/hm^2。糖料作物总产从1978年的2381.87万t增至1984年的4780.36万t;单产从27 083.12kg/hm^{2}增至39 076.64kg/hm^2,增加44.28%。1978~1984年,果蔬菜茶等农产品的产量也得到提升。农产品供给水平的大幅度提高,终结了我国主要农产品长期短缺的历史,并使城乡居民生活得到显著改善。

（二）第二阶段：1985～1998年

这一阶段的显著特征是农村改革与发展持续推进，种植业生产能力在波动中上升，进出口贸易快速增长。1985年，国家取消统购统销制度，市场调节范围扩大，推动了种植业结构调整；1986年，中央一号文件进一步调整城乡、工农关系，农业投入增加，促进了种植业生产；1992年，邓小平同志发表南方谈话，农村改革开始向社会主义市场经济转变，第二轮土地承包期延长了30年，建立了农产品收购保护价政策，农村市场经济体制进一步完善，农村经济稳定增长，种植业不断发展（朱晓峰，2013）。

1985年，粮食播种面积为1.09亿hm^2，至1998年达到1.13亿hm^2；粮食总产在波动中增长，1985～1987年从3.79亿t增至4.03亿t，1988年降至3.94亿t，随后缓慢上升，至1998年达到5.08亿t，1985～1998年的14年增产1.29亿t，增加34.04%；粮食单产从1985年的3483kg/hm^2提高到1998年的4492.59kg/hm^2，增加28.99%。1985～1991年，棉花总产从414.67万t波动增至567.5万t，达到这一阶段的最高点，之后在波动中下降，1999年减产至382.88万t；1999年，棉花播种面积降至这一阶段最低点，为372.56万hm^2，相比于1985年的514.03万hm^2下降27.52%；棉花单产从1985年的806.69kg/hm^2波动增加至1998年的1027.71kg/hm^2，增加27.40%。1985～1998年，油料作物总产从1578.42万t增至2602.15万t；种植面积从1179.98万hm^2缓慢增至1291.91万hm^2；单产从1337.67kg/hm^2波动增至1791.03kg/hm^2，增加33.89%。糖料作物的总产、播种面积和单产均在波动中增长，总产在1998年达到9790.41万t，播种面积从1985年的152.53万hm^2波动增至1998年的198.43万hm^2，与此同时，单产从36 944.06kg/hm^2波动增至49 339.13kg/hm^2，增加33.55%。果蔬茶等种植业产品也快速增长，水果产量从1996年的4652.8万t增至1998年的5452.9万t，蔬菜产量从1995年的25 726.71万t增至1998年的38 491.93万t，茶叶产量从1985年的43.23万t增至1998年的66.5万t。

与此同时，进出口贸易推动了种植业发展。1995～1998年，谷物与谷物粉贸易顺差不断扩大，进口量缩小，从2040万t减至388万t，减少80.98%，出口量则从1996年的124万t增加至1998年的888万t；大豆自给能力显现出不足的趋势，进口远大于出口，进口量从0.1万t迅猛增至319.7万t，出口量从1994年的83万t缩减至1998年的17万t；食糖进口量大致呈下降态势，茶叶及蔬菜出口量不断扩大，意味着我国种植业在这一阶段发展较好。

（三）第三阶段：1999～2009年

这一阶段的主要特征是农村改革与发展进入新的时期，种植业生产能力大体呈增强趋势，种植业进出口规模不断扩大。20世纪90年代农产品连年丰收后，出现全国性的销售不畅和积压，农民收入增长缓慢，城乡居民收入差距由20世纪80年代的1.8∶1扩大到3.1∶1。为促进农业增产、农民增收，2004年中共中央、国务院印发了《关于促进农民增加收入若干政策的意见》，促进了农业结构调整与农民就业增收；2005年中央一号文件强调要加强农业基础设施建设，提高农业综合生产能力；除了农业发展与农民增收，农村建设也是党中央密切关注的问题；2006年中央一号文件把建设社会主义新农村作为重中之重，推进了"三农"问题的解决。这一时期，农村经济结构战略性调整大步推进，农村改革取得阶段性新突破，农村各项社会事业加快发展，推动了种植业的长足进步。

这一时期，种植业生产在波动中上升。1999～2009年，粮食播种面积从1.13亿hm²变动至1.10亿hm²；总产在波动中增长，从5.08亿t增至5.39亿t；单产不断提高，从4492.59kg/hm²提高到4870.55kg/hm²，增加8.41%。棉花总产从1999年的382.88万t波动增长至这一阶段的最高点759.71万t后，又在2009年降至623.58万t；棉花播种面积从1999年的372.56万hm²波动增至2009年的448.47万hm²。1999～2009年，油料作物总产从2601.15万t增至3139.42万t；种植面积从1390.6万hm²降至1344.46万hm²；单产也不断增加，从1870.53kg/hm²上升至2335.08kg/hm²，增加24.84%。糖料作物的总产在波动中增长，从1999年的8334.12万t增至2009年的12 276.57万t；单产从50 700.34kg/hm²持续增至65 166.87kg/hm²；播种面积从165.38万hm²波动增至180.45万hm²。果蔬茶产业也得到长足发展，1999～2009年，水果产量从6237.6万t增至19 093.71万t，蔬菜产量从30 513.52万t增至61 823.81万t，茶叶产量从67.6万t增至135.06万t。

2001年我国加入世界贸易组织（WTO）后，农业对外开放水平大幅度提高，进出口贸易规模不断扩大。1999～2009年，蔬菜出口量进一步扩大，从225万t增至636万t，增加1.83倍；茶叶出口量稳中有升，从19.96万t扩大到30.29万t；大豆进口量进一步增大，从431.7万t增至4255万t；棉花进口量再次增加，从5万t增至153万t。

（四）第四阶段：2010～2018年

这一阶段的主要特征是农业改革不断推进，种植业生产能力有所提升，进出口贸易不断增加。这一时期，农产品供求关系已从"总量基本平衡、丰年有余"转变为"总量紧平衡、结构性短缺"，农业发展的资源环境约束日益趋紧，加快农业"引进来"和"走出去"步伐的机遇与风险并存。因此，每年发布的中央一号文件都要求推进农业现代化建设，确保国家粮食安全，加快农业结构性改革，实现农产品有效供给与供求平衡，进而推动种植业发展。

2010～2018年，粮食播种面积变动幅度较小，从1.12亿hm²扩大至1.17亿hm²；总产总体呈增长趋势，从5.59亿t增至6.58亿t；单产从5005.69kg/hm²提高到5621.17kg/hm²，增加12.30%。棉花总产从577.04万t波动增至610万t；播种面积则表现出下降趋势，从436.6万hm²降至335万hm²。油料作物总产从3156.77万t增至3433.39万t；种植面积从1369.54万hm²降至1287.24万hm²；单产从2304.99kg/hm²上升至2667.24kg/hm²。糖料作物的总产在波动中小幅增加，从11 303.36万t增至11 937.41万t；单产从62 477.53kg/hm²持续增至73 554.10kg/hm²，增加17.73%；播种面积从180.92万hm²波动降至162.29万hm²。水果产量从20 095.37万t增至25 688.35万t，蔬菜产量从65 099.41万t增至79 779.71万t，茶叶产量从146.25万t增至261.04万t。

2010～2018年，谷物与谷物粉进口量不断扩大，从571万t增至2047万t，增加2.58倍，出口量从2010年的120万t降至2015年的47.84万t后，又迅速增至2018年的249万t；大豆进口量进一步增大，从2010年的5480万t增至2018年的8803万t，增加60.64%；棉花进口量波动较大；茶叶及蔬菜出口量进一步扩大，茶叶从30.25万t

扩大到 36.50 万 t，蔬菜从 655 万 t 扩大到 1124.64 万 t。

二、演变特征

（一）经营方式由"分散经营"向多种经营方式并存演变

随着农业现代化的发展，农业经营主体也向多样化发展。大型农业企业依靠科技、资金优势，在农业生产各个环节的布局与联系不断加强，信息、资源、资本日趋集中，农业生产经营的组织化、规模化、标准化水平不断提高，小型农业企业和小农户生产优势不断减弱，城乡收入差距不断扩大，农村人口流失严重，全球很多国家和区域都出现"农业女性化"的现象。至 2016 年 10 月底，全国登记备案的农业合作社已达 174.9 万家，社员数量超过全国农户总数的四成，相较于 2011 年 6 月底的 44.6 万家，短短 5 年内农业合作社增长 2.92 倍。此外，新型经营主体不断壮大，随着家庭农场等经营方式的出现，农业经营规模不断扩大。同时，农业龙头企业不断优化产品结构，推动品牌建设，发展速度逐渐加快，至 2017 年我国农业产业化国家重点龙头企业已达到 1131 个。

农业经营主体多元化发展的同时，农业经营方式也向"专业化""产业化"发展。我国积极延伸农业产业链，促进农业现代化发展，出现了"公司+农户""订单农业"等新兴形式，推动了农业产、供、销一体化发展，还出现了"休闲农业"等新业态。

（二）增长方式由劳动集约向资本和技术集约演变

在增长方式上，农业发展从以劳动密集型为主开始向以资本、技术密集型为主转化。在资本和技术投入对农业发展的贡献率不断增大的同时，劳动力和土地对农业产出的贡献率不断下降，科技进步已成为农业发展的主要推动力量。

科技水平的提高带动物质技术装备水平的大幅提升，农业机械化水平显著提高。2008 年，我国农作物耕作综合机械化水平为 45.8%，其中玉米收割机械化水平为 10.6%。至 2016 年，我国农作物耕作综合机械化水平达到 65.2%，玉米机械化水平超过 60%，小麦基本实现机械化，标志着我国农业生产进入以机械为主的新时期。

科技创新的发展也推进种植业品种的更新换代，农作物品种更加优质。2017 年我国的农业科技进步贡献率为 57.5%，农业增长方式开始由传统要素（土地、劳动力等）推动为主转为农业科技推动为主，科学技术在农业生产中的作用越来越重要。

（三）生产目标由追求产量向追求质量、效益与环境并重演变

当前，我国的社会主要矛盾已经转化为人民日益增长的美好生活需要和不平衡不充分的发展之间的矛盾。过去拼资源、拼消耗的农业经营方式对生态环境造成巨大危害，也制约着农业的持续发展与现代化转型。此外，社会公众对生态环境和农产品质量的要求进一步提高。因此，迫切需要加快转变农业发展方式，让越来越多的农户认识到要促进收入增加、提升农业产值，就必须走可持续的农业发展道路，实现质量、效益和环境目标的统一。

2017 年，农业部（现农业农村部）组织开展农产品质量安全风险排查，并建立北方九省联控联防机制，以严格落实责任，严格把控农产品质量安全。2019 年，农业农村部

印发《国家质量兴农战略规划（2018—2022 年）》，预期到 2022 年，农产品质量安全例行监测总体合格率稳定在 98%以上，绿色、有机、地理标志、良好农业规范农产品认证登记数量年均增长 6%。同时，目前已建立国家和省级农业标准化示范区 4139 个，标准化示范带动面积超过 5 亿亩（1 亩≈666.67m²），大大提高了农业生产的效益。另外，持续推进化肥减量、农药减量工作，加快测土配方施肥、有机肥等绿色生产方式的推广，并创建农业可持续发展试验示范区，进而促进农业可持续生产。

（四）种植结构由以粮为主向粮经饲协调演变

经过 40 年的发展，我国种植业结构不断优化，现阶段正持续推进供给侧结构性改革，种植业区域布局已基本形成，实现了"以粮为纲"向粮经饲发展的新跨越。当前，我国实施了"藏粮于地、藏粮于技"战略，以巩固棉花、油料、糖料等经济作物的生产，并推进优质饲草料的种植，持续推进种植业生产。经过 40 年的调整，我国种植业产量显著提高，质量明显提升，结构更加合理。

一是结构调整日趋合理。1978 年种植业占农业生产总值的 80%，至 2016 年降至 60%。从种植业内部看，粮食作物占农作物总播种面积的比例由 1949 年的 80.4%下降到 2008 年的 53.7%；经济作物占农作物总播种面积的比例从 1978 年的 9.6%增加至 2023 年的 32.53%。二是规模化、专业化水平大大提高。第三次全国农业普查显示，截至 2016 年末，全国规模农业经营户为 398 万户；农业经营单位达到 204 万个，较 10 年前增长 417.4%。数据还显示，规模农业经营户和农业经营单位的耕地面积占全国的 28.6%，农业规模化水平显著提高。此外，依据区域资源比较优势，特色农产品优势区基本形成，农业专业化水平进一步提高。三是粮经饲等多种经营协调发展。改革开放后，我国不再实行"以粮为纲"的策略，农民有了种植自主权，随着经济的发展、人民需求的多样化发展，蔬菜、茶叶、水果、食用菌、药材等特色产业的规模扩大，形成了一批特色农产品产区。

（五）生产布局逐步由传统产区集中向优势产区集中演变

改革开放以来，我国连续实施优势农产品区域布局规划及特色农产品区域布局规划，推进了农业产业结构优化调整，基本形成了区域化布局、专业化生产的农业产业格局。在资源优势和政策驱动下，农产品逐渐向优势产区集中，形成了东北地区大豆玉米、黄淮海地区花生小麦、长江流域油菜以及黄河流域和西北内陆棉花等产业带。

同时，我国粮食主产区逐渐向东北和中部地区集中与转移，棉花主产区集中在长江、黄河流域及新疆，油料作物主产区则聚集在华北、西北地区及长江流域，糖料作物集中在西南地区。

（六）产品供应由"生产导向"向"消费导向"演变

我国食物消费结构的转型与升级，推动农产品供应由"生产导向"向"消费导向"转变，农业产业化生产成为现代农业的必由之路。经济的发展丰富了人民的食物消费选择，消费者对食物的需求更加多元化。而农产品生产打破了季节、气候限制，反季节蔬菜大量上市，橙子等水果可实现常年供应。交通运输业的发展带动了农产品物流的兴盛，农产品可在全国范围内流通、销售。同时,科技的发展促进了蔬菜水果等品种的优化,种植业产品满足消费者需求的能力大大提升。

农产品的生产与供应以市场为导向,能充分尊重消费者的选择。农业产业化模式通过标准化生产、企业化经营、市场化运作,使农产品的供应更加适应市场需求,以生态、健康、安全为理念,将优质农产品经过加工和流通环节,最终送达消费者的餐桌。

（七）产业功能由单一生产性向综合多功能性演变

农业农村改革的持续推进,推动了农业生产功能的多样化发展,农业的多功能性不断被发掘,从而推动了农业农村的良好发展。休闲农业和乡村旅游业逐渐兴起,"旅游+""康养+"等农业发展模式不断涌现,农业产业链得到延展,许多新产业、新业态和新模式出现,逐步发展成为推动农业经济转型升级和乡村振兴的新引擎。

农业多功能性的拓展通过要素聚合重组等方式生成新的经济增长点,从而形成规模经济。一系列种养加结合、农工商一体、农文旅融合等举措,推动了一二三产业有机融合,实现了全面协调绿色发展。作为农村产业新形态和现代旅游消费新业态,我国休闲农业和乡村旅游业的总产值年均增速在9%以上,2018年收入超过8000亿元,产业发展呈现"井喷式"的增长态势,现代农业的生态、文化、旅游、就业等多重功能不断被释放和拓展,乡村价值被重新审视。同时,现代信息技术的应用与农产品流通体系的优化,打破了农业生产原有的营销模式,农产品电商成为农业发展的新兴模式。2018年全国农产品电商营业额接近1.7万亿元,满足了农产品市场消费的多样化、个性化和时效性需求。

（八）产业发展由注重生产环节向全产业链谋划演变

过去,种植业生产侧重于生产环节的推进,较少着眼于产业链全局。实践证明,仅注重生产、只满足于生产初级农产品是没有出路的。必须转向全产业链的谋划,增加农产品的附加值,推进产业链延长,向产业上、中、下游全面延展,以供给侧结构性改革为契机,推进产业链建设,实现农业生产全环节的转型与升级,促进农业产业链协调有序发展;加快形成从田间到餐桌的现代农业全产业链格局,推进农业生产、供给、运输、销售等环节一体化发展,促进一二三产业融合发展,让农民享受技术创新与产业延长所带来的增值收益。

（九）国际贸易总量不断增长但国际竞争力不断减弱

自加入WTO后,我国农产品出口量迅速提高,贸易总量和逆差快速增长,但农产品贸易整体处于劣势地位,国际竞争力不断下降。其中,我国粮食作物的国际市场占有率较低,生产成本高,国际竞争力不断下降,耕地质量与数量的下降是其国际竞争力下降的重要原因。2000~2014年,我国棉花的国际市场占有率逐年变小,从20.20%下降至5.62%,降幅十分明显,且其贸易竞争力指数小于0,棉花出口劣势凸显;同时,棉花的显示性比较优势指数逐渐下降,从1.46降至0.02,竞争优势极弱。总体而言,我国棉花在国际上相对于其他主要棉花贸易大国来说竞争劣势极大,国际竞争力不断下降（张华峰,2016）。我国油料作物特别是大豆的国际市场占有率一直维持在较低水平,大豆和大豆油的贸易竞争力指数都在-0.8以下,国际竞争力极低,大豆较高的出口价格影响了其国际竞争力的提升(徐海滨,2008)。我国糖料作物也不具有显示性比较优势,从1994年起竞争优势不断下降,食糖进口量在波动中增长至2016年的306万t,甘蔗生产效率与技术水平偏低,导致成本增加,是糖料作物国际竞争力较低的重要原因(王姗姗,2006)。

在传统种植业产品国际竞争力逐渐下降的同时,我国蔬菜等其他作物的国际竞争力有所提高。其中,蔬菜出口量从1978年的34万t增长至2017年的925万t,增长势头强劲,我国成为世界第一大蔬菜出口国;蔬菜贸易竞争力指数较稳定,短期保鲜蔬菜和脱水蔬菜的国际市场占有率一直比较高,说明这两类产品具有很强的国际竞争力(朱中超,2013)。

我国农产品贸易结构也发生了变化,近年来农产品进口以土地密集型产品为主,大规模增加进口大豆以替代进口豆油;出口以劳动密集型产品为主,出口产品中水果制品、果酱、茶叶及水产品鱼类加工制成品的比例逐年上升,农产品出口贸易沿着垂直产业链向实现农产品升值增效发展。

三、主要成就

(一)种植业生产实现跨越式发展,确保了国家粮食安全

粮食是国家的战略物资,是人民的生活必需品,解决好14亿以上人口的吃饭问题始终是我国的头等大事。改革开放以来,我国粮食产量呈现波动增长的态势。从粮食总产来看,1978年仅有3.05亿t,但随着家庭联产承包责任制的实行、农产品的提价和工农产品价格"剪刀差"的缩小,激发了广大农民的生产积极性,解放了农业生产力,促进了粮食产量快速增长,至1984年粮食总产达到4.07亿t,6年间增长1亿t;1996~2007年粮食总产在波动中增长,1996年、1998年、1999年、2007年均达到5亿t;2012年达到6.12亿t,至2018年增至6.58亿t。整体来看,粮食总产从1978年的3.05亿t增至2018年的6.58亿t,40年内增长3.53亿t。从粮食种植面积来看,1978~1985年呈现下降趋势,从1.21亿hm^{2}减少至1.09亿hm^2,年均减少0.02亿hm^2;1986~2017年在波动中缓慢上升,从1.11亿hm^{2}增至1.17亿hm^2,增加幅度较小,可能是由于种植业结构得到调整,经济作物种植面积逐渐增加,故而粮食作物种植面积变动不大。而从粮食单产出发,随着科学技术的发展,单位面积的粮食产量稳步上升,从1978年的2527.3kg/hm^{2}增至2016年的5451.9kg/hm^2,增长1.15倍。经过40年的发展,我国粮食总产居世界第一位,不仅基本解决了14亿以上人口的吃饭问题,保证了国内粮食安全,还为促进世界粮食安全作出了贡献。

在粮食生产迅速发展的同时,我国棉花、油料、糖料等经济作物生产也得到协调发展。2018年,棉花总产从改革开放之初的216.7万t增至610万t,增长393.3万t,与此同时,棉花种植面积虽然有所下降,从486.6万hm^{2}下降至335万hm^2,但棉花单产从445.30kg/hm上升至1819.33kg/hm^2,增长3.09倍,随着棉花生产能力和纤维品质的不断提升,纺织工业发展对原料的需求基本得到满足。2018年,油料作物总产为

3433.39 万 t，相对于 1978 年的 521.79 万 t 增长 5.58 倍，油料作物的种植面积与单产也随之增加，种植面积从 1978 年的 622.23 万 hm² 增至 1287.24 万 t，单产由 838.58kg/hm² 增至 2667.24kg/hm²，2017 年国产食用油自给率为 32.2%。糖料作物的总产也从 1978 年的 0.24 亿 t 增加到 2018 年的 1.20 亿 t，40 年间增长近 1 亿 t，在播种面积增长 0.85 倍的情况下，单产从 27 083kg/hm² 上升至 72 755kg/hm²，增长 1.69 倍，基本实现了供求平衡。

（二）种植业产品日益丰富，城乡居民食物消费结构不断改善

国内农业生产是满足城乡居民不断增长的消费需求的主要来源。至 20 世纪末，特别是在国家还需要农业出口创汇的时期，由于人口增长、城乡居民收入提高和城镇化发展对食物消费总量与消费结构提出了更高的要求，如果国内农业生产没有实现快速增长且生产结构没有得到调整，则城乡居民的食物消费需求是无法有效满足的。加入 WTO 后，我国农产品国际贸易加速增长，影响了农业生产结构，并进一步改善了城乡居民的食物消费结构。过去 40 年，我国农产品的进出口变化主要是朝着有利于农产品比较优势发挥的方向发展。一方面，价值较低的耕地相对密集型农产品（如粮棉油糖产品）净出口不断下降或净进口不断上升，另一方面，高价值的劳动相对密集型农产品（如园艺和水畜产品）净出口不断增长。农产品贸易增长和结构变化在促进农业比较优势发挥、农业资源高效利用及农业可持续发展的同时，也满足了国内消费需求和改善了消费结构。

（三）种植业结构调整成效显著，生产区域布局日趋优化

改革开放以来，我国种植业结构不断调整优化，由以粮食生产为主向粮食与经济作物生产并举转变。近些年，我国种植业的主要矛盾由产品总量不足、自给率低向结构性矛盾转变，因此供给侧结构性改革不断推进，非优势产区主动调减籽粒玉米播种面积近 5000 万亩，大豆种植面积增加 1200 万亩以上，粮食与经济作物协调发展的格局正在加快形成。

同时，乡村振兴政策提出要着力实施质量兴农战略，推动农业由增产导向转向提质导向，农业产业结构调整向纵深迈进。2010 年全国主要农作物良种覆盖率已达到 95%以上，良种对粮食增产的贡献率达到 40%左右。在保持粮食生产稳步发展的同时，附加值较高的各类经济和特色作物的生产发展迅速。各地围绕市场需求变化，加大市场短缺农产品的生产，强筋、弱筋等专用小麦、优质稻、"双低"油菜等种植面积扩大，有机、绿色等生态、质量安全水平较高的农产品生产加快，具有显著地域特点的特色农产品快速发展。据农业部统计，截至 2017 年底，我国"三品一标"产品总数达 12.2 万个，全国共建成绿色食品原料标准化生产基地 678 个。种植业结构调整想要实现"两保、三稳、两协调"的目标，粮食播种面积需稳定在 16.5 亿亩左右，同时需稳定棉花、食用植物油、食糖自给水平，推动蔬菜生产与需求协调发展、饲草生产与畜牧养殖协调发展。

21 世纪初，我国农业发展进入新的阶段，农产品供求关系发生重大变化，加入 WTO 在给我国农业带来新的发展机遇的同时，也使我国农业面临着前所未有的严峻挑战。因此，2003 年农业部颁布《优势农产品区域布局规划（2003—2007 年）》，确定了优质专

用小麦带、专用玉米带、高油大豆优势区、优质棉花优势区、"双低"油菜带、"双高"甘蔗优势区、柑橘带、苹果优势区、肉牛肉羊带、牛奶优势区和优质出口水产品养殖带11个优势农产品区域。"十二五"期间,我国主要产品优势带建设初具规模,形成了以黄淮海地区为重点的小麦优势带,以东北地区和长江流域为重点的水稻优势带,以东北北部和黄淮海南部地区为重点的大豆产业优势带,以新疆为重点的棉花优势带,以长江流域为重点的油菜优势带,以广西、云南为重点的糖料优势带。水稻、小麦、玉米、大豆生产在其优势区的集中度分别达到85%、90%、60%和50%以上,初步形成覆盖四大粮食作物的九大产业带;棉花生产基本形成长江流域、黄河流域和西北内陆棉区"三足鼎立"的局面,三大优势区的棉花种植面积和产量分别占全国97%和98%左右;长江流域油菜优势产业带和桂中南、滇西南、粤西甘蔗优势产业带的油菜和甘蔗生产集中度分别达到85%和89%左右。

(四)种植业物质技术装备水平显著提高,基础更加稳固

随着农村改革的持续推进,国家对"三农"领域的支持力度不断加大,促进农民增收的举措增加,农业生产生活条件得到进一步改善,物质技术装备水平明显提高,农业基础更加稳固。科学技术是第一生产力,农业现代化的实现也需要科学技术的支撑,因此在科教兴国战略的指导下,我国农业大力倡导自主创新,积极推动科技创新转化为农业成果。据农业农村部统计,改革开放40年来,我国农业科技水平得到快速提高,农业科技进步贡献率从改革开放之初的27%增长到2017年的57.5%,增长30个百分点以上。特别是党的十八大以来,国家强化科技创新的驱动作用,积极推动优良品种培育、生物育种、农业新技术研发等领域快速发展。此外,农业科技人才队伍不断壮大,全国农业科研机构由改革开放之初的597家发展到2017年的1063家,增长78%,农业科研人员也从2.2万人增长到11.5万人。

在提高种植业科技水平的同时,我国不断完善农业技术推广体系,大力大范围推广旱作节水、测土配方施肥、病虫害统防统治等先进适用的农业技术。农业生产实现机械化、标准化也是高科技水平的显著标志。1978年农业机械总动力为1.17亿kW,至2017年达到9.88亿kW,39年间增长7.44倍,同时农用大中型拖拉机数量从1978年的55.74万台增长至2017年的670.08万台,小型拖拉机数量从137.3万台增至1634.24万台。

(五)种植业生产方式发生深刻变革,功能不断拓展

党的十八大以来,随着土地"三权"分置改革的深入推进,农业适度规模经营快速发展,各类新型农业生产经营主体和服务主体大量涌现,一二三产业实现融合发展,农业生产方式发生深刻变革,农业的多功能性逐渐得到彰显。

在坚持农村基本经营制度的同时,国家鼓励通过转包、转让、互换、出租、入股等方式进行土地流转,推动农业适度规模经营。据农业部统计,2004年农村承包地流转面积为0.58亿亩,2012年增加到2.8亿亩,增长3.8倍。同时,农民专业合作社、家庭农场和职业农民等新型经营主体大量涌现,农业经营主体的多样化特征逐渐凸显。据农业部有关资料,2008年全国农民专业合作社有11.1万个,2012年增加到68.9万个。

为拓宽农民增收渠道、培育农业农村发展新动能,国家大力发展农产品深加工,延

长农业产业链条，推动农业产供销一体化发展。生态农业、观光农业和多种形式的农家乐、休闲农庄等农业新业态快速涌现，休闲农业和乡村旅游业发展迅速。

四、主要经验

（一）始终坚持加强和改善党对"三农"工作的领导

没有农业农村的现代化发展，就没有国家的现代化发展。在种植业过去 40 年的发展中，所有经验归结起来，最根本的是始终坚持加强和改善党对农村工作的领导，实行正确的"三农"路线方针政策，正确处理好土地和农民问题，坚持农业现代化与农村现代化一体推进，为农村改革掌舵引航、指引方向。

中国共产党始终把解决好"三农"问题作为全党工作的重中之重，在各方面给予优惠与支持，加快补齐农业农村发展的短板，不断缩小城乡差距，促进农业农村农民的不断进步与发展。

（二）始终坚持农民主体地位，充分调动农民生产积极性

始终坚持农民的主体地位，尊重农民的意愿和首创精神，调动农民的生产积极性、创造性、历史主动性，不断提升农民群众的获得感、幸福感、安全感，是改革开放以来我国农业农村实现快速发展的重要途径。我国始终坚持从实际出发，立足于"大国小农"国情和农村发展实际，实行分类指导和基层探索，不断创新"三农"理论、制度和政策，推动农业农村农民发展。

与此同时，国家始终坚持处理好农民与土地关系的这条主线，不断巩固和完善农村基本经营制度，稳定土地承包关系，坚守改革底线，掌握农村改革、发展、稳定主动权；利用市场化机制，实行家庭联产承包责任制，充分调动农民生产积极性，推动农业可持续发展。

（三）重视制度创新，以深化制度改革激发农业生产活力

制度创新是促进种植业生产增长的有效途径，随着农业制度改革的深化，我国种植业得到发展。家庭联产承包责任制是改革开放 40 年来农业发展中最重要的制度创新。1978 年，"大包干"在安徽凤阳小岗村推行，并在几年之内迅速在各省份推开；1982 年，国家明确包产到户、包干到户是社会主义集体经济的生产责任制，建立以家庭承包经营为基础、统分结合的双层经营体制。家庭联产承包责任制极大地激发了农户的生产积极性，显著提高了生产效益和资源配置效益，从而促进了农业生产。有数据表明，在改革初期的农业生产中，一半的增长来自家庭联产承包责任制的实施。

除了家庭联产承包责任制，土地制度的改革也在一定程度上推动了种植业的发展。即在不改变土地集体所有制的前提下，按照农户人口、劳动力数量，将土地分给农户自主经营，同时为了加强地权稳定性，国家逐渐推进农地制度的改革完善，土地承包期从第一轮的 15 年延长到第二轮的 30 年，进入第二轮土地承包期后，承包权的稳定性得到显著提高。从 2013 年起，新一轮的土地确权工作开始，意味着我国进入农地确权登记颁证的新阶段。在稳定农地制度的基础上，户籍制度的改革促进了农村劳动力的非农

就业，同时农村信贷制度的革新、农民合作经济组织制度的创新都推动了种植业的进步（黄季焜，2018）。

（四）重视技术进步，以研发与推广促进全要素生产率不断增长

过去40年，我国农业科研和技术推广体系在改革中不断得到完善和发展，取得了一系列成就，对农业生产力的提高发挥了极其重要的作用。

政府投入显著增加。政府对农业科技的投入从1978年的7.2亿元增加到2015年的550亿元以上，37年间提高75倍多；对农业研发的投入也从1978年的1.4亿元逐渐增加到2015年的260亿元，极大地推动了农业科技进步与技术创新。2017年，我国农业科技进步贡献率为57.5%，农业科技成果转化率为40%左右，相比于改革开放初期已有长足进步。

农业科研与技术推广体系不断完善。全国农业科研机构不断壮大，科研人员从1979年的2.2万人发展到2018年的6.8万人，建立了50个产业的创新体系和全面的公共农业科研体系；农技推广人员从20世纪80年代的45万人增至2018年的70万人以上，建立了覆盖全国的农业技术推广体系，为加速国家农业科技创新提供了技术保障，为加速农业技术采用提供了基层服务体系保障。

（五）尊重市场规律，以市场化改革不断提高资源配置效率

改革开放以来，我国农业发展始终坚持市场化改革方向，从土地制度改革入手，积极稳妥推进农产品购销体制改革，一步步向着建立社会主义市场经济体制推进，扩展并深化农村改革，使生产关系更加适应生产力发展的要求。

土地制度改革逐渐推进，20世纪80年代国家将土地分给农户自主经营，逐渐推进农地制度的改革。同时，农产品交易范围不断放宽，80年代国家放松市场交易的地域限制，市场化改革分阶段地推向各个农产品，并从90年代初开始加速农产品的市场化改革进程。1985年中央一号文件废除统购统销制度，粮食收购实行双轨制改革，在降低国家定购量和提高国家议购量的同时，不断提高国家收购粮食的价格，从而促进粮食市场发育和农民增收。2004年粮食市场化改革完成。

（六）保持投入增长，以不断增加的农业生产投入提高综合生产力

过去40年，农业生产投入的不断增加也是我国农业保持较快增长的重要驱动力。在政府投入中，对农业生产发挥最重要作用的是农业基础设施建设和科技投入，其提高了农业综合生产力。截至2017年，全国水库数量为9.88万座，比1985年的8.32万座增加18.75%；灌区有效灌溉面积从1985年的2078万hm^2增长至2017年的3326万hm^2，增长60.06%；政府对农业科技的投入从1978年的7.2亿元增加到2015年的550亿元以上；农民对农业生产的投入也显著增长，化肥使用量从1978年的884万t增加到2016年的5984万t，在一定程度上促进了农业的增产增收。

第二节 中国种植业发展中存在的主要问题

一、生产经营主体与现代化发展需求不匹配

当前，我国农业生产仍然以小农家庭经营为主，这是保障粮食安全的重要渠道，但是我国人多地少，传统小农生产的经营规模小且土地细碎化程度较高，自给性强且生产效率低下。随着经济的发展、现代化水平的提高，城乡二元体制分割日益严重，为了谋求更好的发展，农村青壮年劳动力大量涌入城市二、三产业，农村空心化、农业劳动力老龄化问题凸显，传统小农生产愈发困难。与此同时，农业生产面临自然与市场的双重风险，传统小农的分散经营模式难以对接社会化大生产并有效应对大市场风险。因此，在坚持家庭承包经营的基础上，通过培育多种形式的农业经营主体来进行适度规模经营是实现农业现代化的重要战略。

2017年中共中央办公厅、国务院办公厅下发《关于加快构建政策体系、培育新型农业经营主体的意见》，鼓励培育多元化新型农业经营主体，引导新型农业经营主体多元融合发展；支持发展规模适度的农户家庭农场和种养大户，积极发展生产、供销、信用"三位一体"的综合合作；依法组建专业合作社、综合经营性合作社和农民合作社联合社；同时支持农业产业化龙头企业和农民合作社开展农产品加工流通等环节的社会化服务，带动农户发展规模经营，大力发展农机作业、统防统治、集中育秧、加工储存等方面的生产性服务组织，在一定程度上推动了新型农业经营主体健康发展。截至2016年底，我国农业产业化组织数量为41.7万个。其中，农业产业化龙头企业13.03万个，年销售收入约9.73万亿元，比规模以上工业企业主营业务收入高1%；农业产业化龙头企业固定资产约4.23万亿元，大中型企业增长尤其迅速。2012～2018年，全国农民合作社数量从68.9万家增长至217.3万家，增长2.15倍，伴随着农民合作社的不断发展，其产业领域向休闲农业等新业态延展，服务功能也逐步拓展。

尽管新型农业经营主体取得一定的成绩，但在发展过程中也逐渐凸显出一系列问题，严重制约其向多元化发展。新型农业经营主体的发展大多停留在初级阶段，普遍存在组织化程度较低、日常运行不规范的问题；同时农业发展项目较为单一，主要集中在种植业，农业产业化与产品品牌化程度也不高；还存在服务保障不到位及和农户利益衔接不紧密等问题。因此，为推动新型农业经营主体发展，需要在全社会营造利于其发展的环境，加强农业扶持力度，提升其管理与服务水平，统筹推动产业发展布局，完善利益协调与分配机制，进一步引导新型农业经营主体和传统农户融合发展。

二、食物需求增长与资源环境约束不协调

随着社会的发展与进步，当前社会的主要矛盾转变为人民日益增长的美好生活需要和不平衡不充分的发展之间的矛盾，在种植业集中表现为食物需求增长与种植业资源环境约束之间的矛盾。经济的发展与生活水平的提升，推动了人们食物需求的增加，不仅体现在食物数量需求不断增长，还体现在食物种类需求持续丰富。但是随着种植业的规模化生产，种植过程中出现的污染越来越多，生态资源供求矛盾加剧，生态环境持续受

到挑战。同时，种植业生产过程中的污染为面源污染，一般为大面积、大规模的污染，缺乏明确固定的污染源，其影响具有持久性，危害巨大，对环境的破坏力强。在我国，种植业污染主要集中在农药污染、化肥污染以及地膜等白色污染方面。

2013年，农作物的农药施用量为33万t，其中杀虫剂13万t，杀菌剂8万t，除草剂12万t。而农户作为农药施用的主体，受教育程度较低，对合理施药的了解程度较低，容易造成农药的过量施用。过量的农药施用不仅危害农作物生长，还会对人体健康产生不利影响，同时过度依赖农药还可能提高病虫害的耐药性，增加作物受灾风险。在我国由传统农业向现代农业转型的实践中，过量施用农药势必会对环境造成污染。与此同时，农作物的化肥施用量增长迅速，1978年仅884万t，至2017年已达到5859万t，增长5.62倍。其中，复合肥施用量增长最快，1980年为27.2万t，2017年已增长至2220.27万t，37年间增长80.63倍。化肥过量施用造成的危害也不容小觑，如造成土壤性状恶化，阻碍作物生长，并进一步导致种植业产品品质下降，也会造成地下水污染，对环境产生恶劣影响。白色污染在种植业中主要体现为农用薄膜的使用，随着农业的科技水平提高与现代化发展，农用薄膜在种植业生产中发挥的作用越来越重要，使用量越来越多，1991年为64.21万t，到2015年已达到260.36万t，24年间增长3.05倍。同时，农户的知识水平普遍较低，对农用薄膜的认识不够，用量不断增多，加上回收机制不成熟，土壤中的薄膜残留量不断增加，对种植业环境造成严重的负向影响。因此，加强环境规制力度、提高农业科技水平、采纳绿色技术势在必行。

三、食物供给与消费需求不平衡

种植业的食物供给与消费需求不平衡主要体现为粮食产量、进口量与库存量"三高并存"，粮食内部结构不平衡。当前农业发展的主要矛盾已转化为结构性矛盾，主要表现为结构性的供过于求与供给不足并存。而种植业作为农业的主要产业，主要矛盾集中于粮食与经济作物比例失衡，种植业供给与需求失衡以及种植业结构调整主体缺位等方面，需要进一步推动种植业结构的调整优化，提升其现代化水平。当前，小麦产量略大于需求，但优质小麦供给不足；水稻产量大于需求，但优质稻米需要进口；种植业总体产量大于需求，但阶段性过剩问题加重；大豆产量下降，供求缺口持续加大；同时，由于人们对食物的整体需求快速增长，食物有效供给能力弱的问题逐渐凸显。

2018年，种植业总播种面积为1.66亿hm^2，其中粮食作物为1.17亿hm^2，占比70.55%（用原始数据计算所得，下同），棉花为335.44万hm^2，占比2.02%，油料作物为1287.24万hm^2，占比7.76%，糖料作物为162.29万hm^2，占比0.98%。由此可见，粮食作物的播种面积仍占较大比例，但从产需来看，粮食作物供大于求，经济作物基本供小于求，因此种植业生产应以市场为导向，在稳定粮食产量的同时，减少非优势地区的粮食种植比例，扩大经济作物的种植面积是必由之路。种植业供求结构失衡主要体现在经济作物的自给率上，当前我国粮食自给率已达到85%，而棉花自给率在60%左右，糖料作物自给率也较高，但是食用油自给率不足50%，其中大豆自给率已降至13%左右，依赖进口的程度高，缺口高达9000万t，2017年进口大豆占粮食进口总量的九成，因此提高油料作物特别是大豆的自给率是未来大豆产业振兴的着力点。农户是农业生产的主体，也是种植业结构调整的主体,但是我国农户受教育程度普遍较低,经营能力有限,而且农户与市场间存在严重的信息不对称,种植何种农产品仅靠自己经验判断,易造成市场需求与供给脱节,大大降低了农户调整种植业结构的积极性。同时,主体缺位也对种植业结构调整造成不小的阻碍。因此,激发农户在种植业结构调整中的积极性、主动性、创造性是当前急需解决的问题。

产品质量是种植业乃至农业质量的核心,因此提高产品质量成为农业发展的重要内容。高质量的农产品具有比较优势,不仅能在市场竞争中脱颖而出,提高销量,而且价格往往高于同类产品,能够促进农户增收。所以,在农业现代化转型的现实背景下,推动农产品质量提升是大势所趋。但当前我国种植业主体素质不高,往往追求产品数量的增加,而忽视了产品质量的提升,同时农产品质量监管体系不完善,行政执法力度弱,产品质量检测手段单一,加上种植业生产缺乏一定的标准,导致产品质量不高,农产品安全令人担忧。

四、区域布局与地方资源状况不匹配

随着《优势农产品区域布局规划(2003—2007年)》等推动农业优势产业发展的政策制定,我国种植业的区域化特征日益明显,农产品优势产业带建设初具规模。其中,东、中、西部地区的种植业发展方向不尽相同,东部地区主要推动经济效益较高的作物发展,中部地区围绕粮食作物以及棉花等大宗农产品进行生产,西部地区则侧重于发展生态效益高的种植业。同时,东、中、西部地区种植业占全国农业总产值的比例依次下降,生产率差距较大。2010年,东部地区种植业占全国农业总产值的比例最大,为38.30%,高于中部地区的34.58%、西部地区的27.13%。虽然东部地区种植业播种面积较小,但产出高,为高生产率地区;而中部地区虽种植业播种面积大,但产出不高。

从各省份来看,黑龙江和河南主要进行粮食生产,特别是黑龙江着力进行粮食生产;新疆和山东是棉花主产区,其中新疆是我国棉花最大产出省份;河南和四川油料作物产量大;广西和云南则集中在糖料作物生产上,尤其是广西种植面积占比大;另外,各个作物在主产省份的播种面积占全国的比例均在9%以上。因此,利用各个地区的生产优势,因地制宜推进种植业是实现其优质发展的有效途径,即东部地区加大果蔬菜等高效益种植业的发展力度;中部地区巩固粮食生产优势,推动经济和粮食作物协调发展,努力实现产供销一体化的格局;西部地区重点发展棉花和糖料等经济作物,充分发挥地区比较优势,推动种植业区域生产平衡发展。

五、基础设施建设进度与发展需求不匹配

基础设施能够推进种植业有效生产与农产品顺利流通,是现代农业的物质基础,近年来农业基础设施在种植业生产销售中发挥着重要作用。第二次全国农业普查数据显示,2006年底,全国通公路的村占比达到95.5%,通电的村占98.7%。截至2017年,全国水库数量为9.88万座,比1985年的8.32万座增长18.75%,增长较慢;灌区有效灌溉面积从1985年的2078万hm^{2}增至3326万hm^2,增长60%;堤防长度从1985年的

18万km增至31万km，增长72.22%，增长也较为缓慢。农业机械化水平也呈现出地区差异，西部地区机械化水平低，中东部地区机械化水平较高。基础设施为种植业可持续发展提供了后备支撑，为促进种植业的现代化发展，必须完善基础设施建设。

以小农为主体的种植业经营方式较为粗放，加上农业劳动力非农就业的现实背景，农业收入占农户家庭收入的比例逐渐降低，同时农业劳动力老龄化和女性化趋势凸显，导致单位面积土地的劳动力、资本等要素投入处于较低的水平。种植业生产大多依靠农户的经验，现代科技在农业生产中的应用较少，生产过程较为随意，缺乏标准化的操作流程，导致种植业生产效率低下，土地产出率与劳动生产率处于较低的水平。基于此，发展新型农业经营主体、提升农户科学文化水平、采用现代化的管理手段推动农业规范生产具有重要意义。

六、国内发展与国际市场环境不协调

随着农产品市场的扩大开放，我国大豆等国内需求较大的农产品大规模进口，贸易逆差大幅度增加，同时国内农产品成本居高不下、质量较差，国际竞争力有待加强，种植业国内发展与国际市场环境不协调的问题突出。在国际农产品市场不确定性加剧、贸易保护主义重新抬头的现实背景下，我国农产品市场面临巨大威胁（赵颖文和吕火明，2019）。

20世纪90年代以来，我国农产品的成本"地板"上升，价格"天花板"下压，加上原材料、能源价格上涨推动生产要素如农药、农机、化肥成本不断攀升，环境成本逐渐凸显，种植业盈利空间越来越小。这一阶段主要出现两大周期：90年代初农产品成本不断攀升，至1996年左右达到最高点后开始下降，至2003年降至最低点后又不断上升，开始一个新的变动周期，2006年前后农产品成本快速增长。农产品供求结构的失衡也导致其贸易逆差进一步扩大。我国主要农产品均需进口，但是国内农产品由于质量、成本等存在"存不下、销不动"的困境。食物消费结构的升级也导致中低端农产品市场需求小，进口农产品受众面进一步扩大。

七、"粮头"与"食尾"和"农头"与"工尾"发展不平衡

一直以来，我国只注重农业生产，而忽视了农产品销售，导致生产与消费脱节，"粮头"与"食尾"发展不平衡。为了促进农业生产端与消费端紧密结合，加快建设农业强国，需要充分发挥市场在农业生产中的调节作用，按需生产，同时大力推动农业增产向提质转变，着力强化技术创新与管理协调，不断优化农业产业结构，提升物质技术装备水平，促进农产品品质提升。

新中国成立初期，我国工业发展极其落后，为了推动综合国力的有效提升，提出"农业支持工业"的方针，工农产品价格"剪刀差"不断扩大，城乡二元体制分割严重。但是农业是国家的基础性产业，可为工业提供生产资料，"农"是头，"工"是尾，工业发展到今天，需要"反哺农业"，应立足于农业的可持续发展，建立高效的农产品流通机制，不断推进第一产业与第二产业融合，推动农产品深加工，实现农业与工业协调发展。

第三节 新时代中国种植业发展面临的机遇与挑战

一、面临的机遇

（一）政策大力支持

2004~2019 年，中共中央连续发布了 16 个关于指导"三农"工作的一号文件，16 个文件无论是在思想指导上还是在工作安排上都一脉相承。从 2004 年《中共中央国务院关于促进农民增加收入若干政策的意见》的出台，到 2019 年《中共中央国务院关于坚持农业农村优先发展做好"三农"工作的若干意见》的颁布，都为农业发展提供了保障，农业发展活力被进一步激活。

种植业是人们赖以生存和发展的基础，在我国的农业中占据主导地位。通过对 16 个中央一号文件梳理，我们发现除去 2011 年，其余 15 个文件都对种植业的发展给予了政策保障并作出了具体指示，体现了党和政府对新时代种植业进一步发展的高度重视。

作为 21 世纪 16 个中央一号文件的开篇，2004 年的文件以促进农民收入增加为主题，首次提出了支持粮食主产区发展粮食产业：首先要提高粮食主产区的粮食生产能力，通过实施优质粮食产业工程，不断提高耕地质量，加强大宗粮食作物的繁育、病虫害抵御能力，提高农业机械化水平；其次要加大对粮食主产区的投入，同时全面放开粮食销售市场；最后要通过资金投入，扩大小麦、大豆良种补贴范围，完善农业标准化建设，完善农产品检测体系，全面提高农产品质量安全水平。

2005 年的文件提出继续加大"两减免、三补贴"政策的实施力度，对种粮农民开展直接补贴、良种补贴、农机具补贴，提高农民生产积极性；进一步加强对粮食主产区的支持，通过转移支付方式给予粮食主产县补贴和奖励，建立粮食主产区和主销区的利益协调机制来降低风险。同时，在农业生产方面要提高耕地质量，实施耕地保护，加强农田水利基础设施建设，提高农业抵御自然灾害的能力。

2006 年的文件强调在稳定粮食生产的基础之上，坚决落实最严格的耕地保护制度，保证基本良田，维护农民基本经营权；坚持和完善重点粮食品种的最低收购价，维护粮食价格稳定；加大中央对重点粮食大县的资金奖励力度。

2007 年的文件要求继续巩固、完善支农惠农政策，加大对"三农"工作的支持力度：在上一年的基础之上，继续加大中央财政对产粮大县的补贴，对粮农的直接补贴金额应该达到农业风险基金的 50%以上，继续加大中央良种补贴力度、农机具补贴力度和农业生产资料综合补贴力度，继续对重点县、重点粮食品种实施最低价格收购政策；同时，首次提出各级财政对农民参与农业保险给予保费补贴，建立健全农业巨灾风险转移分摊机制，鼓励地方龙头企业组织帮助农民参与农业保险。

2008 年的文件要求继续加大对农民的直接补贴，增加粮食直补、农机具购置补贴和农业生产资料综合补贴，提出形成农业增效、农民增收的良性互动格局；在粮食生产方面，继续实施各项粮食生产工程，首次提出实施粮食战略工程，落实粮食省长负责制，支持发展主要粮食作物的政策性保险。

2009 年的文件提出较大幅度地增加农业补贴：加大良种补贴力度，提高补贴标准，实现水稻、玉米、小麦、棉花全覆盖，扩大补贴范围；同时，首次提出地方粮油储备要按规定按规模到位，适时启动主要农产品临时收储，保障粮食安全；在粮食生产方面，支持优势产区粮食作物合理布局规划，落实国家对油料、棉花等经济作物的政策措施：加强东北地区和内蒙古优质大豆、长江流域"双低"油菜生产基地建设，启动长江流域、黄淮海地区棉花生产基地建设，积极推进蔬菜、水果、茶叶、花卉等园艺产品设施化生产。

2010年的文件要求完善农业补贴制度，坚持种粮农民直接补贴，增加良种补贴，扩大马铃薯补贴范围，启动青稞良种补贴，实施花生良种补贴试点，把牧业、林业和抗旱、节水机械设备纳入补贴范围；全面实施全国新增千亿斤粮食生产能力规划，稳定粮食生产；继续减少直至取消主产区粮食风险基金地方资金配套。

2012年的文件明确提出按照加总量、扩大范围、完善机制的要求，扩大农业补贴，新增补贴向粮食主产区、种粮大户和各农业合作社倾斜；同时，要毫不松懈地抓粮食生产，进一步提高粮食生产能力；继续实施全国新增千亿斤粮食生产能力规划，继续实施粮食丰产科技工程、超级稻新品种选育和示范项目。

2013年的文件明确提出坚持稳定面积、优化结构、主攻单产的粮食生产总要求，继续支持粮食增产稳产行动，支持优势产区粮棉油作物基地建设；继续施行最严格的耕地保护制度，加强标准农田建设；在农业补贴方面，继续扩大补贴规模，拓宽补贴范围，逐渐向主产区种植大户和农业合作社等新型农业经营主体倾斜。

2014年的文件要求实施"以我为主、立足国内、确保产能、适度进口、科技支撑"的国家粮食安全战略，强调任何时候都不能放松粮食生产，严守耕地红线；启动东北地区和内蒙古大豆、新疆棉花目标价格补贴试点，探索粮食、生猪等农产品目标价格保险试点，开展粮食生产规模经营主体营销贷款试点；在农业补贴方面，按照稳定存量、增加总量、完善方法、逐步调整的要求，积极开展改进农业补贴办法的试点试验，提高补贴的精准性、指向性。

2015年的文件提出进一步落实粮食生产省长负责制的要求，粮食主销区要切实担负起粮食生产的重担；同时，全面开展永久基本农田划定工作；在农业补贴方面，实施"粮油生产大县""粮食作物制种大县"财政奖励补助政策，健全粮食主产区利益补偿、耕地保护补偿、生态补偿制度。

2016年的文件在经济发展新常态的背景下，提出加快农业现代化进程，实现小康社会，进一步夯实农业发展基础：大规模推进高标准农田建设、水利设施建设；加快推进现代种业发展，促进主要粮食作物品种新一轮的更新换代；优化农业生产结构布局，具体而言，提出"启动实施种植业结构调整规划，稳定水稻和小麦生产，适当调减非优势区玉米种植""支持粮食主产区建设粮食生产核心区""合理调整粮食统计口径""制定划定粮食生产功能区和大豆、棉花、油料、糖料蔗等重要农产品生产保护区的指导意见""积极推进马铃薯主食开发"等一系列新要求；完善农业保险制度，扩大农业保险覆盖面，增加保险新品种。

2017年的文件提出统筹调整粮经饲种植结构，按照稳粮、优经、扩饲的总要求，加快构建粮经饲协调发展的三元种植结构；粮食作物要稳定小麦、水稻生产，保障粮食安全，增加优质食用大豆、薯类等；经济作物要优化区域布局，巩固主产区棉、油、糖作物生产；饲料作物要扩大种植面积，发展青贮玉米、苜蓿等优质牧草，大力培育现代饲草料产业体系。

2018年的文件在乡村振兴的大背景下，要求将产业兴旺作为重点，进一步夯实农业生产能力基础；严守耕地红线，保障粮食安全；全面落实永久基本农田特殊保护制度，加快划定和建设粮食生产功能区、重要农产品生产保护区，完善支持政策；大规模推进高标准农田水利设施建设；实施国家节水行动，建设一批高标准的节水型灌溉工程。

2019年的文件提出确保粮食播种面积在16.5亿亩，确保永久基本农田面积在15.46亿亩，确保建成高标准农田8亿亩的要求。

（二）供给侧结构性改革

经过多年不懈的努力，我国农业取得了巨大的进步，农业农村发展获得了阶段性的胜利，迈上了新的台阶。当前农业发展的主要矛盾已由之前的农业总产量不足转变为结构性矛盾，主要表现为阶段性的供不应求和供过于求并存，矛盾的主要方面在供给侧。农业是我国的基础性产业，是第二、三产业的根基，为了更好地适应经济新常态，必须把结构改革延伸到农业供给侧领域，通过提升第一产业的科技水平，使高效率的农业生产为我国现代化发展奠定坚实的基础（林哲汇，2018）。因此，推动农业供给侧结构性改革，加快转变农业发展方式，是下一阶段我国农业农村工作的任务核心。

面对新的形势，党中央积极作出调整来应对。2017年，题为《中共中央国务院关于深入推进农业供给侧结构性改革加快培育农业农村发展新动能的若干意见》的21世纪以来第14个关注"三农"问题的一号文件发布，在总结我国农业发展取得的新成就，分析当前我国农业发展的主要矛盾，农产品供求结构失衡、要素配置不合理、资源环境压力大、农民收入持续增长乏力等具体问题仍很突出的情况下，要求在确保国家粮食安全的基础上，紧紧围绕市场需求变化，以增加农民收入、保障有效供给为主要目标，以提高农业供给质量为主攻方向，以体制改革和机制创新为根本途径，推动农业供给侧结构性改革。

种植业作为我国农业产业中较为重要的组成部分，一直以来都是保障国民经济发展以及社会安定的重要基础（侯庆海，2018）。随着种植业发展进入到一个新的阶段，其结构性改革越来越受到人们的关注。种植业供给侧结构性改革是与"需求侧"相对应开展的结构性改革，在农业供给侧结构性改革中占据重要地位。具体而言，即通过改革的手段，基于农民自我调整的方式，改善农产品供给的种类、数量、质量，达到符合需求侧预期的水平，实现农产品供给与需求的无缝对接。2015年，我国粮食总产量再创新高，实现粮食连续12年增产。与此同时，却出现了粮食产量、库存量以及进口量"三量齐增"的现象，粮食领域的问题日益突出。通过查阅国家统计年鉴的数据得知，2015年我国的粮食总产量达到12 429亿斤（1斤＝500g），总需求在12 800亿斤以上，进口量为2495亿斤，因此该年份的粮食供过于求，超出需求约2000亿斤。可见，粮食领域的症结不在总量，而在品种结构（陈锡文，2016）。而种植业供给侧结构性改革就是要通过解决农民种什么、怎么种、种多少、种完后怎么加工、加工完以后卖给谁等问题，实现生产与消费对接，实现农产品遵循市场规律，实现农民收入增加和农业综合效益提高。

党的十八大以来，关于实现种植业供给侧结构性改革的一系列大政方针的谋划部署，为我国种植业发展提供了重要机遇。具体而言，供给侧结构性改革能够保证种植业的有效供给、维护种植业的食物安全战略、保证种植业的可持续发展（徐庆国等，2018）。

1. 调整种植业结构，保证有效供给

农业是我国国民经济的基础，种植业又是农业的基础，而保证粮食生产和需求平衡是整个种植业发展的基础，也是国泰民安的根本。当前，我国种植业正在悄然发生变化，农产品市场空前繁荣的同时，消费者对农产品的需求结构也在不断升级，已经不再局限于类别与质量的方面需求，这就导致一些层次较低、水准较低的产品难以进入市场，产品的供给与需求之间出现矛盾（杨荷君和万超，2018），诸如典型的"三量齐增""洋货入市，国货入库""边增产，边积压"等现象，反映出我国种植业结构失调，有效供给明显不足。

综上所述，调整种植业结构，加快转变种植业发展方式势在必行。相关研究表明，21世纪以来，随着促进种植业结构调整的诸多政策发布，我国种植业正在朝着健康良好的方向前行。具体而言表现在两个方面：一方面，种植业生产能力持续增加，无论是粮食产量还是播种面积都呈现逐年增长态势；另一方面，特种粮食与经济作物发展良好，其种植面积始终保持着一个平稳增长的态势，并且产量逐年增长的趋势日益明显（黄浩洲，2018）。种植业供给侧结构性改革的推行，能够促进农产品生产类型转变，有利于立足于农作物生长习性、农民种植习惯、特色农产品特点，合理规划布局种植区域和种植规模，努力生产适销对路的种植业产品，从而统筹好国内、国际两大市场，处理好产、购、销三条路径，最终保证种植业的有效供给，全面实现供给与需求的相互协调，切实提高种植业产品的竞争实力。

2. 维护种植业食物长期安全战略

食物安全是指能够有效地为全体居民提供数量充足、结构合理、质量达标的各种食物（宋月佳和范旭，1997）。国家统计局的数据显示，我国人口总数已突破14亿大关，保证国内基本口粮、食用油自给自足，维护种植业食物安全成为国家的头等战略大事。然而，进入21世纪以来，受人均耕地面积不足、耕地质量低、生态环境恶化、种植机械化水平低、种粮成本高、实际收益低等限制，我国食物安全一直在警戒线附近徘徊，得不到有效保证。

党的十八大以来，中共中央高度重视国家粮食安全，连续数年作出一系列强农惠农的重大部署，出台大量促进农业生产、粮食产区生产能力提高的政策，为种植业的发展注入了新的活力，强力促进了种植业的持续稳定发展。具体而言，全面推进种植业供给侧结构性改革，摒弃20世纪80年代以来过分强调以粮食生产为主而形成的"以粮为纲"的单一结构，坚持粮食作物、经济作物、饲料作物全面发展的"三元种植结构"，在满足基本口粮需求的前提下，适当减少低质作物供给量，提高优质产品食物安全水平，全面贯彻种植业食物长期安全战略，对种植业的进一步发展提出了新的要求，也提供了新的契机。

3. 保证种植业可持续发展

伴随着国民经济发展进入新常态,作为我国农业的基础,种植业同样面临新情况、新挑战。首先,相较于传统的种植业,尽管现代农业的机械化水平大幅提升,但是仍需要耗费大量的人力物力财力,另外全球气候变化、生态环境逐渐恶化、病虫害等自然灾害对种植业的威胁进一步加剧,严重制约种植业的可持续性发展;其次,伴随国民经济的发展,人们的生活水平随着收入增加而进一步提高,消费层次已经不再是过去的"吃得饱",而是逐渐向"吃得好""吃得安全、健康"等更高水平转移。最后,相较于周边国家,我国种植业产品比较优势整体较弱,缺乏一定的竞争力。这些都对我国种植业的可持续发展提出了新要求、带来了新挑战。

通过种植业供给侧结构性改革的全面实施,实现了由过去对种植产品开展价格补贴到现在对主要粮食生产以及粮农施行直接补贴、农机具补贴、良种补贴的转变。随着改革的进一步深化,国家更加重视生态农业,有计划地对耕地进行定期轮休、轮耕,以保证耕地质量,同时加大科技投入,培育改善农作物品种,推进绿色农产品发展,确保种植业可持续发展。

(三)乡村振兴战略

21世纪以来,党和国家对乡村发展给予了高度重视。习近平总书记在党的十九大报告中提出实施乡村振兴战略,聚焦农业农村农民。2018年中央一号文件公布全面部署乡村振兴战略,再一次把农村发展摆在当下和未来工作的重要位置。乡村振兴战略是着眼于"两个一百年"奋斗目标导向和农业农村短腿短板问题导向作出的重大战略部署,是着眼于推进"四化同步"和"五位一体"发展作出的重大战略决策(曾衍德,2018)。

种植业作为农业的基础,是发展生产保供给的重点产业、是农民增收的重要渠道、是乡村美丽的原本底色,需要加快发展、加力推进、加速提升,从而助力乡村振兴战略实施。全面理解乡村振兴的科学内涵,会为实现种植业的现代化提出新的要求,制定新的目标,提供新的机遇。

1. 乡村振兴,产业兴旺是重点,必须强基固本,让粮食基础更加牢固

产业兴才能乡村兴,经济强才能人气旺。我国想要实现由农业大国向农业强国转变,必须守好耕地红线,确保粮食安全,端好我们自己的饭碗。

党的十八大以来,我国制定了一系列保供给的政策来保障粮食生产,实现了土地丰产、粮食丰收,连续5年粮食总产量高于12 000亿斤。与此同时,随着经济发展进入新常态,我国未来粮食生产还面临新挑战。一是人均收入水平提高,消费结构发生变化,对粮食(尤其是种类和质量方面)的要求提高;二是随着我国人口突破14亿大关,人均耕地面积下降到只有不到2.5亩,在全世界范围内都属于较少的。因此,中共中央提出全面实施乡村振兴战略,最根本的是要稳定粮食生产,保证生产供给,在产业兴旺和强基固本当中实现种植业的现代化。

具体而言,加快种植业结构调整,守好一条底线,坚持一条主线。守好一条底线,就是通过增加粮食生产和补贴方面的投入,保证种植业的基本产能。在耕地方面,划定永久基本农田15.46亿亩,确定粮食主产区农田9亿亩,到2020年力争建成10亿亩生

态友好、土壤肥沃、稳定高产的高标准农田，同时实行最严格的耕地保护政策，适时改善耕地质量，保护好粮食生产的"主阵地"。在生产补贴方面，不断加大农民粮食直补、农机具购置补贴、良种补贴、农业综合生产补贴的投入力度，充分调动农民的生产积极性，完善水稻、小麦等主要粮食作物的最低价格收购，分摊粮食生产风险，保证种植业产能。坚持一条主线，就是在今后的农业生产中，围绕供给侧调结构、提效率，努力完善供给体系，充分适应市场需求。调整农产品品种结构，按照市场需求，生产适销对路的农产品，增加有效供给，同时提高优质水稻、大豆等农产品的比例。调整农作物生产布局，按照地域特色和作物习性、农民种植习惯，合理划分粮棉油主产区、特色作物生产区、农产品保护区，形成科学专业的农业布局。

2. 乡村振兴，生态宜居是关键，必须绿色发展，让田园乡村更加美丽

中共中央对乡村振兴战略作出了具体部署，并提出了努力实现"农村美、农业强、农民富"的要求。"农村美"被放在这一要求的最前面，反映了党中央对建设美丽乡村、实现生态宜居的重视。中国要美，农村必须美。

提出"九五"计划以前，我国农业生产为了追求产量、保证供给，主要采用粗放型生产方式。粗放型的农业生产方式又称外延增长，主要指依靠农业生产要素投入规模，如土地投入、劳动投入、资本投入的扩大来增加农业产出的增长方式（曾福生，1996）。这种生产方式，单方面追求产量，导致生态承载力达到极限，农业生产与生态严重失衡，主要体现在两个方面。一方面，农业资源利用效率低，长期透支，造成不良后果。农业部发布的《全国耕地质量等级情况公报》显示，我国1~3等耕地面积约4.98亿亩，只占总面积的27.3%，中低产耕地约占70%，粗放的经营方式，使得土壤肥力下降，耕地退化率达到40%，南方土壤酸化、西北土壤盐碱化严重。水利部2014年的统计数据显示，我国有近四成国土面临水土流失，东北平原很多耕地的黑土层已完全消失，露出下面的黄土层。另一方面，不断加剧的环境破坏，导致环境污染更加严重，进一步加重生态压力。2015年我国农药使用量为178.3万t，居世界第一；2017年农用化肥使用折纯量达到5859.41万t，占全世界的1/3，农用塑料薄膜使用量为26.03万t。在回收率方面，化肥回收率平均比发达国家低约20个百分点，农膜回收率不到50%。农药化肥的过量使用造成水资源污染和富营养化，而农膜残留导致土地面源污染，给生态环境带来巨大的破坏。

实施乡村振兴战略，要求改变过去粗放型的经营方式，以绿色为引领，向集约型和生态友好型农业转变，注重农业的可持续发展。所谓集约型增长，又称内涵增长，是指主要依靠农业全要素生产率，如土地生产率、劳动生产率、资本生产率的提高来增加农业产出的增长方式（曾福生，1996）。要求用绿色发展理念取代过去拼资源、拼要素投入的发展思路，让田园乡村更加美丽，一是减量增效，在农药化肥使用量上实现零增长，更多地通过技术革新来改变过去落后的施肥方式，实现有机肥全替代，提高农药化肥使用效率，保护耕地环境；二是提高地力，加强耕地保护，合理轮作轮休，注重恢复地力，在保证粮食主产区农田9亿亩的基础上，力争2020年建成10亿亩生态友好、土壤肥沃、集中连片、稳定高产的高标准农田；三是完善制度，形成科学的种养结合制度，建立健全市场化、多元化的生态补偿机制，确保生态友好和资源永续利用。

3. 乡村振兴，生活富裕是根本，必须提质增效，让农民生活更加富裕

自 2012 年党的十八大提出精准扶贫以来，我国农村居民人均可支配收入实现连续 5 年增长并首次破万。2018 年，农村居民人均可支配收入达到 14 617 元，人均消费支出达到 12 124 元，其中衣着消费支出 3415 元，占总支出的 5.5%，比上一年下降 0.2%。一系列数据表明，我国农村地区的精准扶贫工作成效显著，农民收入水平提高明显，但仍与预期有很大差距。2016 年数据显示，尽管农村收入增速高于城市，但城乡收入绝对差扩大到 21 253 元，相较于城市，农村收入水平依旧较低。同时，地区间农民收入差距明显，东部地区达到 15 498 元，西部地区不到 1 万元，贫困地区仅 8452 元。另外，农村的基础设施建设相对薄弱，许多偏远山区缺电、缺水，天然气供给不足，网络覆盖率低，公共福利、医疗保障能力较弱。因此，实施乡村振兴战略，必须挖掘种植业的外部增收潜力，提质增效，实现种植业的现代化，努力让农民生活更加富裕。

总体而言，实施乡村振兴战略就是要满足消费者对农产品的需求，努力挖掘种植业的外部增收潜力，提质增效，让农民的钱袋子鼓起来。一是推进粮棉油标准化生产，通过新型育苗、培育技术，推进粮棉油绿色种植，促进粮棉油提质增效。二是发展种植业的多功能经营，将种植业与旅游、餐饮、观光等产业结合起来，打造文化、健康品牌，变农业产区为农业景区，通过农家乐、赏花、农活体验等形式，融合现代元素，配套现代餐饮、住宿等设施，充分挖掘种植业的外部增收潜力。三是施行产业推动，通过地方政府优惠政策培育或吸引龙头企业投资，直接在优势区域进行生产、加工活动，同时通过收购、资金重组方式整合中小企业，打造地方产业体系，形成资源集中、营销集约的格局。

（四）农产品消费升级

2018 年，我国粮食总产量达 65 789 万 t，自给率保持在 95% 以上，肉类产量为 8517 万 t，禽蛋、牛奶产量分别为 3128 万 t、3075 万 t，总体保持稳定；2018 年，蔬菜总产量为 70 346.72 万 t，同比增长 1.7%，水果总产量为 25 688.35 万 t，反映出我国农业在近年来取得了丰硕的成果。与此同时，我国居民摄入的能量、植物性食物和动物性食物等在种类、数量与结构方面正在发生较大变化，食物结构正在快速转型，城乡居民消费结构正从生存型向发展型、享受型转化（杨照和栾义君，2014），总体上呈现出谷物等口粮消费明显下降、禽类蛋类肉类及奶制品消费明显上升的趋势。

1991 年，我国农产品消费以口粮为主，消费 2.97 亿 t，经济作物和饲料作物分别消费 1.85 亿 t、0.85 亿 t；2002 年，在粮食供求基本平衡的背景下，我国口粮消费降低到 2.72 亿 t，经济作物和饲料作物消费大幅度上升，分别增至 2.22 亿 t、1.27 亿 t，人均每日蛋白质、热量摄入已达世界中等水平；到 2012 年，我国口粮消费进一步下降为 2.21 亿 t，粮食在整个农产品消费中所占的比例下降至 34.91%，而蔬果类作物占农作物总播种面积的比例达到 20%，肉蛋类消费也大幅上涨。可见，我国"粮经饲"消费结构呈现出十年一变的规律。现阶段，我国的农产品消费结构为"3：4：3"，即基本口粮消费和饲料消费各占农产品总消费的 30%，经济作物消费独占 40%。按照该趋势，预计在下一个十年即 2013~2022 年，我国的农产品消费结构将呈现"2：4：4"的特点并逐渐趋向稳定，实现升级。总量上，消费者会更多地减少基本口粮需求，增加肉类、蛋类、乳制品、水产品需求；质量上，消费者对绿色、健康的要求日益强烈，营养丰富的肉蛋类食品和健康卫生的绿色食品将会成为人们消费的主流。

分析农产品消费结构变动的原因，我们归纳为以下三点。首先，伴随着经济的发展，城镇化率的提高，我国城乡居民人均可支配收入实现快速增长。1991~2018年，城镇居民人均可支配收入从477.6元增长至39 251元，农村居民人均可支配收入从191.3元增长至14 617元，城乡居民收入增速快、增量大。因此，在满足对弹性系数较低的生活必需品——基本口粮的需求外，消费者面对日益增多的其他农产品如猪肉、牛羊肉、蛋禽类市场时，有更充裕的资金来作出多样化选择。其次，农产品种类和产量提高。随着城镇化进程加快，大量农村居民转移到城市，农村人均资源占有率提高，要素分配更加合理，极大地提高了农业产出。同时，农业科技的应用，提高了农产品生产效率，减少了农业生产过程中一系列诸如气候、地域等限制条件的影响，提高了土地单产。而农产品供给的改善，为市场提供了更多的农产品品种，且在数量上得到极大丰富，从而为消费者提供了多样化选择，为消费结构的改善奠定了基础。最后，居民更加注重营养膳食，健康意识提高。随着消费水平的提高，越来越多的人开始意识到营养膳食的重要性，当然，这是以生活水平提高导致不健康饮食而带来一系列"三高"疾病为代价的。在保证吃得饱和吃得好的基础上，如今人们更加注重粗细、荤素合理搭配，追求吃得健康、营养。从20世纪食物消费以粮食等基本生活必需品为主，到今天畜禽肉、蛋类、奶制品、水产品消费显著提高，再到将来食用油、鲜奶、瓜果消费均有所增加，一系列数据都反映出人们健康意识的增强。

市场是种植业结构调整的核心，不管在任何时候、任何情况下，种植业结构调整都要围绕市场这个核心（张天贵，2003）。面对当前居民农产品消费的升级，现有种植业结构生产出来的农产品已经不能完全满足市场需求，因此急需建立与市场更加吻合的"粮食作物、经济作物、饲料作物"三元种植结构，对种植业的发展提出了新要求，也为种植业升级提供了新机遇。

粮食作物方面，未来发展要保障国内基本口粮，稳定粮食单产，同时要改良品种、优化布局，改善粮食质量。具体而言，就是保证基本耕地面积不减少，粮食产量不降低，产品质量有提高。2017年，我国小麦播种面积为2450万hm^2，水稻播种面积为3070万hm^2，要在稳定当前播种面积的基础之上，集中在黄淮海、长江中下游优势区大力发展优质粮食，稳中调优。要继续提高良种良机应用比例，提高单位面积粮食产量，淘汰劣质农产品生产，增加质量高、口感好、营养丰富的粮食生产。另外，要优化种植业生产布局，根据《特色农产品区域布局规划》和《全国优势农产品区域布局规划》，特色粮油生产在贫困山区的集中度为41.6%，远远高于主粮生产在贫困山区15.9%的集中度（杨照和栾义君，2014），因此可以充分挖掘贫困山区等地的生产潜力，发展特色粮油，替代部分主粮需求。

经济作物方面，未来发展要主抓品质，紧贴市场需求，加快发展加工业和设施农业。现阶段，我国果蔬生产量逐年递增，供给略有盈余，应该将重点放在进一步提升农产品品质方面，挖掘市场需求潜力，生产具有高附加值的果蔬产品，提高农产品的市场竞争力。一要加大种植生产环节的科技投入，通过开展农民教育培训、专业人员辅导等方式，推广运用最新农业科学技术成果,提高农民综合素质,促进高端农业发展。二要加快发展农产品加工业,扩大农产品加工覆盖面,改变目前城乡居民农产品消费主要停留在初级产品的局面,不断提升农产品加工与农业产值的比例;建设农产品生产基地,将农产品生产、加工环节用公司的形式连接起来,产生"前向关联"和"后向关联"的效应,以此协调供求矛盾,带动农产品产前、产中和产后的全面发展(马晓河,2000)。三要发挥政府和市场的双重作用,利用市场机制,引导工商资本、民营企业进入农业领域,发展高端农业,政府为该类企业提供金融支持或其他优惠政策,将一些有活力和潜力的企业发展为大的龙头企业。四要制定农产品质量和技术标准,通过完善农产品生产技术和生产质量标准化体系的建设来为高附加值农产品发展提供技术支撑与质量保证。

饲料作物方面,未来发展要妥善应对缺口越来越大的局面。饲料作物主要包括玉米、大豆饼、粮食加工产生的副产品。随着生活水平的提高,牛肉、羊肉、猪肉、禽蛋类消费提高间接带来饲料消费加大,国内供给量难以满足需求量,因此要利用好国际国内两大市场。一要稳定增加种植面积。2017 年我国玉米总播种面积为 4.23 亿 hm^2,大豆总播种面积为 1 亿 hm^2,要稳定增加黑龙江、内蒙古、黄淮海等主产区的玉米种植面积,同时在西北地区发展以旱作技术为核心的玉米生产,稳妥调整东北平原、黄淮海平原大豆生产布局,在南方地区发展以套种技术为核心的大豆生产。二要调整种植结构。玉米具有"雨热同季"的特点,因此在北方水资源短缺、农用水严重不足的情况下,可以适当减少小麦的种植,提高玉米的种植,积极推广雨养玉米旱作技术,提高自然降水的利用效率。三要实施走出去的发展战略。通过粮食进口、技术交流、海外种植等方式,与周边国家建立起玉米、大豆等饲料作物生产加工的长期合作关系,一方面保障国内饲料供给,另一方面通过交流合作抢占发展先机,占领农业科技制高点。

(五)农业技术进步

我国是世界范围内的农业大国,农业经济发展是国民经济发展的基础。当前,我国农业发展依旧面临诸如农业生产率低,耕地面积减少,不合理的资源利用方式带来的农业污染、生态破坏等问题。历史已经证明,单纯地依靠增加农业物质投入来促进生产是一种粗放型的生产方式,从长远角度看不但无法实现耕地生产力的提高,满足社会对农产品不断增长的需求,甚至会进一步加剧环境问题,因此不符合我国农业可持续发展的要求。在近几年的农业发展过程中,随着社会的发展,科技的作用越来越明显,甚至能够起到关键和决定性的作用(王洁,2017)。农业科学技术的推广应用,在很多方面会影响种植业的长久发展(范江平,2018),进而对农业经济发展和农民生活水平提高发挥极大的促进作用。

农业技术进步指的是应用农业科学技术去实现一定目标所取得的进展(邓宗兵和张旭祥,2002)。农业技术进步有狭义和广义之分。狭义上指的是农业自然科技的进步,即在农业生产过程中,通过不断地探索、总结、应用科学技术到农业生产环节来提高生产效率和生产总量。广义上除了包括狭义的农业技术进步内容外,还是除去自然条件以外的如农业管理、决策与智力开发等能够促进生态稳定、提高生产效率、推动技术进步的方法的统称。改革开放 40 年来,我国对农业技术的认识和重视程度不断深化,科技投入力度逐年加大,农业科技领域取得了丰硕的成果。2018 年底,在中国农业科学院庆祝改革开放 40 周年农业科技改革发展报告会上，中国农业科学院党组书记张合成列举了我国 40 年来农业科学技术在品种培育、技术研发方面取得的一系列成果，并总结了在科技带动下我国 40 年来粮食亩产从 135kg 到 367kg，总产由 3 亿 t 到 6 亿 t、肉类总产连续 20 年稳居世界第一等傲人成绩。农业技术进步充分结合了种植业的发展现状，改变了种植业的生产结构，未来将会继续在很多方面为种植业的长远发展提供强大的动力支持。具体如下。

1. 农业技术进步，极大地提高了机械化水平，提高了农业劳动生产率

农业机械的使用最早可以追溯到原始社会，如新石器时代仰韶文化时期的耕地工具——耒耜，公元前 13 世纪耕地使用的铜犁头，公元前 90 年前后赵国发明的三行条播机等（杨加根，2018）。机械的应用，极大地提高了农业生产效率，同时对保护耕地质量和人类健康还有一定的积极作用。

过去，我国农业科学技术较为薄弱，水平低下：农村基础设施陈旧老化，年久失修且配套不全，农业机械化程度低，机械数量小、种类少且对技术要求较低。1990 年，我国农业机械总动力为 2.87 亿 kW，其中大中型拖拉机 81.35 万台，小型拖拉机 691.8 万台，全国耕种机械化率不足 30%。我国的基本国情为人多地少，耕地占国土总面积的 9.98%，随着人口持续增加，预计到 21 世纪中叶，我国的人地比值将降至 1.20 左右。为提高生产效率，人们长期不合理地利用资源，对自然资源掠夺性开发，导致生态环境恶化，资源稀缺愈加紧张，农业生产总体效率低下。

步入 21 世纪，国家对农业科学技术的发展应用逐渐重视，2004 年颁布的《中华人民共和国农业机械化促进法》为农业机械化的健康发展提供了法律保障，同时正式启动农机购置补贴政策，中央财政补贴额度达 0.7 亿元。同年，我国农业机械总动力为 6.4 亿 kW，相比 1990 年增长 3.53 亿 kW，近乎翻倍。"十一五"和"十二五"规划实施以来，我国农业机械化发展环境持续优化，农机装备总量和农机作业水平显著提高。2014 年，全国农业机械总动力达到 10.5 亿 kW，比 2004 年增长 4.1 亿 kW，提高 64%，大中型拖拉机、联合收获机、水稻插秧机保有量分别超过 558 万台、152 万台和 66 万台，分别是 2004 年的 5 倍、3.7 倍和 9.8 倍，粮食作物农机作业水平大大提高，全国农作物耕种收综合机械化率超过 61%，农业机械化已达中等水平。而农业机械化水平的提高直接促进农业生产资料的节约和生产工具的改进，大幅度提高了农业劳动生产率。

2. 农业技术进步，极大地改善了资源利用方式，提高了农业资源利用率

资源是一切发展的基础，过去我国不合理的资源利用方式，给生态造成了极大的破坏：对自然资源的掠夺式开发导致水土流失严重，每年因水土流失而损失的土壤养分相当于全国化肥产量的 1/2；化肥、农药的不合理投放，既导致了农资资源的浪费，又污染了生态环境；水资源的过度消耗、利用效率低下，导致了部分地区的淡水河流出现断流现象，节水成本高昂。农业技术的进步能够在开发资源时更快地解决一些难题，更加顺利地克服一些难以解决的障碍，最大程度地提高资源利用率。

随着农业经济的不断发展，机械化的灌溉技术在农业生产中得到广泛应用，使农业生产更加方便。节水灌溉技术的应用，节约了水资源，改变了过去不合理灌溉带来的水资源浪费现象,让淡水资源得到了最大化利用。

减量化技术是指在农业生产的全过程中用较少的物质和能源消耗来实现生产目的,是在源头节约资源和减少污染的技术,可概括为"九节一减",即节地、节水、节种、节肥、节药、节电、节柴、节油、节粮、减人。该技术通过提高利用率,减少化肥、农药、农膜等化工类资料使用,进而减少进入水体、大气、土壤的污染物,不仅可以提高农业资源利用率,而且有利于减轻传统农业生产中化工类资料使用对生态的破坏,促进循环农业发展。

再利用技术通过延长原料或产品的使用周期来达到多次反复使用以减少资源消耗的目的,主要是指将废弃物能源化、肥料化和饲料化的技术。秸秆、粪便、食品加工废料等农业有机废弃物资源,可通过技术加工处理变废为宝,从而促进农业生态良性循环,为土地提供可循环可再生的清洁能源,为农户提供清洁的生活资源和生产资源。

二、面临的挑战

(一)人口数量庞大

21世纪以来,我国农业农村发展虽然取得了瞩目的成绩,但并非一帆风顺,当前农业尤其是种植业发展依旧面临严峻形势。人口是影响我国经济社会发展的关键因素,经济发展和社会管理面临的重大问题都与人口数量、素质、结构、分布密切相关(王志理和王如松,2011)。人口问题作为当前我国"三农"发展的主要问题,对种植业的发展构成严峻挑战。

1. 庞大的人口数量为种植业发展带来挑战

表1-1反映了2010~2017年我国总人口及其变化和城乡人口构成比例。可以看到,总人口一直保持直线上升的趋势,虽然近几年增速放缓,但由于基数大,人口增长绝对数量多,2017年较2010年总人口上涨虽说只有3.6%,但绝对数量增加4917万人,即将突破14亿大关,占全球的近1/5。庞大的人口数量将在多方面对种植业的进一步发展形成制约,其中最根本也是最直接的影响是农产品需求急剧上升,将会成为未来种植业发展最沉重的包袱。

表1-1 2010~2017年我国总人口及其构成

年份	总人口(万人)	城镇人口(万人)	城镇比例(%)	农村人口(万人)	农村比例(%)
2010	134 091	66 978	49.95	67 113	50.05
2011	134 735	69 079	51.27	65 656	48.73
2012	135 404	71 182	52.57	64 222	47.43
2013	136 072	73 111	53.73	62 961	46.27
2014	136 782	74 916	54.77	61 866	45.23
2015	137 462	77 116	56.10	60 346	43.90
2016	138 271	79 298	57.35	58 973	42.65
2017	139 008	81 347	58.52	57 661	41.48

瑞典经济学家威克塞尔认为：一个国家应有适度的人口规模、合理的人口密度，而不应该让人口规模超过国家的农业资源承载力及食物供给能力，人口增长与经济发展、技术进步要一致，要考虑工农业生产能力和供给能力。

表 1-2 反映了 2010~2017 年全国粮食生产量、进口量、出口量及其变化和城乡居民人均消费情况。可以看到，粮食生产量近年来处于持续走高的状态，且增速惊人，2015 年为 66 060 万 t，比 2014 年增加 2095 万 t，增长 3.3%，2016 年相比 2015 年下降 16 万 t，但仍处于高位。然而，在粮食生产量增长的同时，进口量也在持续走高，从 2010 年的 6695 万 t 增加到 2017 年的 13 062 万 t，几乎翻了 1 倍。这是因为部分粮食品种的质量不过关、效益不佳，导致供给满足不了需求。同时，粮食库存量居高不下，造成严重的产量高、进口量高、库存量高的"三高"现象，使得粮食供给结构畸形，造成严重的供求失衡。分析其背后的原因我们发现，粮食丰产很大一部分原因来自较高的需求。另外，城镇居民人均粮食消费从 2010 年的 81.5kg 增长至 2017 年的 109.7kg，而农村居民虽然呈下降趋势，但 2017 年人均粮食消费依然达到 154.6kg。为了满足巨大的农产品需求，农户采取了粗放型的生产经营方式，即无节制地乱开垦土地、过度使用化肥，通过过度消耗土地来提高单产。

表 1-2 2010~2017 年我国粮食供需情况

年份	生产量（万 t）	进口量（万 t）	出口量（万 t）	城镇居民人均消费（kg）	农村居民人均消费（kg）
2010	55 911	6 695	275	81.5	181.4
2011	58 849	6 390	288	80.7	170.7
2012	61 223	8 025	277	78.8	164.3
2013	63 048	8 645	243	121.3	178.5
2014	63 965	10 042	211	117.2	167.6
2015	66 060	12 477	164	112.6	159.5
2016	66 044	11 468	190	111.9	157.2
2017	66 161	13 062	280	109.7	154.6

未来，我国人口只会越来越多，在资源总量有限的情况下，人均资源占有率会越来越低。同时，巨大的人口导致农产品需求增多，而生活水平提高带来的消费结构升级也对农产品供给提出了新的要求，解决这些问题、缓解人口增加带来的一系列生产压力，将会是未来种植业发展急需破解的难题。

2. 农村人口老龄化是种植业发展的严重阻碍

一般情况下，年龄超过 60 岁的人口称为老龄人口。根据联合国统一标准，一个地区如果 60 岁以上的人口占总人口的比例高于 10%，或者是 65 岁以上的人口占总人口的比例超过 7%，则称为老龄化社会。根据人口统计年鉴的数据，我国在进入 21 世纪前便已经步入老龄化社会，具体数据见表 1-3。

从表 1-3 可以看到，2010 年我国 65 岁及以上人口为 11 894 万人，占全国总人口的比例为 8.9%，表明我国已经步入老龄化社会。2010~2016 年，0~14 岁人口比例总体变化不大，稳定在 16.5%左右；15~64 岁是我国人口的主要年龄段，占全国总人口的七

表 1-3　2010～2016 年我国人口年龄结构（年末）

年份	总人口（万人）	0～14 岁 人口（万人）	比例（%）	15～64 岁 人口（万人）	比例（%）	65 岁及以上 人口（万人）	比例（%）
2010	134 091	22 259	16.6	99 938	74.5	11 894	8.9
2011	134 735	22 164	16.5	100 283	74.4	12 288	9.1
2012	135 404	22 287	16.5	100 403	74.1	12 714	9.4
2013	136 072	22 329	16.4	100 582	73.9	13 161	9.7
2014	136 782	22 558	16.5	100 469	73.5	13 755	10.1
2015	137 462	22 715	16.5	100 361	73.0	14 386	10.5
2016	138 271	23 008	16.6	100 260	72.5	15 003	10.9

成以上，但从 2013 年开始逐渐呈下降趋势；65 岁及以上人口比例呈直线上升，说明我国人口老龄化仍在不断加剧，老龄化比例不断上升。

农村人口老龄化是我国人口老龄化的重要组成部分，随着工业化、城镇化的推进，不仅农村总人口在逐渐减少，由于大量青壮年劳动力向城镇和第二、三产业转移，农村人口老龄化程度也不断提升（皮晓雯和魏君英，2018）。第五次全国人口普查数据显示，我国农村人口老龄化程度比城镇要高出约 1.24 个百分点，第六次全国人口普查数据表明，农村人口老龄化程度比城镇要高出 3.29 个百分点，增长速度相对较快。按照这个趋势，到 2020 年第七次全国人口普查，农村人口老龄化程度相比城镇要高出 5 个百分点，不仅高于城镇，而且超全国人口老龄化程度。

农民是农业的主力军，其自身基本情况将直接决定农业的发展情况。城市化、工业化进程的加快，持续吸引农村年轻劳动力向外转移，导致农村身体素质、文化素质相对较高的青壮年劳动力大量流出，加之农业这一产业的比较优势低下，一般流出的劳动力很难实现回流，而留守在农村的老龄人口身体素质、文化素质都相对较低。而老龄劳动力的生理劳动能力低下，受教育程度低，再学习能力差，思想僵化，不利于农业生产新技术、新作业方式的应用，严重阻碍了种植业的发展。另外，随着农村老龄化进程加快，农民收入增长率不断下降，从而加大了城乡居民的收入差距。而城市居民收入的不断提高，会进一步吸引农村人力资源的转移，进而加速农村老龄化，农村地区发展农业生产的能力被进一步削弱。

（二）耕地问题严峻

耕地是农民的命根子，是人类赖以生存和发展的宝贵资源，是我国持续生存发展下去的必要物质基础（王俊鑫，2019）。现如今，随着人口的日益增加，加之工业化、城镇化的规模不断加大，我国耕地面积日益缩减、质量日益下降，维系社会稳定和经济发展的重要命脉——耕地资源日益紧张，成为种植业发展中的主要问题之一，对我国种植业未来发展构成严峻挑战。具体而言，耕地问题表现为以下两个方面。

1. 数量减少，总量不足

《2017 中国土地矿产海洋资源统计公报》的数据显示，近几年来，我国耕地占农业用地总面积的比例较低，全国每年因建设占用、灾毁、生态退耕、农业结构调整等各种原因减少的耕地面积持续走高,超过同年通过土地整治、农业结构调整等增加的耕地面积,在总量上呈现逐年递减的趋势。

图 1-1 显示了 2016 年我国的农业用地情况,共有农用地 64 512.66 万 hm²,其中耕地 13 492.09 万 hm²(20.24 亿亩),占 20.9%,园地 1426.63 万 hm²,林地 25 290.81 万 hm²,牧草地 21 935.92 万 hm²,建设用地 3909.51 万 hm²,其中城镇、村及工矿用地 3179.47 万 hm²。虽然我国耕地总面积大,在全球排名第四,然而耕地面积占农用地的比例低,且人均耕地面积排名十分靠后。

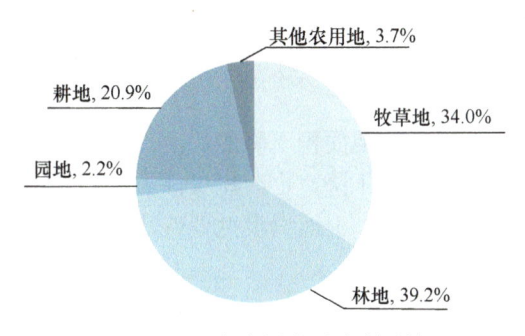

图 1-1　2016 年全国农用地利用情况

图 1-2 反映了 2012～2016 年全国耕地面积的变化情况。可以看出,2013 年耕地面积略有上升,之后逐年递减,总体上呈直线下降趋势,2016 年耕地面积为 13 492.09 万 hm²,比 2012 年下降 23.75 万 hm²。

图 1-2　2012～2016 年全国耕地面积变化情况

图 1-3 反映了 2012～2016 年全国耕地面积的增减变化情况。2016 年全国耕地面积为 13 492.09 万 hm²,因建设占用、灾毁、生态退耕、农业结构调整等减少的面积为 34.50 万 hm²,通过土地整治、农业结构调整等增加的面积为 26.81 万 hm²,年内净减少耕地 7.69 万 hm²,比 2015 年年内净耕地减少面积增加 29.5%,且有进一步加大的趋势。

分析我国耕地总面积持续减少的原因,主要有两个:一是过快、过大地扩张城市规模,城市用地增加与人口增长的比例高出正常比例,同时工业用地占用城市面积的比例超出合理限度,开发区、工业区建设失控,大量盲目设定,不断侵占城市周边耕地,造成大量耕地"撂荒",土地利用率大幅降低(邹正冰颖,2018)。除去城市用地对耕地资源的占用外,小城镇的飞速发展也会不断占用一部分农业用地,加上小城镇大多分散分

图 1-3　2012～2016 年全国耕地面积增减变化情况

布,易造成土地浪费,从而形成耕地面积下降的局面。二是由于农业内部结构调整,农产品价格持续走低,农民种粮利润下降,生产积极性大大降低,同时农村青壮年多选择外出务工,造成农业劳动力老龄化,土地大量抛荒或流转出去及被改造成园地、林地和其他农用地,耕地多数另作他用。

2. 质量下降,安全遭到破坏

谈及耕地安全,多数人会联想到全国 18 亿亩耕地红线,然而耕地安全不仅包含数量安全,还包括质量安全。耕地质量是指在一定的管理水平下,耕地进行农作物生产的总体能力(王军等,2019)。当前我国耕地由于生态环境的恶化,普遍遭受严重的损害,质量问题作为耕地问题的突出方面,严重降低了土壤的基础能力,进而导致农产品产量下滑和品质安全问题。

图 1-4 反映了 2016 年全国耕地质量的等别结构。全国耕地评定为 15 个等别,1 等耕地质量最好,15 等耕地质量最差。1～4 等、5～8 等、9～12 等、13～15 等耕地分别被划为优等地、高等地、中等地、低等地。2016 年,我国优等地占全国耕地评定总面积的 2.90%,为 389.91 万 hm²(5848.58 万亩);高等地占 26.59%,为 3579.57 万 hm²(53 693.58 万亩);中等地占 52.72%,为 7097.49 万 hm²(106 462.40 万亩);低等地占 17.79%,为 2395.41 万 hm²(35 931.40 万亩)。可见,优等地、高等地在全国耕地评定总面积中所占的比例低,不到三成,低等地所占比例也较低,全国超过一半的耕地为中等地。

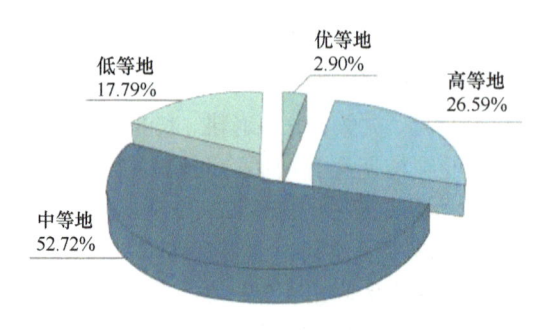

图 1-4　2016 年全国耕地质量等别结构

在耕地质量低下的同时，当前我国耕地还遭受严重的损害：农民普遍重用轻养，长期"重化肥、轻有机肥"，农药化肥超标使用，"废水、废渣和废气"排放量不断增加等。这种损害不是由单一因素造成的，而是由多因素综合作用导致的结果，特别是土壤污染从原来的单一无机或有机污染扩展为多元、复合污染，导致污染类型多样化、污染途径多元化和污染原因复杂化（陈加满，2018）。一系列的损害将会对耕地造成多重危害，具体而言，会对耕地质量产生物理、化学和生物破坏。

耕地质量遭受的物理破坏主要表现为土壤中非农业生产形成的固形物增多，主要有旧村庄土地复耕形成的建筑物残余，道路修筑等工程施工残留的垃圾，城郊地区作为城市生活垃圾的承接地在垃圾运输过程中散落下来的垃圾，而这些垃圾会通过多种方式进入土壤。同时，随着社会经济的发展，各种工程建设规模不断提高，会需要更多的优质土壤作为基本材料，如农村城市建房、河堤构筑、公路修建等都需要大量的优质土壤。在上述双重作用的影响下，农村耕地的固态非土壤成分越来越多，导致土壤的增肥和保肥能力严重降低，造成耕地的破坏。

耕地质量遭受的化学破坏主要是指农业面源污染。其中，最为常见的就是在农业生产环节不合理地使用农药、化肥等，造成大量化学物质残留在土壤里，破坏土壤肥力。当前还有新的污染来源，如大量的农用薄膜、农药化肥包装物、生活生产垃圾散落在耕地里，形成 15~20cm 不透水、不透气的难降解层，对耕地质量构成巨大威胁。在城郊地区，"工业三废"也是化学污染的一大帮凶。由于城郊地区是工业较为聚集的地区，大量的工业生产污水、废气直接排放或排放不达标，废气会快速散布到空中并形成酸雨降至土壤，废水则会通过流通进入耕地，导致土壤严重受损。

耕地质量遭受的生物破坏指的是由于长期的自然选择，有害生物的生存能力变强，而有益生物却面临更严峻的生存压力。耕地质量遭受的生物破坏与化学破坏息息相关。由于化学药物的持续作用，控制农业生产过程中有害生物的同时也杀害了许多有益生物，最典型的就是蚯蚓。原来土壤中还有不少蚯蚓，但现在不施有机肥的地里几乎找不到蚯蚓，这些有益生物的减少，不仅减弱了土壤降解作物残体的能力，还会影响土壤的孔隙度、保水能力，降低作物抵抗水旱灾害的能力。同时，由于物种单一化，各昆虫间缺乏拮抗作用，因此某些物种生长繁殖更猖獗，对作物的危害程度更高。农业害虫表现如此，有害杂草、有害病原菌同样表现出这种规律，即杂草少样化，病害单调化，同时某些杂草或病害又表现得异常强悍。这些共同导致耕地质量的生物破坏。

（三）食品安全事件仍时有发生

2019 年 3 月 8 日上午，中共中央总书记、国家主席、中央军委主席习近平出席十三届全国人大二次会议河南代表团审议时提出："完善农产品产地环境监测网络，加大农业面源污染治理力度，开展农业节肥节药行动，完善农产品原产地可追溯制度和质量标识制度，严厉打击食品安全犯罪，保证让老百姓吃上安全放心的农产品。"食品安全与我们的生活密切相关，一直以来都受到党和国家的高度重视，是社会公众集中讨论的热点话题。我国是一个农业大国，种植业发达，农产品作为食品的主要组成部分，其质量安全问题对人民生活以及社会发展具有极大影响。近年来，随着市场经济的发展，食品行业飞速进步，总体形势较好，却也发生了很多令人痛心的食品安全事故。与此同时，随着经济不断发展，收入水平持续提高，人们在选择食品时更多地追求营养与健康，对有机食品如黄金大米、含镉水稻等的选择逐渐增加，由于我国农产品安全监测系统尚不完善，这些农产品安全与否尚待考究，其在市场上流通对我国的食品安全形势构成了一定的潜在威胁。因此，食品质量安全问题又一次成为人们关注的焦点。

分析我国存在食品安全问题的原因，主要有以下三个方面：生产环境污染严重，导致农产品污染；食品质量监管力度不够，导致假冒伪劣食品横行；对食品安全的政策支持力度不够大，生产环境保护措施实施力度小。

1. 生产环境污染严重，导致农产品污染

就大多数食用农产品而言，出现安全问题，风险隐患大多最早出现在源头环节，即农产品的生产环节。现代发展阶段，生态环境危害加剧，农产品生产环境污染严重，导致了农产品安全问题。

（1）土壤、大气、水污染

农业生产环节最重要的环境要素即土壤、大气和水，而我国当前严峻的土壤污染、大气污染、水污染形势对食品安全构成严重的威胁。土壤污染的直接来源有很多，主要污染物有重金属及有机污染物，同时生产生活废水、化肥农药以及牲畜排泄物污水都会对土壤造成严重的危害。由于农业生产集中在农村和城郊接合部，一些大型工厂在选址时环境保护意识薄弱，工业生产废水、废料直接排放，成为土壤污染的主要原因。大气污染主要是由工业生产废气排放不规范造成的，对食品安全的危害主要体现在农作物生产环节，被污染的大气最终会被植物直接吸收，如若该植物被人食用，极易引发氟骨症等疾病。水污染指的是排入水体的营养物过量，超出水体的自我承受范围，进而发生变质，变质后的水进入农作物灌溉环节，将会加大农作物发生化学污染的概率，最终污染农产品。

（2）农业投入品污染

农业投入品指的是人们在农业生产活动中为开展生产和满足生物生长发育所需并获得理想的农产品产量而人工投入的有关物品（赵辉，2012）。农业投入品污染主要是指生产环节的农药、化肥污染。农药和化肥在农业生产中发挥着重要作用，但其过量使用引发了食品安全和环境污染等问题，严重威胁人类健康（杜蕙，2002）。从20世纪90年代至今，我国农药化肥使用量直线上升：1991年全国农药使用量为76.53万t，到2013年增长至180.19万t，增长135.5%，农民对用农药化肥治虫害增肥力的依赖性强，缺乏合理用药知识等是背后的主要原因。农业投入品污染，对植物体内有机化合物的代谢产生了一定的不利影响，植物体内积累了过量的硝酸盐和亚硝酸盐，这两种物质对人体健康都有危害。

（3）微生物污染

微生物污染包括细菌、病毒、真菌及其毒素污染（肖玫等，2007）。据世界卫生组织（WHO）统计，全世界每年有近1亿的食源性疾病患者，近七成是由于食用了被微生物污染的水或食物。在植物生长的过程中，微生物可以通过根、茎、叶等不同渠道进入农作物体内，导致作物发生微生物污染。

2. 食品质量监管力度不够，导致假冒伪劣食品横行

农产品流通是以农业产出物为对象，通过产后加工、包装、储存、运输和配送等环节，将农产品从生产地送到消费地、从生产者送到消费者的过程（张伟年等，2012）。农产品从生产出来到最终进入消费者手中，需要经过一系列的流通环节，而在这一系列环节中，食品质量监管环节能够起到关键作用。当前，我国农产品质量安全监管体系还不健全、能力还不够强、队伍还不够壮，而且越往基层越薄弱，尤其是农村地区。

由于经济基础薄弱，农村经济欠发达，农民整体收入水平低，对商品价格较为敏感。一些不法商贩抓住农民这一心理，生产一些假冒伪劣产品，并以低价卖给农民，但这些假冒伪劣食品的质量堪忧，严重危害人民群众尤其是青少年的身体健康。同时，农村地区的食品检测系统较为落后，检测手段过时，检测经费不足，检测制度不够完善，检测人员法治意识淡薄，不能及时检测出食品质量安全问题而禁止这一类食品在市场上流通，导致假冒伪劣产品盛行，食品安全问题十分严重。

3. 对食品安全的政策支持力度不够大，生产环境保护措施实施力度小

我国在政策和措施方面支持农产品质量安全水平提升的力度还不够大，对农产品质量安全的研究和投入相对不足。虽然我国颁布了《中华人民共和国农产品质量安全法》，意图保护耕地，缓解农业生产和生态保护之间的矛盾，但由于执行力度不够，耕地资源一直得不到有效保护，加上农业生产环境持续恶化，食品安全问题愈加严重。

（四）部分消费者消费观念仍然滞后

进入 21 世纪，我国农业发展已经取得了巨大的进步。未来，想要实现农业尤其是种植业的长效发展，农业科学技术的推广应用至关重要，直接推动农业的各个方面进步。在已推广应用的农业技术范畴里，转基因技术作为进入 21 世纪以来最主要的农业技术之一，对农业生产产生了巨大的作用。

转基因技术是指将含有遗传属性的物质通过一定的技术，通常为分子生物技术或基因工程引入活细胞或生物体中，使这种物质在新的生命体中发生基因重组，进而将物质的遗传属性重新表达或遗传（张文静，2017）。自 1996 年转基因作物的商业化应用得到批准以来，20 年里转基因作物的种植在全球快速推广，取得了举世瞩目的成绩。我国对转基因技术的研发和对转基因作物的推广也在不断发展，2017 年农业部明确提出要加强对农业转基因作物的研究。在政府的积极推动下，我国转基因作物的种植面积逐年递增。国际农业生物技术应用服务组织的统计数据显示，到 2017 年，全球转基因作物的总种植面积达到 1.898 亿 hm^2，中国的转基因作物总种植面积为 280 万 hm^2，全球排名第八，其中近一半面积种植的是转基因大豆，约 9410 万 hm^2，其次分别是转基因玉米、转基因棉花、转基因油菜，分别为 5970 万 hm^2、2421 万 hm^2、1020 万 hm^2。转基因技术在农业领域的应用极大地提高了农作物产量，并提供了更多优质、高效的产品。然而，自转基因食品进入市场以来，人们对其的争议一直就没有停止过。在我国，近几年有关转基因技术合理性和转基因食品安全性的讨论日趋激烈，越来越多的消费者对转基因食品的安全性表示了担忧，严重阻碍了转基因技术的进一步推广，也对农业生产造成了负面的影响。近年来，转基因作物种植面积呈逐渐减少的趋势。

分析其背后的主要原因，我们认为是消费者的消费观念问题。广大消费者作为食品供应链中最为重要的一环，其对转基因技术的态度一直都是决定该技术未来能否进一步应用于农业和转基因食品能否商业化的重要因素。我国是一个农业人口大国，以农村消费群体为首的消费者的消费观念决定了其对转基因及其他农业技术产品的消费意愿，影响了以转基因技术为主的一系列农业技术在农业生产中的推广应用，从而对我国种植业进一步发展构成一大挑战。具体而言，消费者的消费观念问题主要有消费信息不对称，营养、价格消费导向，公共舆论消费导向三个方面。

1. 消费信息不对称

消费信息不对称指的是在市场环境当中，当交易的一方无法对另一方的行为进行观测和监督，无法获取其准确的行动信息时，就产生了消费信息不对称，主要表现形式是买方和卖方之间的信息不对称，即买卖双方有一方比另一方掌握更多更完整的信息。我国消费者尤其是农村消费者对转基因食品的认知度较低，绝大多数仅停留在有所耳闻的层面而对其了解不深，主要原因有两个：一是转基因食品在市场上的流通量并不大，目前市场上流通的转基因食品主要是大豆油等，主流农产品如通过转基因技术生产出来的"黄金大米"等新产品还处于市场投入起步阶段，并未完全进入公众视野，加之转基因食品的广告标识不清晰和宣传力度不大，造成消费者缺乏转基因食品的信息。二是农村消费者占据我国消费者的很大一部分，但农村地区基础设施薄弱，信息闭塞，对外联系程度低，转基因食品信息难以传播到农村消费群体中，加上农村教育相对较差，农民大多受教育程度低，对转基因食品的认知度低。

2. 营养、价格消费导向

随着经济的发展，人们的收入水平逐渐提高，消费观念也在逐步发生改变，越来越多的人在选择食品时更加看重营养健康，更多追求吃得安全、绿色、营养。同时，随着"三农"工作的不断推进，农村的生活条件得到极大改善，农民在进行食物消费时，目标不再满足于"吃得饱""吃得好"，而逐渐转向"吃得健康""吃得营养"。以转基因食品为代表的由现代科技元素生产出来的农产品在生产过程中由于外源性基因的转入，可能含毒量增加，从而对消费者健康安全产生威胁，消费者的感知风险提高，在进行食物消费时更倾向于选择传统的营养食品。另外，消费者尤其是农村消费者在进行食物消费的过程中对价格较为敏感，由于营养类食物的价格弹性大，替代品多，同等的条件下人们更倾向于选择价格低廉的产品。而以转基因食品为代表的新型农产品由于生产成本高，市场价格就高，不符合消费者的消费观念。

3. 公共舆论消费导向

公共舆论消费导向指的是消费者在进行消费决策时极易受到公共舆论的影响，从而改变以往的消费观念。近年来，食品安全事件频发，如三聚氰胺事件、"双汇"瘦肉精事件、染色馒头事件、毒豆芽事件等，引发了消费者对食品安全的强烈关注，也从侧面促使消费者更加怀疑转基因食品的安全性，使其在进行以转基因食品为代表的新型农产品消费时愈发保守和谨慎。在农村消费市场，公共舆论导向愈发显著。由于农村地区环境较为封闭，人们的社会关系较为简单，加上农村消费者受教育程度低，缺乏一定的自我辨识度，因此很容易产生公众舆论导向的消费观念，即日常所说的从众心理。如果没有强有力的政府引导和知识普及来改变消费者尤其是农村消费者的观念，扭转公众舆论导向，以转基因食品为代表的新型农产品很难在市场上拥有立足之地。

第四节　国外种植业发展的新趋势及经验

一、美国

（一）种植业发展趋势

20世纪中期以来，美国的种植业机械大力发展，作业机具的效率大大提高，种植业专业化进一步发展，农民只种一种作物的专业化种植等大大发展，也方便了种植业的管理和机械使用，提高了劳动生产率。生产部门也相应出现了新的分化：有公司专门供给种子、肥料、农药、机械，出现了为种植业服务的专业部门，也出现了一些农业服务企业、农产品销售部门、农产品发展咨询组织，这些新的农工商联合企业的出现，对种植业产业化的形成和发展具有十分重要的促进作用。

美国种植业具有机械化、专业化、集中化的特点，专业化和集中化是种植业产业化的两个属性，是社会分工不断深入的两个方面。专业化是集中化的前提，集中化是专业化进一步发展的动力。美国农业集中化的一个重要表现是农场规模发生变化，从1935年的62.73 hm^{2}增加到2022年的303.51 hm^2。美国种植业发展的趋势如下。

1. 种植业生产机械化

美国的种植业十分具有竞争力，其机械化程度在世界上首屈一指，因此劳动生产率十分高，主要是由于其种植业已进入全面自动化、机械化阶段。美国种植业的生产机械化不仅全面覆盖生产、收获环节，一些难度大的作业也基本实现了机械化。美国是世界上种植业最发达、农业技术最先进的国家之一，早在20世纪40年代就已实现了种植业生产的机械化，同时在农产品加工等方面也保持世界先进水平，先进的机械化水平和高效的农业管理，大大提高了种植业的劳动生产率。美国种植业的劳动力人均产值相较于其他发达国家高出数倍，居世界第一位，极大地促进了种植业的发展。

2. 种植业生产专业化

由于种植业生产机械化的大力发展，农业商品率大大提高，从而导致种植业内部的分工越来越细，专业化程度越来越高，优越的农业自然条件得以充分利用，进而发挥出机械的最大效能，促进机械化水平不断提升。而种植业生产专业化促进了农产品的包装、运输和销售领域发展，大力提高了劳动生产率，降低了生产成本，增加了收入。美国种植业分工协作十分细致，农业耕作、播种、施肥、喷药、灌溉、收获、加工等程序服务公司可以申请全程代办，农户需要做的是制订计划，把控各个环节的主要技术。由于种植业生产产业化的高度发展，每个农民可以管理大规模的土地。综合美国种植业生产专业化的发展情况，其专业化主要划分为三种类型：部门专业化，即在种植业内部形成各种小部门;农场专业化,即生产部门只生产 1~2 种农产品;工艺专业化,即生产过程专业化,只参与 1~2 种中间产品的生产。

3. 种植业与工业商业一体化发展

种植业与工业商业一体化发展,主要以种植业为核心,农产品加工、储运、销售等环节结合,产供销共同发展。这样发展种植业后其"弱质性"可以得到缓解,实现生产产业化的大力发展。种植业要与工业商业共同发展,需要采用不同的形式。美国在种植业与工业商业一体化发展的过程中大概有三种形式:"公司制一体化",即大型种植业公司直接经营大农场,经营农业生产、农场生产、农产品加工销售;"合同制一体化",即大型工业公司与农场签订合同,"种植业前部门"和"种植业后部门"签订合作合同共同经营;"合作制一体化",即许多农场形成合作社共同经营种植业,参与与有关的农产品收购、销售、储运、加工等环节。

(二)种植业发展经验总结

美国在提高种植业产品质量与效益,推进种植业现代化发展方面一直处于先进行列,其一些经营方式与经验对各国的种植业发展具有重要的启发和借鉴意义。

1. 健全种植业政策法规,增加对种植业的投入

美国的种植业得以快速发展,一个重要原因是政府在政策法规上对种植业实行了支持保护,对基础设施建设进行了大力投入。美国为促进种植业的发展,不断加强政策法规方面的支持保护,从而促进农民收入增加,并加大对种植业的投入,通过相关科研、教育项目促进种植业持续稳定发展(张倩华,2003)。

由于种植业受到自然风险的影响较大,美国在工业发展后对种植业反哺,政府对高新技术进行研发和推广,运用各项政策促进种植业发展,并加大对高新科技研发的投资,以充足的资金保障促进种植业产业化发展(林宏程,2010)。

2. 加强服务体系建设,完善市场体系

美国的农业基层服务组织是合作社,是由农户组成的联合组织,是主要服务农民的经济实体。合作社通过不断完善种植业服务体系,规范基层农业组织行为,实现农业管理与经营分离,帮助基层农业服务组织建立农户民主管理的经济实体,让基层农业服务组织掌握经营权,发挥农业合作社的联合作用。

完善的农业市场体系能极大地促进种植业的产业化发展,由于产业特性,种植业分散的生产方式经常会导致生产规模较小、农产品市场化程度较低。为了提高种植业的商品化程度,美国从完善农产品市场体系入手,提高农民的自主组织化程度,在此基础上,不断完善农业产业化,以带动农产品的生产和营销,进一步促进农产品市场不断发展,并在此期间提高农户的市场知识与市场化意识,促进农产品不断推入市场,增强农户的资本积累。

3. 逐步推进种植业机械化发展

美国种植业的现代化发展采用的是资本集约型模式,首先运用机械推进农业生产,

以提高农业生产率，然后在此基础上进行生物技术现代化发展。美国早在1940年就已基本实现了种植业机械化，现如今走在世界先进机械化生产的前列，因此十分重视生产技术的运用，而机械化生产能明显保护自然资源、促进城乡环境美化，已是大势所趋。

美国种植业科技成果推广率较高，现如今已达85%以上，科技对种植业总产值的贡献率早已达到50%以上，并且积极推进农艺与农机的结合：首先在研究生物科技的同时，大力发展机械技术，以促进生物科技与机械技术共同发展、相互促进；其次制定农业种植标准，以提高机械化作业水平及规模效益；最后通过竞争不断优化农机生产，以促进农机企业不断推进种植业机械发展（杨春君，2010）。

4. 提高种植者素质

美国种植者综合素质普遍较高，因此种植业的现代化程度与集约化程度普遍较高。这是由于在促进农业现代化的过程中，美国通过普及和推广农业科技，更新种植业从业者的思想观念，尤其是加强生产一线农民的科普教育，以提高其素质。

在种植业落后的地区，美国通过政府的政策扶持、高校等科研部门的科技指导、农户开展的自我学习，逐步引导加强种植者对种植业的认识，通过促进种植者学习先进的生产技术、农机运用技能来促进农业发展，加快种植业的产业化进程。在较发达的地区，美国政府鼓励农户大力发展特色种植业，以市场为导向，掌握市场需求，促使农业产品多样化发展，形成各类种植业公司（林宏程，2010）。

5. 加快生态种植业发展

随着经济的发展，农业经济的增长方式也应该由粗放经营向集约经营转变，在这个过程中应坚持发展资源节约型、环境友好型的种植业，美国主要通过政策与科技两个方面来加快生态种植业发展。

在政策方面，通过集约化的方式，充分利用土地资源，修建发展旱作节水的农业工程，减少自然环境对农业的影响，从而促进资源环境可持续发展。在科技方面，充分利用可降解地膜、高光合作用等高新技术，促进有机肥应用，使种植业朝生态方向发展，开展农产品循环利用环保活动，运用多重措施实现可持续发展。

二、欧洲

（一）种植业发展趋势

欧洲经济发达，种植业也高度发达，其中法国、荷兰、德国等是种植业产业化发展程度较高的国家。由于地理自然条件较好，欧洲种植业的专业化程度较高，每个国家和地区会根据不同的地区特点，专门生产某种农产品，并将生产部门固定在一定的区域。

同时，欧洲国家和地区的合作经济也十分发达，农村合作社以专业合作社为主，特点是专业性强、规模较大，影响范围已涉及种植业产、供、销、信贷、保险等多个环节，合作社体系十分完整。而专业合作社的持续发展，促使种植业产业化不断向垂直一体化发展。

1. 种植业生产结构优化

欧洲的种植业结构经过调整，开始进入加工业指导种植业的阶段。政府制定政策，利用价格、补贴等手段，调整种植业的生产结构，使其加入国家经济发展规划，并对出口农产品进行补贴，这是扩大农产品出口的一项重要政策，欧洲各国政府每年支付的农产品价格补贴费十分高（程宇航，2013）。

欧洲种植业由单一经济向全面经济发展，主要是由于居民的食品需求发生变化。农户对市场变化进行分析后，通过调整优化农业结构，使得种植业劳动生产率得以极大发展，粮食产量大幅度提高，同时适应了市场需求。欧洲各国还在法律法规制定和实施上大做文章，如德国政府利用经济等手段不断调整土地结构，这些举措不断推进土地的自由流动，从而优化种植业生产结构。

2. 农产品加工业发达

农业产品能否带动其他产业发展，是种植业能否增值的重要方式，其中最重要的是农业加工产品。在欧洲，农产品贸易额占整个零售业销售额的大部分，种植业与产品的加工密切相关，后者不单促进了种植业的稳定发展，更是极大地带动了与农业相关的工业发展，大大地提高了农产品的附加值。

欧洲种植业以品质高著称，发达国家的农产品加工企业规模非常大，很多企业是跨国企业，由于规模大、技术先进，加工水平比较高，而精深加工带来的是高增值，同时发达的农产品加工业促使农工一体化、产加销一体化得以实现，极大地保障了农民利益的最大化。

3. 农产品质量高

欧洲有机农产品的历史悠久，经过了几十年的发展，其凭借先进的种植技术、完善的规范化管理得到世界的认可并进行出口。欧洲的有机食品生产长期处于世界领先地位，成为高质量农产品的供给与消费市场。由于有机农产品发展迅猛，各国均大力提倡，德国作为欧洲最大的有机农产品市场，每年交易额一直居欧洲前列，由此可见高质量农产品的市场前景广阔。

高质量的种植业离不开先进的科技，欧洲建立的农业重点实验室特别注重农业品种选育技术、种苗技术、栽培技术、病虫害防治技术，这些先进的生产方式为世界种植业生产发展提供了借鉴，可促进农产品高质量生产，同时为积极发展有机农业提供了经验。

（二）种植业发展经验

欧洲的种植业质量高、发展迅速，与其发展历史与现实密不可分，其成功经验可概括为以下几个方面。

1. 因地因情制宜的种植业政策

欧洲各国政府为种植业发展创造了良好的政策制度环境，同时支持鼓励创新。制定种植业政策的主要目标是促进人与自然协调发展，促进种植业可持续发展以及具备国际竞争力。政策制定主要从知识和创新投资、结构政策、环境政策等方面着手，最后出台了一系列符合国家地理情况的种植业发展政策（张莉，2015）。

欧洲国家和地区高度重视种植业，并大力给予投资扶植，对农民实行优惠的贷款和补贴政策，并在确定政策目标后投入巨额资金予以支持。20世纪60年代以来，在共同种植业政策范围内，欧洲对种植业和农产品出口销售实行补贴。政府还为农民提供低息贷款、低价土地，实行优惠的税收政策，并建立农民社会保障体制，鼓励农民安心务农。

2. 高度专业化的农场，完善的合作社体系

欧洲的专业化农场占比较高，同时建立了完善的合作社体系，而且是单品种专业合作社，这与欧洲的农业情况密不可分。合作社将服务对象和内容进行集中，便于对单一产品的质量进行改善，通过科研开发和深度加工，开展市场营销更加便捷。

欧洲的专业化农场得到高度发展主要得益于专业化合作社和各种商品协会的支持，合作社围绕单个农业产品，逐步形成了生产、加工、销售产业链，同时形成了种植业区域化、专业化的生产布局，农民的经营开始规模化和专业化。欧洲种植业主体以专业合作社为主，其开展专业化和产业化经营。

3. 先进种植业技术的开发应用

欧洲种植业的科学技术发达，特别是在育种和温室技术方面。农民可放心进行高投入，从而获得高产出，实现高效益。由于经济发达，欧洲劳动力价格开始不断上升，因此需要先进的种植技术，种植业可实现规模化生产，进而成为工业化大体系重要组成部分。

欧洲大力推进种植业机械化，当地政府运用发达的工业技术，大力生产各类农机具，不断推进种植业的机械化、自动化发展。目前，欧洲农民使用的种植业机械品种齐全、自动化程度高，提高了种植业的生产效率。

4. 高度重视种植业的科研教育

欧洲种植业的高速发展，与现代劳动者的科技文化素质高密不可分，种植业人力资源的高效利用、农民先进的种植技能、发达的市场机制、因地制宜的经营规模、先进的生产方式等均促进了其种植业的快速发展。欧洲许多农民具有大学本科及以上学历，可以熟练掌握现代种养殖技术、加工技术、农机具和自控设备修理技术，并能及时获取与种植业相关的信息。

因此，促进种植业发展，加强科研教育、提高农民素质十分重要。欧洲一些国家和地区为了促进种植业的现代化发展，开展了高等种植业教育、中等种植业教育和农民业余教育等多种教育培训，在具有专业技术的情况下，农民具备较高的文化程度可对种植业发展起到十分重要的作用。

5. 扶持绿色低碳种植业发展

欧洲环境立法要求对农用地肥料农药等用量进行严格控制。各国通过立法、税收等方法强化环境保护，颁布了相应的税收政策和财政政策，以促进发展可持续的绿色生产体系，在高度管制的体系下，农业生产者及分销商通过进行环境质量认定标榜自己销售的是绿色健康产品，以提高农产品的身价。

扶持绿色低碳种植业发展已成为国际共识，而绿色低碳发展必须充分发挥政府力量，欧洲通过政策法规及相关制度的建立，推动绿色低碳种植业发展。现如今，各国高度重视食品安全，为确保食品安全，满足人们高质量的物质生活需求，要在农业生产过程中明确划定种植业碳排放底线、降低种植业生产污染与能源消耗、加强生态环境保护。发展绿色低碳种植业可以减少生产环节的二氧化碳和其他温室气体排放，同时在农产品生产、加工和销售环节中减少与杜绝有害物质的使用，强调有机肥替代化学肥料，注重节能减排。

三、日本

日本是一个典型的以家庭经营为主的小农国家，人口众多，资源匮乏。日本的国土面积为 37.77 万 km^2，仅占世界陆地面积的 0.2%，耕地面积约 4.81 万 km^2，人口 1.3 亿（2013 年），人均耕地面积 0.05hm^2。在资源禀赋极其不利的条件下，日本政府在 20 世纪六七十年代及时调整农业政策方向，通过完善现代农业生产制度、经营制度、组织制度、农村金融制度、农业灾害保险制度和农村社会保障制度，达成农业实现现代化、农民增收等政策目标（曹斌，2017）。

（一）种植业发展趋势

日本农业一直都以"保护"的形象示人，长期的农业保护政策带有强烈的计划经济色彩，使得日本农业竞争力不断下降。伴随着国内农村"空心化"、人口"老龄化"问题的凸显，日本农业的未来发展面临巨大困境。在这样的背景下，日本政府 2014 年 6 月发布的《农林水产·农村地域活力创造计划》决定推进农业"新四化"建设，即推进农业多元化、集约化、信息化和高附加值化发展。

1. 推进农业多元化

首先是推进农地多元化，在日本政府看来，土地具有多功能性，因此未来要拓展农地补贴的范围，促进农业、农村的多功能性发挥。其次是发展都市农业，借助城市的力量和工业化的力量来实现农业的多元化经营。

2. 推进农业集约化

推进农业集约化是针对日本人口老龄化导致分散的小土地经营成本上升、土地抛荒现象普遍提出的。日本政府先后出台了多项政策措施，鼓励家族组织起来共同从事农业生产经营。除此之外，日本还通过财政税收加速土地流转，实现土地集约化经营。农业集约化将会是未来日本农业发展的一大趋势。

3. 推进农业信息化

该措施主要是通过发展物联网技术来应对日本农业劳动力不足及老龄化的问题。2013 年，安倍晋三在农林水产振兴活力部第一次全体会议上提出，未来要加快农业经营的信息化，鼓励电子企业进入农业领域，运用其技术优势为物联网发展提供支持。随后，多家电子企业建立了智能化农业示范基地，通过对光、热、水资源进行智能搭配，生产出品质良好的农产品。未来,日本还会有更多的生物、能源、电子公司进入农业领域,利用信息化技术来提高日本农业的竞争力。

4. 推进农产品高附加值化

日本政府 2014 年 6 月实施的《农林水产·农村地域活力创造计划》明确提出,要通过流通体制改革来提高农林牧副渔的附加值。为此,日本政府从以下几个方面着手:第一是推行新型农产品的生产,在食品行业更加注重消费者的健康、安全的消费偏好,生产符合消费者需求的产品;第二是推动日本的食品走向国际化,通过制定国际化战略来提升食品的附加值;第三是改进农业流通体制,如建立从农业生产的能源供应到包括农产品产供销所有环节的一条龙服务流通体制。通过这些措施,日本政府推动农业朝产业链延伸的方向不断发展。

(二)种植业发展经验总结

日本的农业现代化,是在第二次世界大战后经济高速发展时期(1955～1973 年)政府强有力的政策推动支持下得以实现的。资料显示,20 世纪 60 年代,日本农民的收入超过社会平均收入,1968 年农民的平均收入为 120.5 万日元,超出社会平均收入 9.5%;1975 年日本每公顷大米的生产成本中,农机购置和折旧费用占 20%,农业机械化水平大大提高;同时,日本的粮食自给率高,大米几乎年年达到 100%,粮食安全得以充分保障。战后日本农业迅速实现现代化以及政府推动农业尤其是种植业发展的具体措施和经验可总结为以下几点。

1. 完善农业生产政策体系,提升农业全要素生产率

(1)加强农田水利设施建设,改善农业生产条件

自 1949 年日本颁布《土地改良法》以来,至今已经修改近 60 次。该法案允许日本农民根据农田的具体情况,自发组织成立合作组,并承担所负责农田的规划、改良、维护工作。项目立项可以由农民成员发起,在经过民主决策后向政府提出申请,项目的具体实施由政府负责,各级政府和农民根据项目大小分摊经费,如果受益农民偿还经费较为困难,政府允许其向财政部门申请长期低息贷款。通过这种方式,日本构建了一套完整的以农户参与规划、维护农业生产基础设施为特点的农田水利建设体系。截至 2015 年,日本共在全国建立了 4730 所土地改良区,参与农民达 367.5 万人。

(2)完善中小型农机开发制度,提高农业劳动生产率

由于山地丘陵多、水田多且田块小,加之农户多为经营规模小的个体农户,大型农机在日本农业生产中很难有发挥空间,而中小型机械正好适合上述条件。日本政府根据农业生产的具体特点,制定了适合山地丘陵、一家一户小农生产的中小型机械化目标。1953 年颁布《农业机械化促进法》,明确制定了高性能农业机械研发、推广规划,即根据各地区不同的农业生产实际情况制定相应的农机引进计划,同时要求政府定期组织培训,提高农机技术普及率,在各个环节都要吸收农民代表参与规划制定及机种选择。

在政策的带动下,日本农业早在 20 世纪 50～70 年代的经济高速发展时期就已经实现全面机械化。50 年代中期至 60 年代中期,研发了动力耕耘机和动力病虫害防治机;

60 年代中期以后，乘用型拖拉机、割捆机、动力插秧机、自脱型联合收割机得到迅速普及，尤其是 70 年代以后，开始重点普及插秧机和联合收割机；到 1975 年前后，以水田为中心的农耕作业全过程，包括育苗、耕地、整地、灌溉、中耕除草、防治病虫害、收割、脱粒、烘干等，基本上实现了全面机械化。

（3）利用生物技术改良作物品种，提高土地生产率

早在 1955 年，日本研发的水稻种植新方法——保温育苗技术，应用面积就已经占水田面积的 60%，保温育苗比普通育苗提前 1~2 个月播种，这样可以有效避开旱涝、冻害等灾害。麦类作物的品种改良由以前的纯系育种发展到杂交育种，根据不同地区的温度、湿度，培育出特点不同的品种，这些品种具有抗风性、抗湿性、抗旱性和抗害性。另外，还培育出栽培期不同的品种，大大提高了土地复种指数，进而提高了土地生产率，粮食作物产量提高 15%~20%。

（4）完善军民一体的农技推广制度

日本自 1848 年颁布《农业改良助长法》以来，至今已经修改近 50 次。该法案规定，政府成立农技普及指导中心，农业种植年龄超过 6 年并通过省级专业考试的专业技术人员可以担任农技普及员，直接面向农民普及农业技术。在实际应用中，日本政府发现农业技术普及员的覆盖率过低，每千人只配有一个技术人员，于是采取了各地区"农协"配合合作的方式，由农协负责召集农户、总结农户疑难问题，配合农技普及工作。通过这种方式，日本逐步建立起以政府机关为推广主体，以民间组织为支援主体的农技推广体系，加快了农业实用技术的转化，极大提高了农业的生产效率。

2. 制定多样化的农业经营政策，推动组织管理的现代化

（1）促进农地向"自立经营农户"集约，提升规模效益

日本政府认为农地向自立经营农户集中可以保持农业的稳定和可持续发展，因此大力推动农地的集约、流转。一是逐渐放开农地流转限制。通过修订一系列法案取消持有农地面积方面的限制，鼓励农地在农户之间流转。二是成立农地流转中介机构。1962 年修改《农地法》，允许农协参与农地流转。2014 年成立"公益性社团法人农地流转中间管理机构"，专门负责农地转租工作，保护了农民的合法利益。三是加大财政补贴。对土地流转后的规模经营农户在机械购置、土地平整、基本建设等方面的费用进行补助，对愿意长期承租土地的农民施行一次性补助。这些政策大大提高了农地的集约化、规模化经营。

（2）完善社会化服务体系，降低农业生产强度

1972 年，日本政府试点"农业机械银行"制度，通过政府主导、农户自愿的方式，收集农户家中闲置的机械并对外发布租赁信息，从而降低农户的固定资产投入。1980 年，日本颁布《农用地利用增进法》，允许以村落为单位成立"集落营农"组织，委托当地经营大户对农地进行托管经营，推动了农地集约，而农户可以不参加集体活动，自主选择合作伙伴。

（3）扶持农协为农业规模化经营服务

日本自 1947 年颁布《农业协同组合法》以来，至今已经修改近 89 次。该法案明确规定，农协是非营利性的农业社团组织，为成员提供经营、供销、保险等系列服务。日

本政府十分重视农协在农业生产中的作用，扶持农协成为农业生产的管理者、农业政策的实施者，并对农协购置农具进行补贴，帮助农协扩大经营规模。在政策的带动下，农协为农业生产的产前、产中、产后提供了一系列专业的社会化服务，有利于农业的规模化经营。

3. 完善农业生产灾害保障制度，增强农民抗灾能力

日本处于太平洋板块与亚欧板块交界地带，地震多发，雨雪天气频繁。自 1947 年颁布《农业灾害补偿法》以来，至今已经修改 59 次，形成了完善的农业灾害保险制度。该法案提出，农民可以按照地区资源组织出资成立具有农业灾害保障性质的互助组，在灾害发生时，由互助组出资弥补受灾损失；基层组织出资成立地方农业共济联合会，联合会再向政府申请保险，从而提升抵御大规模灾害的能力。日本中央财政为农民参保提供 50%的补贴，还建立了灾害救助基金、大灾基金等制度，以分散灾害对农民造成的损失。

四、澳大利亚

自 19 世纪 20 年代开始，澳大利亚农业就已经融入世界经济发展的轨道，成为世界产业链的一环。澳大利亚在农业自然条件并不理想的条件下，立足于本国实际发展现代农业，从而成为具有强大市场竞争力和重要影响力的农业大国（任育锋等，2015）。

（一）种植业发展趋势

随着全球一体化、贸易自由化进程的深入，澳大利亚农业对世界农产品供给的影响力越来越大，使得近年来其农业发展呈现出明显的特点（任育锋等，2015）。

1. 农场专业化、两极化发展趋势明显

近年来，澳大利亚的农业专业化程度越来越高，逐渐出现了部分农场只生产一种商品或者只从事一种行业的情况。数据显示，2011 年 20%的大农场生产了 65%的农产品，很多农产品呈现出产供销一体化的特点。例如，地处新南威尔士州的詹姆士庄园，葡萄种植面积达到 6.07km^2，每年对庄园种植的葡萄进行加工能销售 2.7 万 L 葡萄酒，并且打造了自己的商标和品牌，属于典型的自产自销。

澳大利亚农场在专业化规模化趋势加强的同时，也呈现出两极化的发展趋势。拿肉牛养殖来说，2011 年从事肉牛养殖的农场里面，养殖规模在 0~49km^2 和 100~499km^2 的数量最多，分别占总数的 31%和 30.3%，其他种植规模的农场数量较少。

2. 农产品出口是农业发展的主要驱动力

澳大利亚是典型的外向型农业大国，出口在农业销售中所占的比例大。近几年，澳大利亚农产品出口形势利好，2013 年农产品出口总值达到 1914.9 亿元，创造了单年出口值纪录。我国是澳大利亚农产品出口的重要市场，2013 年其对我国市场的出口额在全年农产品总出口额中的占比为 23%，较 2003 年增加 14%，增长显著。未来，澳大利亚的农产品出口份额会基本维持在一个较高的水平，但出口地区结构会发生一定的变动。

具体来说，对日本、欧盟、美国等地的出口比例会有所下降，对亚洲尤其是我国市场的出口份额会明显上升，亚洲市场对未来澳大利亚农产品出口的影响力会越来越强。

3. 精准农业快速发展

为促进农业机械精准化运作，提高单位面积劳动生产率和资源利用效率，澳大利亚政府早在 20 世纪 90 年代就已经投入精准农业开发工作，并取得了显著的成绩。通过全球定位技术（GPS）、自动导航技术、自动驾驶技术、遥感监控技术、无线传感技术等一系列技术的运用，能够对农作物产量、生态资源、气象自然灾害等有一个全面精准的把握。

近年来，澳大利亚政府同多家知名计算机企业合作，启动实施了"传感塔斯马尼亚（Sense-T）"项目。通过该项目在塔斯马尼亚州布设了无缝覆盖的高速免费无线网络和各类传感器装置，这一举措将会在根本上推动物联网技术在澳大利亚农业生产中的推广应用。而精准农业快速发展，将会带动未来澳大利亚农业的巨大变革。

（二）种植业发展经验

1. 政府高度重视农业发展，推动农业的"三化同步"

（1）农业生产的规模化、大农场化

与大型农场比起来，中小型农场规模小、成本高，独自承担风险的能力较弱，因此整体效益低。为此，澳大利亚政府通过财政补贴、减免税收、贷款优惠等措施鼓励规模小、效益低的中小型农场主放弃土地，以实现农业用地的规模化、大农场化生产。1959 年，澳大利亚农场总数约 21 万个，到 2013 年约 12.3 万个，减少约 41%。与此同时，农场规模正在逐渐加大，1978 年澳大利亚农场平均占地面积为 2768km^2，到 2013 年约 3000km^2。

（2）农业生产的专业化、集约化

澳大利亚农业生产的分工日益精细化、专业化。政府为农业发展提供了非常全面的社会化服务，逐渐形成了政府主导、私营部门和农协协同的服务体系，根据不同农作物的生长习性特点、生产环节，建立起各种不同的专业化服务机构，有效带动了澳大利亚农业生产的专业化分工，提高了农业生产的效率。

（3）农业生产的机械化、信息化

澳大利亚早在 20 世纪 60 年代就已经实现了农业机械化。其中，计算机控制技术、农用航空技术、耕作保护技术等先进的农业生产技术较为普及，主要农作物如水稻、大麦、小麦已经实现了全机械化自动生产。与此同时，澳大利亚是全球范围内互联网普及率最高的国家之一，农业物联网技术发达，大部分的农业工作者都能够利用计算机互联网掌握农业信息。

2. 不断加大对农业科研的投入，推进农业科研成果的创新与应用

澳大利亚政府十分重视农业科研工作，注重把农业科研创新、农业技术成果与农业生产具体情况和农户具体要求结合起来。以农业灌溉技术为例，澳大利亚干旱面积占比为 80%，为此政府充分利用自然条件，大力发展节水灌溉技术，同时对发展旱作及节水

型农业给予一定的补贴和扶持，建立起系统的农业综合灌溉系统，提高了有限农业资源的利用效率。

当前，澳大利亚已经拥有完善的农业科研服务体系，十分注重科研成果的推广应用。每一个州和当地的大学都设立了农业科研推广机构，农业科技的研发费用和推广费用由当地政府负责50%，由联邦政府负责28%，其余由当地企业和高校负责。如今，澳大利亚的农业技术水平在全世界遥遥领先，农业科学技术转化成功率达80%左右，农业技术进步带来的农业增长额占农业增长总额的60%~80%。

3. 注重生态环境保护和资源管理，促进农业可持续发展

尽管澳大利亚资源丰富，但政府在农业发展过程中依然很重视自然资源的保护和注重农业的可持续发展。一是对水资源的管理十分严格。澳大利亚四面环海，国内淡水资源不足，政府从立法、财政、技术等多个方面对水资源进行保护。2007年，澳大利亚提出"用水安全计划"，预计到2017年投入100亿澳元来进行水资源的管理。二是注重耕地资源的保护。澳大利亚政府通过立法限制土地开垦，在各大种植业生产地区推广耕地保护技术，建立大型耕地保护技术试验站。三是高度重视生态环境监控。澳大利亚对种植业生产所需的农业生产资料如化肥、农药等实行严格控制，农作物进行喷药必须经过政府部门批准，并对生态环境进行实时监控，严防有害物质超标。

第二章　中国主要农作物生产经营状况和发展趋势

第一节　生产比较优势与国际竞争力

本章分别对水稻、小麦、玉米、棉花、油菜、蔬菜、水果等主要农作物的生产比较优势和国际竞争力进行分析。

一、水稻

（一）生产比较优势分析

本研究衡量农作物生产比较优势的指标有效率比较优势指数、规模比较优势指数和综合比较优势指数。具体而言，效率比较优势指数为某地区某农作物单产水平占该地区所有粮食作物单产水平比例与全国某农作物单产水平占全国粮食作物单产水平比例的比值；规模比较优势指数是指某地区某农作物种植面积占该区域所有粮食作物种植面积比例与全国某农作物种植面积占全国所有粮食作物种植面积比例的比值；综合比较优势指数为生产效率比较优势指数与生产规模比较优势指数乘积的平方根，综合了效率比较优势指数和规模比较优势指数，能比较全面地分析某一地区某一作物的比较优势。综合比较优势指数等于1，表明该作物的综合比较优势处于全国平均水平。综合比较优势指数大于1，表明该作物相对全国其他地区具有综合比较优势，数值越大，综合比较优势越显著。

我国水稻生产具有效率比较优势的地区为西北、西南地区，如表2-1所示，西北、西南地区水稻生产的效率比较优势指数均大于1，其中西南地区变化比较平稳。

我国水稻生产具有规模比较优势的地区为华南、华中、华东地区，如表2-1所示，华南、华中、华东地区水稻生产的规模比较优势指数均大于1，其中华南稻区各时期均大于2，华北、西北地区整体偏低。

我国华南、华中、华东地区水稻生产的综合比较优势较强，其综合比较优势指数均在1以上，并且均呈上升趋势；西南、西北、东北地区没有综合比较优势；华北和西北地区的综合比较优势指数呈明显下降趋势。

基于上述分析可知，我国水稻生产集中在华中、华南、华东地区，并且生产布局正在发生变化，近年来主要集中在长江中下游地区及黑龙江，华南、华中、华东地区综合比较优势较强，并且其水稻生产的综合比较优势指数均呈上升趋势，水稻种植面积在稳步上升，生产规模也在不断扩大。

表 2-1 我国各地区水稻生产比较优势分析

指标	5 年年份	华东	华北	华中	西南	西北	东北	华南
效率比较优势指数	1997～2001	0.87	1.13	0.92	1.09	1.28	1.10	0.81
	2002～2006	0.90	1.02	0.94	1.06	1.21	1.05	0.81
	2007～2011	0.92	0.97	0.94	1.10	1.10	1.07	0.81
	2012～2016	0.96	1.09	1.01	1.09	1.10	0.99	0.86
规模比较优势指数	1997～2001	1.89	0.16	1.59	0.78	0.12	0.60	2.52
	2002～2006	1.96	0.07	1.66	0.82	0.12	0.64	2.62
	2007～2011	1.96	0.06	1.73	0.81	0.12	0.72	2.70
	2012～2016	1.92	0.06	1.71	0.81	0.12	0.75	2.72
综合比较优势指数	1997～2001	1.19	0.35	1.08	0.87	0.35	0.81	1.42
	2002～2006	1.23	0.23	1.12	0.89	0.34	0.81	1.45
	2007～2011	1.24	0.19	1.14	0.89	0.32	0.88	1.48
	2012～2016	1.26	0.19	1.18	0.89	0.32	0.86	1.53

数据来源：国家统计局；表中数据均为对应五年的均值

（二）国际竞争力分析

由表 2-2 中数据可知，1997～2016 年我国水稻收获面积、产量和单产均居世界前列。其中，水稻收获面积仅次于印度，面积先减少后增长，与 1997 年相比，2016 年减少 5%，但依然位居世界第二。水稻产量位于世界首位，且单产总体呈上升趋势，表明我国水稻种植技术在不断进步，并逐渐超越日本，但仍落后于美国。

表 2-2 主要水稻生产国的水稻生产情况

指标	年份	孟加拉国	印度	印度尼西亚	日本	泰国	美国	越南	中国
收获面积（万 hm²）	1997	1 026.3	4 347.0	1 114.1	195.3	991.3	125.6	710.0	3 212.9
	2002	1 077.1	4 117.6	1 152.1	168.8	965.4	129.8	750.4	2 850.9
	2007	1 057.5	4 391.0	1 214.8	167.3	1 066.9	111.2	720.7	2 917.9
	2012	1 142.3	4 275.4	1 344.6	158.1	1 195.7	108.4	776.1	3 039.8
	2016	1 138.6	4 296.5	1 427.5	147.9	867.8	125.3	778.3	3 045.0
产量（万 t）	1997	2 815.2	12 370.0	4 937.7	1 253.1	2 358.0	830.0	2 752.4	20 277.2
	2002	3 759.3	10 773.0	5 149.0	1 111.1	2 832.1	956.9	3 444.7	17 634.2
	2007	4 318.1	14 457.0	5 715.7	1 089.3	3 247.7	899.9	3 594.3	18 739.7
	2012	5 049.7	15 780.0	6 905.6	1 065.4	3 810.0	906.9	4 373.8	20 593.6
	2016	5 259.0	15 875.7	7 729.8	804.4	2 526.8	1 016.7	4 343.7	21 109.1
单产（kg/hm²）	1997	2 743.1	2 845.7	4 432.2	6 416.3	2 378.8	6 609.9	3 876.8	6 311.1
	2002	3 490.2	2 616.3	4 469.1	6 582.3	2 933.8	7 373.0	4 590.3	6 185.5
	2007	4 083.3	3 292.4	4 705.2	6 511.1	3 044.1	8 091.7	4 986.9	6 422.3
	2012	4 420.6	3 690.9	5 136.0	6 738.8	3 186.5	8 365.1	5 635.3	6 774.7
	2016	4 618.8	3 695.0	5 414.8	5 438.8	2 911.8	8 112.1	5 581.0	6 932.4

数据来源：联合国粮食及农业组织（FAO）

本研究用显示性比较优势指数、竞争优势指数来衡量水稻的国际竞争力。具体而言，显示性比较优势指数（RCA）是指一个国家某种产品出口比例与世界该产品出口比例的比值，通常而言，高于 2.5 则具有很强的比较优势，介于 1.5～2.5 则意味着较强的比较优势，介于 0.8～1.5 则表示存在一定的比较优势，而低于 0.8 则意味着不具有比较优势。竞争优势指数（TC）指一国进出口之差与进出口之和的比值，取值在-1～1，大于 0 表明有竞争优势，大于 0.3 表明有较大的竞争优势，大于 0.6 表明有极大的竞争优势；小于 0 表明有竞争劣势，小于-0.3 表明有较大的竞争劣势，小于-0.6 表明有极大的竞争劣势。

由表 2-3 可知，我国水稻的国际竞争力在逐渐减弱。具体来说，前期具有竞争优势，后期缺乏竞争优势，国际竞争力发生了逆转，水稻逐渐从具有一定的比较优势转为不具有比较优势。1997～2003 年，我国水稻 RCA 均高于 0.8，存在一定的比较优势，特别是 1998 年达到最大值 3.46，具有很强的比较优势，此后呈下滑趋势，2004～2016 年均小于 0.8，并且 2015 年达到最低值 0.18，说明不再具有比较优势。横向来看，我国水稻的比较优势整体劣于印度、泰国、越南、美国，其中印度、泰国、越南的 RCA 均保持在 5 以上，较我国的比较优势明显。

表 2-3　主要水稻出口国的显示性比较优势指数

年份	印度	越南	泰国	美国	中国	年份	印度	越南	泰国	美国	中国
1997	7.95		14.87	1.17	1.16	2007	9.50	11.42	13.78	1.08	0.77
1998	11.53		12.86	1.28	3.46	2008	6.85	12.62	14.09	1.02	0.53
1999	7.00		14.15	1.30	2.94	2009	7.54	12.08	12.23	1.17	0.60
2000	6.29	14.41	12.48	1.17	2.31	2010	5.25	12.99	11.97	1.13	0.40
2001	5.78	11.58	11.74	0.92	1.30	2011	6.57	11.47	11.83	0.87	0.34
2002	11.23	14.37	13.20	1.13	1.40	2012	8.18	10.71	8.76	0.84	0.21
2003	8.52	12.83	12.81	1.33	1.49	2013	9.24	8.49	8.55	0.87	0.30
2004	8.79	13.68	16.32	1.38	0.61	2014	9.93	7.17	9.90	0.74	0.26
2005	10.00	15.71	12.66	1.37	0.47	2015	9.57	6.95	8.72	0.81	0.18
2006	7.91	12.73	12.94	1.31	0.79	2016	10.05	5.85	9.99	0.87	0.30

数据来源：FAO

由表 2-4 可知，我国水稻从具有竞争优势转为竞争劣势。纵向来看，我国 TC 总体呈下降趋势，1997～2011 年大于 0（除 2004 年），表明其间水稻有一定的竞争优势，2012～

表 2-4　主要水稻出口国的竞争优势指数

年份	印度	越南	泰国	美国	中国	年份	印度	越南	泰国	美国	中国
1997	1.00		1.00	0.60	0.31	2007	1.00	0.96	1.00	0.52	0.37
1998	1.00		1.00	0.71	0.77	2008	1.00	0.97	1.00	0.57	0.45
1999	0.98		1.00	0.63	0.79	2009	1.00	0.96	0.99	0.55	0.44
2000	0.97	0.96	1.00	0.65	0.67	2010	1.00	0.97	1.00	0.58	0.24
2001	1.00	0.94	1.00	0.61	0.54	2011	1.00	0.97	1.00	0.51	0.05
2002	1.00	0.96	1.00	0.61	0.65	2012	1.00	0.97	1.00	0.48	-0.61
2003	1.00	0.97	1.00	0.61	0.67	2013	1.00	0.97	0.99	0.47	-0.43
2004	1.00	0.96	1.00	0.61	-0.04	2014	1.00	0.97	1.00	0.41	-0.53
2005	1.00	0.96	1.00	0.66	0.07	2015	1.00	0.97	0.99	0.43	-0.69
2006	1.00	0.96	1.00	0.55	0.17	2016	1.00	0.96	1.00	0.44	-0.61

数据来源：FAO

2016年小于0，且均小于-0.3，表明有极大的竞争劣势。其中，2008~2016年TC下降比较明显，特别是2012年较之2011年下降达0.66，与我国2012年水稻进口大幅增加有关。横向来看，我国较印度、越南、泰国有极大的竞争劣势，这三个国家水稻的竞争优势指数基本接近或等于1.00。

基于上述分析可知，我国水稻的产量和单产均居世界前列，与世界主要水稻生产国相比单产水平在稳步增长，2016年已经仅次于美国。但是从国际竞争力的角度考虑，我国水稻的TC和RCA总体上都呈现出下降趋势，国际竞争力在逐渐丧失。

二、小麦

（一）生产比较优势分析

本研究将全国小麦生产分为北方冬（秋播）麦区（山东、河南、河北、山西、陕西、天津、北京）、南方冬（秋播）麦区（福建、江西、广东、广西、湖南、湖北、贵州、浙江、上海、安徽、江西）、春（播）麦区（黑龙江、内蒙古、宁夏、吉林、辽宁、甘肃）和冬春兼播麦区（新疆、西藏、青海、四川、云南）进行统计分析。

如表2-5所示，在小麦生产的效率比较优势指数方面，纵向来看，北方冬（秋播）麦区、春（播）麦区和冬春兼播麦区呈下降态势，仅南方冬（秋播）麦区总体呈上升趋势；横向来看，相较于南方冬（秋播）麦区、春（播）麦区和冬春兼播麦区，北方冬（秋播）麦区的小麦生产具有效率比较优势，其效率比较优势指数大于1，南方冬（秋播）麦区的效率比较优势指数最低。

表2-5 我国各地区小麦生产比较优势分析

指标	5年年份	北方冬（秋播）麦区	南方冬（秋播）麦区	春（播）麦区	冬春兼播麦区
效率比较优势指数	1978~1988	1.26	0.53	0.91	0.93
	1989~1999	1.23	0.50	0.83	0.94
	2000~2010	1.14	0.49	0.75	0.87
	2011~2016	1.12	0.57	0.61	0.86
规模比较优势指数	1978~1988	1.62	0.97	0.87	1.03
	1989~1999	1.68	1.02	0.74	0.98
	2000~2010	1.98	1.12	0.38	0.91
	2011~2016	2.03	1.25	0.27	0.88
综合比较优势指数	1978~1988	1.43	0.72	0.89	0.98
	1989~1999	1.44	0.72	0.78	0.96
	2000~2010	1.50	0.74	0.53	0.89
	2011~2016	1.50	0.84	0.41	0.87

数据来源：国家统计局；表中数据均为对应年份的均值

在小麦生产的规模比较优势指数方面，纵向来看，北方冬（秋播）麦区和南方冬（秋播）麦区呈现出逐渐上升的趋势，而春（播）麦区和冬春兼播麦区呈现出逐渐下降的趋势，其中春（播）麦区从0.87下降到0.27，下降最为显著；横向来看，除春（播）麦区外，其余各区的规模比较优势指数均在1左右，小麦生产具有一定的规模比较优势，尤其是北方冬（秋播）麦区的规模比较优势最为明显，2011~2016年其规模比较优势指数达到 2 以上。

在小麦生产的综合优势比较指数方面,纵向来看,北方冬(秋播)麦区和南方冬(秋播)麦区总体呈现逐渐上升的趋势,春(播)麦区和冬春兼播麦区呈现逐渐下降的趋势,其中春(播)麦区下降最为明显;横向来看,北方冬(秋播)麦区小麦生产的综合比较优势依旧突出,其综合比较优势指数大于 1,是我国优质高效的小麦主产区,其他地区不具有综合比较优势。

综上,北方冬(秋播)麦区的小麦生产处于高产水平,具有显著的综合比较优势,规模或者效率比较优势也处于全国领先地位。

(二)国际竞争力分析

从表 2-6 可以看出,就每 50kg 小麦主产品总成本而言,2012~2017 年我国和美国都在波动变化,但我国始终高于美国。就每亩小麦总成本而言,我国(增长 21.34%)和美国(增长 7.20%)都在增长,但我国增幅高于美国,并且我国始终高于美国,约为美国的 3 倍。就每亩小麦主产品产量而言,我国(增长 10.65%)在增长,而美国(增长-6.40%)总体在下降,并且我国约为美国的 2 倍。

表 2-6　2012~2017 年我国与美国的小麦生产情况

	指标	2012 年 中国	2012 年 美国	2013 年 中国	2013 年 美国	2014 年 中国	2014 年 美国	2015 年 中国	2015 年 美国	2016 年 中国	2016 年 美国	2017 年 中国	2017 年 美国
	50kg 主产品总成本(元)	105.60	79.93	119.48	91.22	110.53	96.32	114.41	88.55	121.49	71.74	115.89	91.54
每亩	总成本(元)	830.44	313.94	914.71	318.20	965.13	318.71	984.30	317.61	1012.51	328.11	1007.64	336.54
	总产值(元)	851.73	356.25	901.93	292.30	1052.96	250.38	1001.71	219.54	930.36	228.04	1013.74	226.17
	主产品产量(kg)	382.76	196.39	374.32	174.42	428.01	165.45	420.79	179.35	406.34	228.67	423.54	183.83
	种子投入(元)	55.83	15.94	59.51	16.38	63.97	16.00	66.11	15.47	68.16	15.60	70.66	15.32
	肥料投入(元)	167.08	47.90	170.21	47.06	159.12	44.20	155.95	41.16	160.78	37.39	162.96	34.38
	农药投入(元)	15.87	14.72	17.13	14.50	17.48	15.05	19.67	14.75	20.94	16.29	22.31	16.37
	作业费(元)	256.35	10.53	274.57	10.80	290.21	10.95	294.19	11.39	301.63	12.12	302.06	12.62
	燃料动力费(元)	0.44	20.19	0.70	19.76	0.68	19.41	0.90	12.76	0.85	11.92	0.82	14.44
	雇工费用(元)	7.20	2.21	10.24	2.22	11.07	2.23	11.99	2.34	12.18	2.61	13.85	2.78
	家庭劳动力机会成本(元)	284.20	17.60	333.54	17.73	353.70	17.78	352.40	18.67	358.81	20.63	348.02	21.60

数据来源:2018 年《全国农产品成本收益资料汇编》

2012~2017 年,我国每亩小麦种子投入逐年增长,增幅为 26.56%,但是美国基本保持不变,并且我国始终高于美国,约为美国的 4 倍;我国和美国每亩小麦肥料投入总体都呈现出减少的趋势,但我国降幅(2.47%)小于美国(28.23%),并且我国远远高于美国,约为美国的 4 倍;我国和美国每亩小麦农药投入之间没有太大差异,尽管都有所增长,但是绝对增长值并不高(我国增幅 40.58%,绝对增长值为 6.44 元;美国增幅为 11.21%,绝对增长值为 1.65 元);我国每亩小麦作业费始终高于美国,为美国的 25 倍左右,美国在 11.40 元左右,而我国在 285 元左右;就每亩小麦燃料动力费来看,美国在这几年均高于我国,但呈下降趋势,我国 2004~2017 年期间从未超过 1 元;就每亩小麦雇工费用来看,美国远远低于我国,2017 年我国为美国的近 5 倍。

综上，我国小麦生产的作业费和肥料投入比美国高，高成本导致我国小麦的国际竞争力低下。美国小麦种植成本低可能是因为其机械化程度高。

三、玉米

（一）生产比较优势分析

由表 2-7 可知，在玉米生产的效率比较优势指数方面，纵向来看，除了华南和西南地区变化比较稳定外，其他地区均呈现出下降趋势，其中东北和西北地区下降较明显；横向来看，华北、东北和西北地区玉米生产的效率比较优势明显，其效率比较优势指数始终大于 1，华南地区的效率比较优势最低。

表 2-7 我国各地区玉米生产比较优势分析

指标	年份	华北	东北	华东	华中	华南	西南	西北
效率比较优势指数	2005	1.20	1.15	1.01	0.89	0.78	0.96	1.28
	2010	1.16	1.05	0.97	0.88	0.76	1.01	1.16
	2016	1.10	1.03	0.94	0.81	0.80	0.99	1.17
规模比较优势指数	2005	1.29	1.30	0.49	0.54	0.33	0.66	0.84
	2010	1.45	1.53	0.51	0.62	0.37	0.77	0.98
	2016	1.62	1.71	0.56	0.68	0.41	0.77	1.12
综合比较优势指数	2005	1.24	1.23	0.70	0.70	0.51	0.80	1.04
	2010	1.30	1.26	0.70	0.74	0.53	0.88	1.07
	2016	1.33	1.32	0.72	0.74	0.57	0.88	1.14

数据来源：国家统计局

在玉米生产的规模比较优势指数方面，纵向来看，各地区都呈现出上升趋势，华北、东北和西北地区上升较明显；横向来看，华北和东北地区玉米生产的规模比较优势较强，其规模比较优势指数始终大于 1，华南地区玉米生产的规模比较优势最低，其规模比较优势指数仅在 0.4 左右。

在玉米生产的综合比较优势指数方面，纵向来看，各地区都呈现出上升趋势；横向来看，华北、东北和西北地区的玉米生产具有综合比较优势，其综合比较优势指数均大于 1。

（二）国际竞争力分析

从表 2-8 可以看出，就每 50kg 玉米主产品总成本而言，2005～2016 年美国变化不大，而我国却在不断增加。就每亩玉米总成本而言，我国（增长 172%）和美国（增长 34%）都在增长，但我国的增幅是美国的 5.06 倍。就每亩玉米主产品产量而言，我国（增幅 13.7%）和美国（增幅 17.5%）都略有增长，但增幅都不大。

表 2-8 2005~2016 年我国与美国的玉米生产情况

指标		2016 年		2010 年		2005 年	
		中国	美国	中国	美国	中国	美国
	50kg 主产品总成本（元）	107.12	47.86	67.89	47.82	44.65	41.86
每亩	总成本（元）	1065.59	700.90	632.59	580.25	392.28	522.00
	主产品产量（kg）	480.29	732.29	452.74	606.75	422.60	623.49
	种子投入（元）	56.56	107.90	38.34	73.78	24.57	54.60
	肥料投入（元）	138.52	126.63	118.55	111.87	90.28	93.57
	农药投入（元）	16.22	31.50	10.93	30.55	6.49	30.82
	作业费（元）	114.43	21.24	58.12	13.55	22.76	13.45
	燃料动力费（元）	6.51	21.19	9.06	39.85	9.30	35.76
	雇工费用（元）	24.97	3.73	14.75	2.72	9.46	2.81
	家庭劳动力机会成本（元）	433.13	29.16	220.35	28.91	138.92	29.71

数据来源：国家统计局

2005~2016 年，我国和美国的每亩玉米种子投入都在增长，尽管我国小于美国，但增幅（130.2%）大于美国（97.6%）；我国和美国的每亩玉米肥料投入都在增加，但我国的增幅（53.43%）大于美国（35.33%）；尽管美国的每亩玉米农药投入高于我国，但我国在上升，而美国变化并不明显；我国的每亩玉米作业费始终高于美国，且增幅高于美国；就每亩玉米燃料动力费来看，美国均高于我国，但呈下降趋势，我国在这 11 年间从未超过 10 元；就每亩玉米雇工费用来看，美国远远低于我国，2016 年我国是美国的 6 倍多，而且人工成本几乎占我国玉米总成本的一半。

综上，我国玉米作业费和人工成本比美国高，高成本带来的是我国玉米国际竞争力低下。

四、棉花

（一）生产比较优势分析

本研究采用生产规模指数来衡量棉花生产的比较优势，生产规模指数是指某省份棉花播种面积占同期全国棉花播种面积的比例。如表 2-9 所示，1978 年山东棉花生产规模指数排名全国第一；1993 年河南棉花生产规模指数排名全国第一；1997 年新疆棉花生产规模指数排名全国第一；2011 年我国实施棉花临时收储政策，新疆和山东棉花生产规模指数显著上升，同时河北棉花生产规模指数跃居全国第三名；2014 年我国在新疆实施棉花目标价格补贴政策，并取消棉花临时收储政策，除新疆外，其他省份棉花生产规模指数有所下降；2015 年棉花生产规模指数排名全国前三的省份分别是新疆、山东、河北，其中新疆达到 53.97，是山东省的 3.88 倍。

区位熵可衡量某地区产业结构同全国平均水平的差距，进而测度地区特定产业的产业化水平。在本研究中，如果区位熵＞1，说明当地棉花生产集中度较高，属于专业化部门，产品市场占有率较高，产业竞争力高；若区位熵≤1，说明当地棉花生产集中程度较低，产品市场占有率较低。

表 2-9　各年份我国棉花生产规模指数排名前三的省份

年份	省份	生产规模指数	排名
1978	山东	12.73	1
	河南	12.42	2
	湖北	12.04	3
1993	河南	18.62	1
	山东	14.53	2
	新疆	11.59	3
1997	新疆	18.49	1
	河南	18.17	2
	湖北	10.06	3
2001	新疆	21.62	1
	河南	16.42	2
	山东	14.08	3
2007	新疆	27.76	1
	山东	14.02	2
	河南	10.90	3
2011	新疆	34.13	1
	山东	15.68	2
	河北	13.18	3
2015	新疆	50.15	1
	山东	13.57	2
	河北	9.46	3

数据来源：国家统计局

由表 2-10 可以看出，1978 年上海、湖北、江苏棉花生产的区位熵较大，都超过了 2，说明棉花在该地的种植比例较高。2007 年新疆、天津、贵州、山东棉花生产的区位熵都超过了 2，新疆甚至达到了 9.84。2015 年棉花生产的区位熵超过 2 的只有新疆和山东，新疆达到 14.49，棉花生产集中度极高。

表 2-10　我国各省份棉花生产的区位熵变化情况

省份	1978 年	2007 年	2015 年	省份	1978 年	2007 年	2015 年
北京	0.58	0.16	0.03	湖北	2.29	1.75	1.46
天津	0.83	3.77	1.76	湖南	0.66	0.44	0.57
河北	1.88	1.91	1.80	广东	0.00	0.00	0.00
山西	1.66	0.69	0.12	广西	0.00	0.00	0.02
内蒙古	0.00	0.01	0.00	海南	0.00	0.00	0.00
辽宁	0.77	0.01	0.00	四川	0.89	0.05	0.05
吉林	0.01	0.00	0.00	贵州	0.72	2.87	0.01
黑龙江	0.00	0.00	0.00	云南	0.04	0.00	0.00
上海	3.57	0.09	0.05	西藏	0.00	0.00	0.00
江苏	2.11	1.07	0.53	重庆	0.00	0.00	0.00

续表

省份	1978 年	2007 年	2015 年	省份	1978 年	2007 年	2015 年
浙江	0.55	0.17	0.26	陕西	1.47	0.53	0.28
安徽	1.25	1.03	1.14	甘肃	0.09	0.50	0.27
福建	0.00	0.01	0.00	青海	0.00	0.00	0.00
江西	0.61	0.32	0.64	宁夏	0.00	0.00	0.00
山东	1.79	2.04	2.05	新疆	1.52	9.84	14.49
河南	1.71	1.21	0.36				

数据来源：国家统计局

（二）国际竞争力分析

全球棉纺织工业中心经历了 20 世纪 60 年代由发达国家向亚洲新兴经济体的转移，80 年代后期开始向亚洲其他发展中国家转移的历史进程，我国逐渐成为全球最大的棉纺织服装产品出口国。从世界纺织业的发展来看，综合成本上升导致我国棉纺织工业的比较优势日益丧失，全球棉纺织工业中心向印度、越南等南亚和东南亚地区转移。印度、巴基斯坦等国的棉纺织工业发展非常迅猛，其拥有比我国更大的成本优势，我国的纺纱厂规模逐渐缩小，棉纺织品加工业亟待转型升级。

2017 年，我国棉花进口主要来自美国、澳大利亚、印度、乌兹别克斯坦和巴西，进口量分别为 50.6 万 t、25.8 万 t、11.2 万 t、9.3 万 t 和 6.7 万 t，分别占我国皮棉进口总量的 43.8%、22.3%、9.7%、8.1% 和 5.8%，高品质皮棉进口增加的趋势十分明显。棉花进口方式以进料加工贸易、特殊监管区域物流货物、一般贸易和保税监管场所进出境货物为主，占比分别为 37.4%、28.7%、20.7% 和 13.3%。随着新疆棉花目标价格政策的完善，且目标价格确定后 3 年保持不变，棉农对未来生产具有稳定预期。

我国、美国和印度一直以来都是全球棉花生产大国，2014 年的棉花产量合计占全球的 61%。近年来我国和美国的棉花生产呈现萎缩趋势，而印度显著增长，于 2006 年超越美国，成为全球第二大产棉国，于 2014 年超过我国，成为全球第一大产棉国。此外，巴基斯坦、乌兹别克斯坦、巴西和澳大利亚等土地资源富裕的国家棉花生产也呈现增长趋势。因此，为抓住全球高级棉需求增长的市场，我国有必要提高国内棉花品质。

五、油菜

（一）生产比较优势分析

本研究采用补贴政策和临时收储政策来对我国油菜生产的比较优势进行分析。油菜良种补贴从 2007 年开始实施，在长江流域的江苏、浙江、安徽、江西、湖北、湖南、重庆、四川、贵州和云南共 10 个省份及河南信阳实行冬油菜全覆盖补贴，2008 年增加了陕西汉中和安康，补贴标准从 2008 年至今保持每亩 10 元不变。农业机械购置补贴开始于 1998 年，主要是鼓励和支持农民使用先进适用的农业机械，以加快农业机械化进程。2015 年发布的《全国农机购置补贴机具种类范围》规定，享受农机补贴的油菜机械包括油菜栽植机、油菜籽收获机和油菜籽烘干机三类。为了保证国家油料安全，促进油料产业发展，逐步缓解产油大县的财政困难，调动地方政府抓好油料生产的积极性，2008年下发的《财政部关于 2008 年中央财政对产粮（油）大县奖励办法的通知》开始统筹考虑对产油大县进行奖励，产油大县由省级人民政府按照分省分品种油料（含油料作物、大豆、棉籽、油茶籽）产量及折油脂比率（油菜籽增加奖励系数20%）测算的近三年平均油脂产量来确定，入围县享受奖励资金不低于 100 万元。总体而言，尽管通过补贴可以提高生产效率，降低生产成本，从而降低国产油料产品价格，缩小我国与国际油料产品的价格差距，增加国产油料竞争力，但我国油菜补贴水平总体偏低。

为了保护农民种油积极性，防止"籽贱伤农"，我国从 2008 年开始实施油菜籽临时收储（简称临储）政策，当收获季节市场价格过低时在指定区域按照保护价格收购国产油菜籽。该政策本应是一项临时性措施，但由于近年来油菜籽进口价一直低于国内市价（即价格"倒挂"），为防止进口油菜籽冲击国内油菜种植，我国每年都在启动临储，临储政策事实上已经制度化、常态化。历年来临储政策实施情况见表 2-11。

表 2-11 2008～2014 年我国油菜籽临时收储政策实施情况

收购时间	保护价格/(元/t)	计划收购量/万 t	实际收购量/万 t	收购方式
2008 年 10～12 月	4400	150	67	中国储备粮管理集团有限公司（简称中储粮）收购
2009 年 6～12 月	3700	900	411	中储粮收购，同时委托企业收购
2010 年 5 月至 2011 年 2 月	3900	500	241	中储粮收购，同时委托企业收购
2011 年 6 月至 2012 年 2 月	4600	500	317	中储粮收购，同时委托企业收购
2012 年 6 月至 2013 年 2 月	5000	500	434	中储粮收购，同时委托企业收购
2013 年 6 月至 2014 年 2 月	5100	500	498	中储粮收购，同时委托企业收购
2014 年 6 月至 2015 年 2 月	5100	500	410	中储粮收购，同时委托企业收购

数据来源：中华粮网数据中心，2008～2015 年国家临时收储菜籽（油）的相关通知，2014 年实际收购量中华粮网预估数据

在近年来我国油菜籽生产成本不断上升、国际油菜籽价格低于国内价格的背景下，作为一种价格支持，临储政策对国产油菜籽价格起到重要的"托底"作用，保证了油菜种植农户的基本收益，避免了国内油菜籽种植面积在低价国际油菜籽的冲击下大幅下降的局面，对我国油料产业发展起到一定的保护作用，保持了我国油料产业的国际竞争力。

（二）国际竞争力分析

本研究通过国内资源成本（DRC）法来衡量我国油菜的国际竞争力，即赚取（或节省）一边际单位外汇从事某项产品的生产活动时所消耗国内资源的成本，公式如下：

$$DRC_j = \frac{\sum_{s=1}^{m} F_{sj} V_s - E_j}{U_j - M_j - R_j}$$

式中，DRC_j 为从事第 j 项生产活动所必须付出的国内资源成本；F_{sj} 为第 j 项生产活动所使用的第 s 项生产要素的数量；V_s 为第 s 项生产要素的单位机会成本；E_j 为第 j 项生产活动的外部效应；U_j 为第 j 项生产活动用外汇表示的按边界价格计算的总产值；M_j

为用外汇表示的按到岸价计算的所有进口和可贸易生产要素的总成本；R_j 为用外汇表示的外资总报酬的机会成本。式中的分子是第 j 项生产活动用本国货币计算的总成本，分母是第 j 项生产活动可以赚取或节约的外汇总额。因此，这一公式得到的数值可以看作是根据第 j 项活动计算的汇率（本国货币与外国货币的比值）。国内资源成本 DRC 除以影子汇率可得一系数，即国内资源成本系数（DRCC）：

$$\mathrm{DRCC}_j = \frac{\mathrm{DRC}_j}{V}$$

DRCC 实际上可看作生产活动使用国内资源的成本转换成外汇的平均效率。DRCC 本身没有单位，不受货币单位限制，因此可作为比较国际利益的指标。如果 DRCC<1，表明使用国内资源进行生产时，该产品如果是出口品，其成本小于净外汇所得，可以增加外汇收入；该产品如果是进口替代品，则其成本低于从国际市场购买此产品的外汇支出，国内生产可以节约外汇支出。由此可知，该国在此产品的生产上具有比较优势。相反，当 DRCC>1 时，由于生产该产品的国内资源成本高于净外汇所得（或净外汇节省），因而该国在此产品生产上不具有比较优势，可以进口。如果 DRCC=1，表明使用国内资源进行生产处于利益均衡状态。产品生产的 DRCC 越高，表明比较劣势越强；而 DRCC 越低，则表明比较优势越强。按照 DRCC 将不同产品进行排序或相比，可以得到各产品生产的相对比较优势。由表 2-12 可知，我国油菜生产的 DRCC 在 2007 年、2008 年分别为 0.9473、0.6992，小于 1，说明这两年油菜生产具有比较优势和国际竞争力，而 2009~2016 年的 DRCC 均超过 1，并且数值还有增大的迹象，表明这些年份油菜生产已不具有比较优势和国际竞争力。整体看来，我国油菜生产不具有比较优势和国际竞争力。

表 2-12　2007~2016 年我国油菜的 DRCC

年份	DRCC	年份	DRCC
2007	0.9473	2012	1.6092
2008	0.6992	2013	1.3112
2009	2.1972	2014	1.6003
2010	1.8589	2015	2.3140
2011	1.4668	2016	3.2024

六、蔬菜

（一）生产比较优势分析

如表 2-13 所示，在蔬菜生产的效率比较优势指数方面，纵向来看，辽宁、河南、山东、湖北、四川、湖南、江苏总体呈现上升趋势，其中辽宁上升速度最快；河北、陕西、安徽、云南、广西总体呈下降趋势，其中河北降幅最大。横向来看，黑龙江和河北蔬菜生产的效率比较优势较为明显，其效率比较优势指数均在 1.3 及以上；陕西次之，其效率比较优势指数在 1.2 以上；辽宁、河南、安徽的蔬菜生产也存在一定效率比较优势，其生产效率比较优势指数均在 1.0 以上。

表 2-13　我国各地区蔬菜生产比较优势分析

指标	年份	河北	山东	江苏	安徽	福建	辽宁	黑龙江	河南	湖北	湖南	广东	广西	四川	云南	陕西
效率比较优势指数	1997~2001	1.52	0.95	0.84	1.32	0.57	1.12	1.30	1.14	0.91	0.91	0.45	0.40	0.94	0.63	1.33
	2002~2006	1.39	0.95	0.83	1.18	0.58	1.18	1.64	1.13	0.95	0.89	0.49	0.34	0.93	0.65	1.35
	2007~2011	1.35	1.02	0.87	1.13	0.56	1.38	1.83	1.09	0.99	0.89	0.48	0.28	0.94	0.63	1.22
	2012~2016	1.31	1.05	0.88	1.12	0.57	1.60	1.17	1.00	0.93	0.49	0.31	0.96	0.59	1.26	
规模比较优势指数	1997~2001	0.95	1.57	1.26	0.65	2.00	1.18	0.46	0.93	1.34	0.93	2.16	1.48	0.90	0.61	0.55
	2002~2006	1.08	1.55	1.39	0.63	2.21	1.01	0.31	0.98	1.23	1.06	2.12	1.43	0.94	0.70	0.66
	2007~2011	1.10	1.39	1.31	0.72	2.51	0.90	0.17	1.03	1.16	1.16	2.19	1.46	1.03	0.87	0.86
	2012~2016	1.09	1.30	1.39	0.75	2.44	0.88	0.16	0.94	1.14	1.18	2.18	1.48	1.05	1.02	0.91
综合比较优势指数	1997~2001	2.10	2.21	1.11	0.76	1.29	1.74	0.36	1.11	1.48	0.73	0.94	0.34	0.72	0.15	0.54
	2002~2006	2.23	2.13	1.32	0.55	1.62	1.40	0.25	1.23	1.35	0.89	1.09	0.24	0.77	0.21	0.77
	2007~2011	2.21	2.00	1.31	0.66	1.95	1.55	0.11	1.26	1.30	1.07	1.11	0.17	0.93	0.30	1.10
	2012~2016	2.04	1.88	1.51	0.70	1.96	1.43	0.07	1.20	1.31	1.20	1.14	0.21	1.02	0.36	1.32

数据来源：国家统计局

在蔬菜生产的规模比较优势指数方面，纵向来看，福建、四川、湖南、安徽、云南、陕西等省份总体呈增长趋势，其中云南和陕西增长较快，均上升66%左右；山东、辽宁则呈现出明显的下降趋势。横向来看，福建和广东蔬菜生产的规模比较优势指数均在2.0以上；广西蔬菜生产的规模比较优势较为稳定，其规模比较优势指数在1.4以上。说明随着各蔬菜产区种植结构的调整升级，我国蔬菜生产整体的规模比较优势上升。

在蔬菜生产的综合比较优势指数方面，纵向来看，福建、陕西、四川、云南等地呈现出明显的上升趋势，其中陕西和云南增长幅度最大；黑龙江、山东、辽宁、湖北整体有所下降，其中黑龙江降幅最大。说明随着蔬菜生产布局的优化和其他蔬菜产区的崛起，山东、湖北、黑龙江等省份蔬菜生产的比较优势地位受到挑战。横向来看，河北蔬菜生产的综合比较优势最强，其综合比较优势指数均在2.0以上；山东次之，综合比较优势指数在1.8以上；福建、辽宁、湖北等省份蔬菜生产的综合比较优势也较高，其综合比较优势指数均大于1.0。

综合三个指数来看，我国蔬菜主要产区的比较优势较为明显，但随着工业化、城镇化的快速推进，交通运输条件的不断改善、蔬菜生产布局的不断优化以及受政府相关政策的影响，各蔬菜产区的比较优势发生了变化。由于蔬菜种植面积大，规模比较优势明显，以山东、河北、辽宁、湖北等为代表的传统蔬菜优势产区的比较优势依然明显，但随着其他地区蔬菜生产的发展，其比较优势开始有所下降。以福建、江苏、湖南、广东为代表的蔬菜产区比较优势明显，其凭借发展蔬菜生产的地理优势，生产规模有所扩大，生产效率稳定，在各蔬菜主要产区中保持了较为稳定的比较优势。以陕西、四川、云南为代表的蔬菜产区，生产规模和生产效率稳步提高，比较优势日益明显。

（二）国际竞争力分析

我国是全球蔬菜出口第一大国，并且在国际市场上保持有较大的比较优势，具有较强的国际竞争力。本研究主要采用 UN comtrade 数据库中的蔬菜进出口数据（HS 编码中，与蔬菜相关的主要包括 07，2001~2005，200950，200990)，同水稻一样，基于显示性比较优势指数和竞争优势指数两个指标来分析我国蔬菜的国际竞争力。

基于显示性比较优势指数（表 2-14），我国蔬菜具有较强的比较优势，但仍弱于墨西哥和西班牙。1997 年以来，我国蔬菜的 RCA 一直保持在 1.7~2.6，总体呈上升趋势，其中 2011 年达到最大值 2.59，此后 5 年呈微弱的下滑趋势，但一直保持 2.2 以上，表明具有较强的比较优势。与其他 4 个蔬菜出口大国比较，我国蔬菜的比较优势整体优于美国、意大利，弱于墨西哥、西班牙。其中，墨西哥蔬菜的 RCA 大多数年份保持在 4 以上，较我国比较优势明显；其次是西班牙，其蔬菜的 RCA 均在 2.5 以上，具有很强的比较优势；意大利蔬菜的 RCA 则在 1.2~1.6 波动，具有较强的比较优势，但弱于我国；而美国整体不具有比较优势。

表 2-14 主要蔬菜生产国的显示性比较优势指数

年份	中国	美国	墨西哥	意大利	西班牙	年份	中国	美国	墨西哥	意大利	西班牙
1997	2.01	0.79	4.39	1.47	3.19	2007	2.13	0.72	4.00	1.29	2.82
1998	2.03	0.86	4.59	1.44	3.16	2008	2.21	0.73	4.23	1.47	2.93
1999	1.96	0.84	4.35	1.41	3.08	2009	2.21	0.76	3.80	1.51	2.94
2000	1.87	0.86	4.43	1.35	3.20	2010	2.46	0.71	3.91	1.50	2.75
2001	1.94	0.78	4.63	1.35	3.02	2011	2.59	0.69	4.06	1.48	2.73
2002	1.87	0.79	4.39	1.39	3.01	2012	2.34	0.76	4.15	1.56	2.84
2003	1.76	0.72	4.57	1.34	2.99	2013	2.30	0.76	3.96	1.53	2.76
2004	1.92	0.76	4.80	1.26	2.96	2014	2.32	0.75	3.79	1.50	2.72
2005	2.01	0.83	4.56	1.25	3.02	2015	2.22	0.72	3.43	1.32	2.47
2006	2.06	0.79	4.17	1.23	2.85	2016	2.46	0.75	3.63	1.33	2.54

数据来源：UN comtrade 数据库

基于竞争优势指数（表 2-15），我国蔬菜仍具有较强的竞争优势，且相对高于墨西哥、意大利等国，但呈一定的下滑趋势。竞争优势指数可以从进出口角度分析一国蔬菜的国际竞争力，通常高于 0.6 则具有较强的竞争优势。1997 年以来，我国蔬菜的竞争优势指数基本维持在 0.6 以上，表明具有较强的竞争优势，其中有 8 年保持在 0.8 以上；与此同时，我国蔬菜的竞争优势指数呈现下降趋势，从 1997 年的最高值 0.93 下降至 2012 年的最低值 0.59，其中 2008~2012 年下降最为明显，与我国这 5 年的蔬菜进口增加有关。与其他国家比较，意大利蔬菜的竞争优势指数从 2010 年逐渐高于我国；墨西哥蔬菜的竞争优势指数与我国较为接近，但仍低于我国；而美国、西班牙蔬菜的竞争优势指数则明显低于我国，其中西班牙由于蔬菜出口额小于进口额，竞争优势指数小于 0，没有竞争优势。

综合而言，我国蔬菜具有较强的比较优势和竞争优势，RCA 维持在 1.7 以上，竞争优势指数维持在 0.6 以上。但也需进一步提升蔬菜加工能力，提高蔬菜出口附加值，以便将蔬菜出口市场进一步扩大至其他大洲，从而降低市场风险，保持更强的国际竞争力。

表 2-15 主要蔬菜生产国的竞争优势指数

年份	中国	美国	意大利	墨西哥	西班牙	年份	中国	美国	意大利	墨西哥	西班牙
1997	0.93	0.23	0.78	0.62	−0.08	2007	0.76	0.18	0.73	0.50	−0.28
1998	0.92	0.22	0.73	0.61	−0.13	2008	0.82	0.22	0.72	0.56	−0.23
1999	0.91	0.22	0.77	0.58	−0.16	2009	0.73	0.20	0.71	0.61	−0.22
2000	0.90	0.20	0.77	0.59	−0.11	2010	0.72	0.22	0.74	0.60	−0.24
2001	0.81	0.23	0.76	0.60	−0.17	2011	0.71	0.20	0.77	0.59	−0.26
2002	0.84	0.22	0.72	0.64	−0.23	2012	0.59	0.24	0.73	0.60	−0.24
2003	0.84	0.16	0.75	0.65	−0.29	2013	0.62	0.24	0.77	0.61	−0.24
2004	0.78	0.13	0.77	0.58	−0.31	2014	0.62	0.24	0.77	0.63	−0.24
2005	0.78	0.14	0.76	0.59	−0.29	2015	0.63	0.23	0.79	0.63	−0.27
2006	0.74	0.16	0.73	0.57	−0.29	2016	0.74	0.24	0.80	0.62	−0.29

数据来源：UN comtrade 数据库

七、水果

（一）生产比较优势分析

我国的水果产量从 2004 年的 15 340.9 万 t 增加到 2016 年的 28 351.1 万 t，年均增长 5.25 个百分点，种植面积从 2004 年的 9768.2×10³hm² 增加至 2016 年的 12 981.5×10³hm²，年均增长 2.41 个百分点，可见产量的增长速率略高于种植面积。整体来看，我国水果产量的增长速度在[3.57%，6.39%]波动，种植面积的增长速度在[−2.37%，4.07%]波动。

从水果生产的地域分布来看，我国水果产地主要分布在中部地区及沿海城市。图 2-1 显示的是 2013~2016 年我国排名前十省份的水果产量。其中，山东、河南、河北、陕西、广西 5 省份 2013~2016 年的水果产量一直名列前茅，连续 5 年位居全国前 5 名，排名第一的山东 2016 年的水果产量为 3255.43 万 t，比 2013 年增加 226.59 万 t；新疆水果产量排名第六，且 2013~2016 年增幅最大，从 1326.93 万 t 增至 1790.88 万 t，增幅高达 463.95 万 t。可以看出，山东、河南、河北、陕西、广西是我国水果的主要产地。

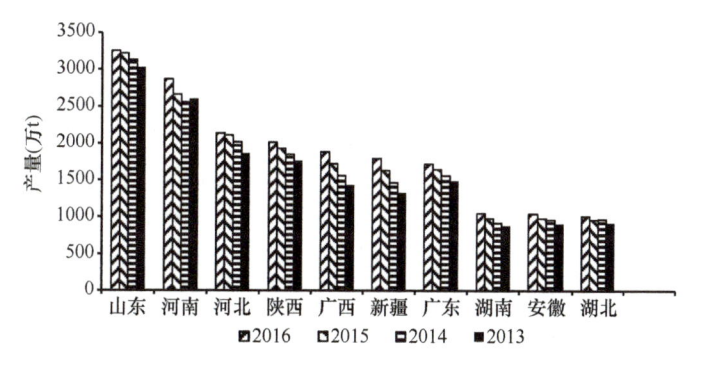

图 2-1 2013~2016 年我国水果产量排名前十的省份
数据来源：2013~2016 年《中国农村统计年鉴》

（二）国际竞争力分析

同水稻一样，本研究采用显示性比较优势指数来衡量我国水果的国际竞争力。由表 2-16 可知，2012~2017 年我国水果的 RCA 均值大于 1，且平均值和中位数分别为 7.363 和 7.362，均超过了 7，表明我国水果在世界上具有很明显的比较优势。

表 2-16　2012~2017 年我国水果的显示性比较优势指数

指标	水果	苹果	香蕉	柑橘	葡萄	梨
均值	7.363	1.177	0.007	0.167	0.467	1.196
中位数	7.362	1.062	0.006	0.165	0.466	1.141
最大值	7.364	1.499	0.013	0.193	0.676	1.539
最小值	7.362	0.958	0.003	0.137	0.285	0.929
标准差	0.001	0.246	0.003	0.019	0.176	0.293
RCA>1	6 年	5 年	0 年	0 年	0 年	3 年
RCA=1	0 年	0 年	0 年	0 年	0 年	0 年
RCA<1	0 年	1 年	6 年	6 年	6 年	3 年

数据来源：笔者根据 UN comtrade 数据库的数据整理所得

具体到典型的水果品种来看，苹果的 RCA 均值为 1.177，有 5 年的 RCA 是大于 1 的，只有 1 年是小于 1 的，表明苹果在大部分年份是具有比较优势的。同时，近年来苹果的显示性比较优势指数最大值为 1.499，表明其比较优势较为明显。香蕉的比较优势要明显低于苹果，其 RCA 均值为 0.007，故不具有比较优势。同时，近 6 年来香蕉的 RCA 全部小于 1，最小值为 0.003，标准差为 0.003，说明在一段时间内香蕉的 RCA 不会发生较大变化，不具备比较优势的现状将可能持续下去。柑橘和葡萄的 RCA 均较低，均值分别为 0.167 和 0.467，二者近 6 年来的 RCA 均小于 1，说明其处于比较劣势地位，但相对而言葡萄比柑橘更具比较优势。虽然梨的 RCA 大于 1 和小于 1 的年份各占一半，但是其均值为 1.196 且最大值达到 1.539，表明总体上具有比较优势。

除此之外，本研究还引入净出口显示性比较优势指数（NRCA）来衡量我国水果的国际竞争力，即用一国某一产业出口占总出口的比例与该国该产业进口占总进口的比例之差来表示该产业的竞争优势。NRCA 大于 0 表示存在竞争优势，NRCA 小于 0 表示存在竞争劣势，NRCA 等于 0 表示自我平衡。

由表 2-17 可知，苹果和梨的 NRCA 近 6 年来均大于 0，表明其在进出口贸易中均存在竞争优势。香蕉、柑橘、菠萝和猕猴桃的 NRCA 近 6 年来均小于 0，表明其在进出口贸易中相对处于竞争劣势地位。葡萄和柠檬的 NRCA 在 0 附近波动且数值较小，表明其进出口贸易额占总贸易额的比例较小，同时竞争优势不明显且基本能实现自我平衡。需要注意的是，NRCA 忽视了产品贸易量对竞争优势的影响，故可能高估了贸易小国的竞争优势，而低估贸易大国的竞争优势。

八、小结

综合上述分析，我国主要农作物的生产比较优势与国际竞争力呈现出如下特点。

表 2-17 2012~2017 年我国水果的显示性比较优势指数

年份	苹果	香蕉	柑橘	葡萄	梨	菠萝	猕猴桃	西瓜	柠檬
2012	0.000 064	−0.000 034	−0.000 004	−0.000 015	0.000 024	−0.000 002	−0.000 013	−0.000 004	0.000 001
2013	0.000 072	−0.000 031	−0.000 003	−0.000 026	0.000 027	−0.000 004	−0.000 011	−0.000 003	0.000 001
2014	0.000 073	−0.000 077	−0.000 002	−0.000 028	0.000 026	−0.000 005	−0.000 018	0.000 000	−0.000 005
2015	0.000 064	−0.000 073	0.000 009	0.000 002	0.000 032	−0.000 005	−0.000 025	−0.000 001	−0.000 001
2016	0.000 098	−0.000 055	−0.000 014	−0.000 010	0.000 036	−0.000 010	−0.000 032	−0.000 001	0.000 005
2017	0.000 099	−0.000 054	−0.000 028	−0.000 002	0.000 040	−0.000 013	−0.000 034	−0.000 001	0.000 001
NRCA>0	6 年	0 年	0 年	1 年	6 年	0 年	0 年	0 年	4 年
NRCA=0	0 年	0 年	0 年	0 年	0 年	0 年	0 年	0 年	0 年
NRCA<0	0 年	6 年	6 年	5 年	0 年	6 年	6 年	6 年	2 年

数据来源：笔者根据 UN comtrade 数据库整理所得

（1）主要农作物的比较优势与国际竞争力存在品种差异

具体而言，蔬菜与水果具有较强的比较优势和国际竞争力，而水稻、小麦、玉米等缺乏比较优势和国际竞争力。其中，蔬菜的 RCA 维持在 1.7 以上，竞争优势指数维持在 0.6 以上；水果的 RCA 在 2012~2017 年均大于 1，且平均值和中位数分别为 7.363 和 7.362，均超过了 7；水稻、小麦、玉米等农作物缺乏比较优势和国际竞争力，如 2004~2016 年水稻的 RCA 均小于 0.8，且在 2015 年达到最低 0.18。其中的原因可能是：蔬菜和水果为劳动密集型产业，而我国具有较为丰富的劳动力，因此这些农作物具有比较优势和国际竞争力；由于水稻、小麦和玉米能够进行大规模的机械化种植，而美国等国的农业机械化程度比我国高，生产效率高于我国，因此我国水稻、小麦与玉米缺乏比较优势和国际竞争力。

（2）主要农作物的比较优势与国际竞争力存在区域差异

华南、华中、华东地区的水稻生产具有综合比较优势。北方冬（秋播）麦区小麦生产的效率比较优势依旧突出，其效率比较优势指数大于 1，是我国优质高效的小麦主产区，其他地区不具有综合比较优势。华北、东北和西北地区玉米生产的综合比较优势指数均大于 1，因此具有综合比较优势。新疆、山东、河北三省份的棉花生产具有比较优势。河北、山东、福建、辽宁、湖北等地蔬菜生产的综合比较优势指数均大于 1，表明其比较优势较高。我国水果生产主要集中在山东、河南、河北、陕西、广西等地。

第二节　经营状况

本节分别对水稻、小麦、玉米、棉花、油菜、蔬菜、水果主要农作物的经营状况进行分析。

一、水稻

水稻主要分为籼稻、粳稻和糯稻。本研究按照《全国农产品成本收益资料汇编》中分类分析我国水稻的经营情况。如表 2-18 所示，2008 年以来我国水稻种植面积总体上有所增加,从 44 025.4 万亩增至 2018 年的 45 283.5 万亩,增加 2.86%,其中 2008~2015 年逐年增长,2016 年开始下滑,尤其是 2018 年下降幅度最大。2008 年以来我国水稻产量总体呈现上涨趋势,从 19 261.2 万 t 增至 2018 年的 21 213.0 万 t,上涨 10.13%。2008 年以来我国水稻单产总体呈现上涨趋势,从 437.5kg/亩增至 2018 年的 468.5kg/亩,增长 7.09%。可见,2008 年以来尽管我国水稻单产、产量和种植面积都呈现出上涨趋势,但是产量和单产的上涨幅度要高于种植面积的上涨幅度,尤其是 2018 年种植面积的大幅下降仅导致产量的略微下降,而单产得到提升。

表 2-18 2008~2018 年我国水稻的生产情况

年份	产量(万 t)	单产(kg/亩)	面积(万亩)
2008	19 261.2	437.5	44 025.4
2009	19 619.7	439.0	44 689.5
2010	19 722.6	436.9	45 145.3
2011	20 288.3	445.8	45 507.6
2012	20 653.2	451.8	45 714.0
2013	20 628.6	447.8	46 064.6
2014	20 960.9	454.2	46 147.7
2015	21 214.2	459.4	46 176.1
2016	21 109.4	457.7	46 118.8
2017	21 267.6	461.1	46 120.8
2018	21 213.0	468.5	45 283.5

数据来源:布瑞克大宗农产品数据库

如表 2-19 所示,2008~2017 年我国每亩水稻产值总体呈现出上涨趋势,从 900.72 元增至 1342.74 元,上涨 49.07%。伴随着每亩水稻产值的上涨,2008 年以来我国每亩水稻总成本也呈现出逐年递增的趋势,从 665.10 元增至 2017 年的 1210.19 元,上涨 81.96%。可见总成本的上涨幅度高于产值的上涨幅度,因此 2008 年以来我国每亩水稻净利润和成本利润率总体呈现出下降趋势,2008 年的净利润为 235.62 元、成本利润率为 35.43%,2017 年的净利润为 132.55 元、成本利润率为 10.95%,分别是 2008 年的 56.3% 和 30.91%。

总成本的上升源自 2008 年以来生产成本和土地成本总体的逐年上涨,与 2008 年相比,2017 年的生产成本上涨 76.40%、土地成本上涨 110.30%。就生产成本内部而言,2008 年以来人工成本、物质与服务费用呈现出总体逐年上涨的趋势,与 2008 年相比,2017 年的物质与服务费用上涨 45.85%,人工成本上涨 124.98%。

再来看成本结构的变化,2008 年以来生产成本和土地成本占总成本的比例变化不大,与 2008 年相比,2017 年生产成本占总成本的比例略有下降,土地成本占总成本的比例略有上升,但生产成本所占比例大于土地成本所占比例。就生产成本内部而言,2008 年以来物质与服务费用占生产成本的比例总体呈现出下降趋势,从 61.40% 下降到 2017 年的 50.77%,人工成本占总成本的比例总体呈现出上涨趋势,从 38.60% 上涨到 2017 年的 49.23%,但物质与服务费用所占比例大于人工成本所占比例。

表 2-19 2008~2017 年每亩水稻的成本收益情况

指标	2008 年	2009 年	2010 年	2011 年	2012 年	2013 年	2014 年	2015 年	2016 年	2017 年
主产品产量（kg）	464.20	462.48	447.75	464.45	478.75	471.67	484.98	492.64	484.75	481.10
产值（元）	900.72	934.32	1076.45	1268.25	1340.83	1305.90	1381.38	1377.52	1343.77	1342.74
总成本（元）	665.10	683.12	766.63	896.98	1055.10	1151.11	1176.55	1202.12	1201.81	1210.19
生产成本（元）	556.06	560.59	625.20	737.30	880.13	957.83	970.47	987.28	979.87	980.88
物质与服务费用（元）	341.41	333.77	358.62	409.34	453.51	468.52	469.80	478.69	484.53	497.95
人工成本（元）	214.65	226.82	266.58	327.96	426.62	489.31	500.67	508.59	495.34	482.93
土地成本（元）	109.04	122.53	141.43	159.68	174.97	193.28	206.08	214.84	221.94	229.31
用工数量	9.06	8.35	7.82	7.60	7.20	6.87	6.43	6.23	5.81	5.51
劳动生产率（kg/工）	51.24	55.39	57.26	61.11	66.49	68.66	75.42	79.08	83.43	87.31
生产成本/总成本（%）	83.61	82.06	81.55	82.20	83.42	83.21	82.48	82.13	81.53	81.05
物质与服务费用/生产成本（%）	61.40	59.54	57.36	55.52	51.52	48.91	48.41	48.49	49.45	50.77
人工成本/生产成本（%）	38.60	40.46	42.64	44.48	48.47	51.09	51.59	51.51	50.55	49.23
土地成本/总成本（%）	16.39	17.94	18.45	17.80	16.58	16.79	17.52	17.87	18.47	18.95
净利润（元）	235.62	251.20	309.82	371.27	285.73	154.79	204.83	175.40	141.96	132.55
成本利润率（%）	35.43	36.77	40.41	41.39	27.08	13.13	17.41	14.59	11.81	10.95

数据来源：2009~2018 年《全国农产品成本收益资料汇编》；计算公式：总成本=生产成本+土地成本，生产成本=物质与服务费用+人工成本，成本利润率=净利润/总成本，下同

综上所述，尽管 2008 年以来我国水稻产量、单位面积产值和单产均呈现出上升趋势，但总成本也呈现出上升趋势，且上升幅度高于产量、单位面积产值和单产的上涨幅度，导致成本利润率呈现出下降趋势。因此，我国需要在保证现有水稻生产技术的基础上，降低水稻生产资料的价格，以提高水稻的生产效益。

二、小麦

如表 2-20 所示，2008 年以来我国小麦种植面积总体上先上升后下降，2008~2016 年基本呈现出上升趋势，之后逐年下降，但是与 2008 年的 35 573.1 万亩相比，2018 年（36 402.0 万亩）略有上升，增加 2.33%。2008 年以来我国小麦产量总体呈现上涨趋势，从 11 293.2 万 t 增至 2018 年的 13 143.0 万 t，上涨 16.38%。2008 年以来我国小麦单产总体呈现上涨趋势，从 317.46kg/亩增至 2018 年的 361.07kg/亩，增长 13.74%。可见，2008 年以来尽管我国小麦单产、产量和种植面积都呈现出上涨趋势，但是产量和单产的上涨幅度要高于种植面积的上涨幅度。

如表 2-21 所示，2008~2017 年我国每亩小麦产值总体呈现出上涨趋势，从 663.06 元增至 1013.74 元，上涨 52.89%。伴随着每亩小麦产值的上涨，2008 年以来我国每亩小麦总成本总体呈现出逐年递增的趋势，从 498.55 元增至 2017 年的 1007.64 元，上涨 102.11%。可见总成本的上涨幅度高于产值的上涨幅度，因此 2008 年以来我国每亩小麦净利润和成本利润率总体呈现出下降趋势，2008 年的净利润为 164.51 元、成本利润率为 33.00%，2017 年的净利润为 6.10 元、成本利润率为 0.61%，分别是 2008 年的 3.71%

和 1.85%，其中 2013 年和 2016 年的净利润与成本利润率均为负值，小麦生产得不偿失。

表 2-20 2008～2018 年我国小麦的生产情况

年份	产量（万 t）	单产（kg/亩）	面积（万亩）
2008	11 293.2	317.46	35 573.1
2009	11 583.4	315.94	36 663.7
2010	11 614.1	316.56	36 688.0
2011	11 862.5	322.48	36 785.2
2012	12 254.0	332.42	36 863.3
2013	12 371.0	337.04	36 705.2
2014	12 832.1	349.57	36 708.5
2015	13 263.9	359.51	36 894.7
2016	13 327.1	359.79	37 041.0
2017	13 433.4	365.42	36 762.0
2018	13 143.0	361.07	36 402.0

数据来源：布瑞克大宗农产品数据库

表 2-21 2008～2017 年每亩小麦的成本收益情况

指标	2008 年	2009 年	2010 年	2011 年	2012 年	2013 年	2014 年	2015 年	2016 年	2017 年
主产品产量（kg）	388.30	378.08	370.02	389.17	382.76	374.32	428.01	420.79	406.34	423.54
产值（元）	663.06	717.51	750.80	830.20	851.73	901.93	1052.96	1001.71	930.36	1013.74
总成本（元）	498.55	567.00	618.63	712.28	830.44	914.71	965.13	984.30	1012.51	1007.64
生产成本（元）	411.88	463.12	497.18	583.01	688.09	760.86	783.80	784.62	805.59	800.52
物质与服务费用（元）	278.69	317.48	318.35	357.33	396.69	417.08	419.03	420.23	434.60	438.65
人工成本（元）	133.19	145.64	178.83	225.68	291.40	343.78	364.77	364.39	370.99	361.87
土地成本（元）	86.67	103.88	121.45	129.27	142.35	153.85	181.33	199.68	206.92	207.12
用工数量	6.10	5.81	5.64	5.58	5.16	5.03	4.87	4.65	4.54	4.34
劳动生产率（kg/工）	63.66	65.07	65.61	69.74	74.18	74.42	87.89	90.49	89.50	97.59
生产成本/总成本（%）	82.62	81.68	80.37	81.85	82.86	83.18	81.21	79.71	79.56	79.45
物质与服务费用/生产成本（%）	67.66	68.55	64.03	61.29	57.65	54.82	53.46	53.56	53.95	54.80
人工成本/生产成本（%）	32.34	31.45	35.97	38.71	42.35	45.18	46.54	46.44	46.05	45.20
土地成本/总成本（%）	17.38	18.32	19.63	18.15	17.14	16.82	18.79	20.29	20.44	20.56
净利润（元）	164.51	150.51	132.17	117.92	21.29	-12.78	87.83	17.41	-82.15	6.10
成本利润率（%）	33.00	26.54	21.36	16.56	2.56	-1.40	9.10	1.77	-8.11	0.61

数据来源：2009～2018 年《全国农产品成本收益资料汇编》

小麦生产微利润或者得不偿失源自总成本的大幅度上升，而总成本的上升源自 2008 年以来生产成本和土地成本总体的逐年上涨。2008 年每亩小麦生产成本为 411.88 元，2017 年为 800.52 元，上涨 94.36%；2008 年每亩小麦土地成本为 86.67 元，2017 年为 207.12 元，上涨 138.98%。就生产成本内部而言，2008 年以来人工成本、物质与服务费用总体呈现出逐年上涨的趋势，2008 年每亩小麦物质与服务费用为 278.69 元，2017 年为 438.65 元，上涨 57.40%；2008 年每亩小麦人工成本为 133.19 元，2017 年为 361.87 元，上涨 171.70%。

再来看成本结构的变化，2008 年以来生产成本和土地成本占总成本的比例变化不大，与 2008 年相比，2017 年生产成本占总成本的比例略有下降，土地成本占总成本的比例略有上升，但生产成本所占比例大于土地成本所占比例。就生产成本内部而言，2008 年以来物质与服务费用占生产成本的比例总体呈现出下降趋势，从 67.66%下降到 2017 年的 54.80%，人工成本占总成本的比例总体呈现出上涨趋势，从 32.34%上涨到 2017 年的 45.20%，但物质与服务费用所占比例大于人工成本所占比例。

综上所述，尽管 2008 年以来我国小麦产量、单位面积产值和单产均呈现出上升趋势，但总成本也呈现出上升趋势，且上升幅度要高于产量、单位面积产值和单产的上涨幅度，导致成本利润率呈现出下降趋势，甚至出现负值。因此，我国需要在保证现有小麦生产技术的基础上，降低小麦生产资料的价格，以提高小麦的生产效益，从而增加农民的收入和福利。

三、玉米

如表 2-22 所示，2008 年以来我国玉米种植面积先上升后下降，2008~2015 年呈现出逐年上升的趋势，2015~2018 年逐年下降，但是与 2008 年的 46 471.0 万亩相比，2018 年的 63 193.5 万亩上升 35.98%。2008 年以来我国玉米产量先上升后下降，2008~2015 年呈现出逐年上升的趋势，2015~2018 年逐年下降，但总体而言 2008 年以来玉米产量呈现上涨趋势，从 17 212.0 万 t 增至 2018 年的 25 733.0 万 t，上涨 49.51%。2008 年以来我国玉米单产总体呈现波动上涨的趋势，从 370.4kg/亩增至 2018 年的 407.2kg/亩，增长 9.94%。2008 年以来，我国玉米产量和种植面积都大幅度上涨，但是产量的上涨幅度高于种植面积的上涨幅度，因此单产只有小幅度的提升。

表 2-22　2008~2018 年我国玉米的生产情况

年份	产量（万 t）	单产（kg/亩）	面积（万亩）
2008	17 212.0	370.4	46 471.0
2009	17 325.9	350.6	49 422.5
2010	19 075.2	363.6	52 465.1
2011	21 131.6	383.2	55 149.8
2012	22 955.9	391.3	58 663.9
2013	24 845.3	401.1	61 948.8
2014	24 976.4	387.3	64 495.2
2015	26 499.2	392.9	67 452.6
2016	26 361.3	397.8	66 266.4
2017	25 907.1	407.4	63 598.5
2018	25 733.0	407.2	63 193.5

数据来源：布瑞克大宗农产品数据库

如表 2-23 所示，2008 年以来我国每亩玉米产值总体呈现出波动上涨趋势，其中 2008~2014 年基本呈上涨趋势，从 682.67 元增至 2008~2017 年这 10 年的最高值 1145.71 元，2014 年之后基本处于下降趋势，2017 年为 850.69 元，但相较于 2008 年上涨 24.61%。

2008年以来我国每亩玉米总成本呈现出波动上升趋势，其中2008~2015年逐年上涨，从523.45元增至2008~2017年这10年的最高值1083.72元，2015年以后稍有回落，2017年为1026.48元，但与2008年相比上涨96.10%。2008年以来我国每亩玉米净利润总体呈现出先上升后下降的趋势，其中2008~2011年逐年上涨，从159.22元增至2008~2017年这10年的最大值263.09元，2011~2016年总体逐年下降，2016年达到2008~2017年这10年的最低值-299.70元，2017年稍有上涨，但仍为负值（-175.79元）。2008~2017年我国每亩玉米成本利润率的变动趋势与每亩玉米净利润的变化趋势基本一致，2015年以后为负值，玉米生产得不偿失。

表2-23 2008~2017年每亩玉米的成本收益情况

指标	2008年	2009年	2010年	2011年	2012年	2013年	2014年	2015年	2016年	2017年
主产品产量（kg）	457.20	429.94	452.74	472.24	492.55	488.01	499.79	488.81	480.29	501.53
产值（元）	682.67	726.47	872.28	1027.32	1121.90	1089.56	1145.71	949.54	765.89	850.69
总成本（元）	523.45	551.10	632.59	764.23	924.22	1012.04	1063.89	1083.72	1065.59	1026.48
生产成本（元）	420.29	433.66	495.64	603.94	742.98	815.08	839.48	844.94	827.65	816.18
物质与服务费用（元）	243.31	241.05	260.54	308.45	344.58	359.71	364.80	376.22	369.55	374.98
人工成本（元）	176.98	192.61	235.10	295.49	398.40	455.37	474.68	468.72	458.10	441.20
土地成本（元）	103.16	117.44	136.95	160.29	181.24	196.96	224.41	238.78	237.94	210.30
用工数量	7.90	7.50	7.33	7.18	6.95	6.60	6.30	5.95	5.57	5.26
劳动生产率（kg/工）	57.87	57.33	61.77	65.77	70.87	73.94	79.33	82.15	86.23	95.35
生产成本/总成本（%）	80.29	78.69	78.35	79.03	80.39	80.54	78.91	77.97	77.67	79.51
物质与服务费用/生产成本（%）	57.89	55.59	52.57	51.07	46.38	44.13	43.46	44.53	44.65	45.94
人工成本/生产成本（%）	42.11	44.42	47.43	48.93	53.62	55.87	56.54	55.47	55.35	54.06
土地成本/总成本（%）	19.71	21.31	21.65	20.97	19.61	19.46	21.09	22.03	22.33	20.49
净利润（元）	159.22	175.37	239.69	263.09	197.68	77.52	81.82	-134.18	-299.70	-175.79
成本利润率（%）	30.42	31.82	37.89	34.43	21.39	7.66	7.69	-12.38	-28.13	-17.13

数据来源：2009~2018年《全国农产品成本收益资料汇编》

玉米生产微利润或者得不偿失源自玉米生产总成本的大幅度上升，而总成本的上升源自2008年以来生产成本和土地成本的上涨。2008~2015年每亩玉米生产成本逐年上涨，从420.29元增至844.94元，2015年以后稍有回落，2017年为816.18元，但与2008年相比上涨94.19%；与生产成本的变化趋势一致，2008~2015年每亩玉米土地成本逐年上涨，从103.16元增至238.78元，2015年以后稍有回落，2017年为210.30元，但与2008年相比上涨103.86%。就生产成本内部而言，2008年以来人工成本、物质与服务费用大幅度上涨，与2008年相比，2017年的物质与服务费用上涨54.12%、人工成本上涨149.29%。

再来看成本结构的变化，2008年以来生产成本和土地成本占总成本的比例变化不大，与2008年相比，2017年生产成本占总成本的比例略有下降，土地成本占总成本的比例略有上升，但生产成本所占比例大于土地成本所占比例。就生产成本内部而言，2008年以来物质与服务费用占生产成本的比例总体呈现出下降趋势，从57.89%下降到2017年的45.94%，人工成本占总成本的比例总体呈现出上涨趋势，从42.11%上涨到2017年的 54.06%,且自 2012 年物质与服务费用所占比例小于人工成本所占比例。

综上所述,尽管 2008 年以来我国玉米产量、单位面积产值和单产均呈现出上升趋势,但总成本也呈现出上升趋势,因此成本利润率呈现出下降趋势,甚至出现负值。2016 年为了改变玉米生产的现状,国家在宏观层面对玉米实行供给侧结构性改革,逐年下调其生产面积,通过改变供求结构来调整玉米的成本利润率,促使单位面积的成本利润率有所回升,但是目前依旧为负值。因此,我国需要在保证现有玉米生产技术的基础上,进一步进行玉米生产的供给侧结构性改革、降低玉米生产资料的价格,以提高玉米的生产效益,从而增加农民的收入和福利。

四、棉花

改革开放以来,我国作为世界棉纺织品的主要生产基地,棉花生产一直处于上升趋势,但自 2000 年以来,棉花生产增长放缓,种植面积由 438.7 万 hm^2 上升至 2007 年的 642.1 万 hm^2,之后逐年下降至 2016 年的 334.5 万 hm^2。从各个地区来看,尽管全国棉花总种植面积呈现下降趋势,但是新疆一直呈现上升趋势,总种植面积下降主要是由山东、河北、河南、江苏、安徽等主产省份种植面积下降导致的。其中,河南棉花产量下降最明显,由 2005 年的 67.7 万 t 降至 2016 年的 9.8 万 t。如表 2-24 所示,2008 年以来棉花主产品亩产呈现出波动上升趋势,从 83.30kg 增至 2017 年的 105.94kg,上涨 27.18%。

表 2-24 2008~2017 年每亩棉花的成本收益情况

指标	2008 年	2009 年	2010 年	2011 年	2012 年	2013 年	2014 年	2015 年	2016 年	2017 年
主产品产量(kg)	83.30	84.24	77.43	84.02	91.53	88.24	98.08	92.82	98.55	105.94
产值(元)	1063.26	1440.03	2307.82	1779.94	1964.99	1962.52	1592.12	1366.89	1818.31	1860.52
总成本(元)	1079.97	1131.44	1323.85	1577.45	1939.73	2177.50	2278.56	2288.44	2306.61	2330.80
生产成本(元)	930.47	961.82	1148.14	1380.34	1712.26	1925.19	2003.67	2008.15	2004.43	2023.83
物质与服务费用(元)	403.39	393.64	419.89	522.13	541.55	565.35	595.28	620.40	610.71	670.11
人工成本(元)	527.08	568.18	728.25	858.21	1170.71	1359.84	1408.39	1387.75	1393.72	1353.72
土地成本(元)	149.50	169.62	175.71	197.11	227.47	252.31	274.89	280.29	302.18	306.97
用工数量	23.09	21.80	21.82	20.29	20.42	19.44	18.23	17.05	16.50	15.62
劳动生产率(kg/工)	3.61	3.86	3.55	4.14	4.48	4.54	5.38	5.44	5.97	6.78
生产成本/总成本(%)	86.16	85.01	86.73	87.50	88.27	88.41	87.94	87.75	86.90	86.83
物质与服务费用/生产成本(%)	43.35	40.93	36.57	37.83	31.63	29.37	29.71	30.89	30.47	33.11
人工成本/生产成本(%)	56.65	59.07	63.43	62.17	68.37	70.63	70.29	69.11	69.53	66.89
土地成本/总成本(%)	13.84	14.99	13.27	12.50	11.73	11.59	12.06	12.25	13.10	13.17
净利润(元)	-16.71	308.59	983.97	202.49	25.26	-214.98	-686.44	-921.55	-488.30	-470.28
成本利润率(%)	-1.55	27.27	74.33	12.84	1.30	-9.87	-30.13	-40.27	-21.17	-20.18

数据来源:2009~2018 年《全国农产品成本收益资料汇编》

2008~2017 年我国每亩棉花产值呈现出波动上涨趋势,其中 2008~2010 年逐年上涨,从 1063.26 元增至这 10 年的最高值 2307.82 元,约为 2008 年的 2 倍,2010 年之后总体呈下降趋势,2017 年为 1860.52 元,但相较于 2008 年上涨 74.98%。2008~2017 年我国每亩棉花总成本逐年上升，从 1079.97 元增至这 10 年的最高值 2330.80 元，上涨 115.82%。2008～2017 年我国每亩棉花净利润呈现出波动下降趋势，其中 2008～2010 年逐年上涨，从-16.71 元增至这 10 年的最大值 983.97 元，2010～2015 年逐年下降，2015 年达到这 10 年的最低值-921.55 元，2015～2017 年稍有上涨，2017 年为-470.28 元，仍为负值。2008～2017 年的这 10 年，一半以上年份（6 年）的每亩棉花净利润为负值，棉花生产得不偿失。每亩棉花生产成本利润率在 2008～2017 年这 10 年的变动趋势与净利润的变化趋势基本一致，2010 年达到这 10 年的最高值 74.33%，2015 年达到最低值-40.27%。

棉花生产微利润或者得不偿失源自棉花生产总成本的大幅度上升，而总成本的上升源自 2008 年以来生产成本和土地成本的上涨。2008～2017 年每亩棉花生产成本总体逐年上涨，从 930.47 元增至 2023.83 元，上涨 117.51%；与生产成本的变化趋势一致，2008～2017 年每亩棉花土地成本逐年上涨，从 149.50 元增至 306.97 元，上涨 105.33%。就生产成本内部而言，2008 年以来人工成本、物质与服务费用大幅度上涨，与 2008 年相比，2017 年物质与服务费用上涨 66.12%、人工成本上涨 156.83%。

再来看成本结构的变化，2008 年以来生产成本和土地成本占总成本的比例变化不大，与 2008 年相比，2017 年生产成本占总成本的比例略有上升，土地成本占总成本的比例略有下降，并且生产成本所占比例大于土地成本所占比例。就生产成本内部而言，2008 年以来物质与服务费用占生产成本的比例总体呈现出下降趋势，从 43.35%下降到 2017 年的 33.11%，人工成本占总成本的比例总体呈现出上涨趋势，从 56.65%上涨到 2017 年的 66.89%，并且人工成本所占比例大于物质与服务费用所占比例。

综上所述，尽管 2008 年以来我国棉花单位面积产值和产量均呈现出上升趋势，但总成本也呈现出上升趋势，因此成本利润率呈现出下降趋势，甚至出现负值。我国棉花生产状况不容乐观，生产成本尤其是人工成本、土地成本的全面上涨导致棉花生产难以盈利，因此我国要提升棉花的生产效益和竞争力，必须从缩减生产成本入手。

五、油菜

如表 2-25 所示，2001～2016 年我国油菜的种植面积在 2007 年达到最低值 564 万 hm^2，随后开始回升，2012 年为 770 万 hm^2，达到最高值，较最低年份增加 36.52%。2016 年我国油菜籽的产量为 1528 万 t，自 2001 年以来稳中趋升。

如表 2-26 所示，2008 年以来我国油菜主产品的亩产在 125.13～139.15kg 波动，均值为 133.18kg。与亩产类似，2008 年以来我国每亩油菜产值在 478.95～745.86 元波动，均值为 636.01 元。与产量与产值不同，2008 年以来我国每亩油菜总成本逐年上升，从 393.61 元增至 2008～2017 年这 10 年的最高值 922.54 元（2017 年），上涨 134.38%。2008 年以来我国每亩油菜净利润总体呈现下降趋势，其中 2008～2016 年逐年下降，2008 年为 308.46 元，2012 年以后变为负值，2016 年达到 2008～2017 年这 10 年的最低值-330.98 元，2017 年稍有上涨，为-208.88 元，仍为负值。2008～2017 年的这 10 年，多数年份（6 年）我国每亩油菜净利润为负值，油菜生产得不偿失。每亩油菜成本利润率在 2008～2017 年这 10 年的变动趋势与净利润的变化趋势基本一致，2012 年以后为负值，2016

年达到最低值-35.93%。

表 2-25　我国油菜种植面积和油菜籽产量

年份	种植面积（万 hm²）	产量（万 t）
2001	709	1133
2002	714	1055
2003	722	1142
2004	727	1318
2005	728	1305
2006	598	1097
2007	564	1055
2008	659	1210
2009	728	1366
2010	737	1308
2011	735	1343
2012	770	1350
2013	753	1446
2014	759	1477
2015	754	1493
2016	761	1528

数据来源：2001～2017年《中国农业年鉴》

表 2-26　2008～2017年每亩油菜的成本收益情况

指标	2008年	2009年	2010年	2011年	2012年	2013年	2014年	2015年	2016年	2017年
主产品产量（kg）	134.90	133.06	125.13	130.15	130.11	139.15	134.00	138.96	128.14	138.15
产值（元）	702.07	478.95	509.80	608.79	652.84	745.86	710.01	647.89	590.22	713.66
总成本（元）	393.61	436.43	501.21	587.52	734.44	844.16	871.75	907.54	921.20	922.54
生产成本（元）	331.49	365.22	419.67	501.00	642.51	744.54	762.86	790.65	801.35	799.91
物质与服务费用（元）	142.48	161.36	162.65	178.09	198.18	208.72	215.44	222.71	221.27	239.40
人工成本（元）	189.01	203.86	257.02	322.91	444.33	535.82	547.42	567.94	580.08	560.51
土地成本（元）	62.12	71.21	81.54	86.52	91.93	99.62	108.89	116.89	119.85	122.63
用工数量	8.67	8.12	8.15	8.03	7.91	7.86	7.32	7.25	7.10	6.71
劳动生产率（kg/工）	15.56	16.39	15.35	16.21	16.45	17.70	18.31	19.17	18.05	20.59
生产成本/总成本（%）	84.22	83.68	83.73	85.27	87.48	88.20	87.51	87.12	86.99	86.71
物质与服务费用/生产成本（%）	42.98	44.18	38.76	35.55	30.84	28.03	28.24	28.17	27.61	29.93
人工成本/生产成本（%）	57.02	55.82	61.24	64.45	69.16	71.97	71.76	71.83	72.39	70.07
土地成本/总成本（%）	15.78	16.32	16.27	14.73	12.52	11.80	12.49	12.88	13.01	13.29
净利润（元）	308.46	42.52	8.59	21.27	-81.60	-98.30	-161.74	-259.65	-330.98	-208.88
成本利润率（%）	78.37	9.74	1.71	3.62	-11.11	-11.64	-18.55	-28.61	-35.93	-22.64

数据来源：2009～2018年《全国农产品成本收益资料汇编》

油菜生产微利润或者得不偿失源自油菜生产总成本的大幅度上升，而总成本的上升源自2008年以来生产成本和土地成本的上涨。2008～2017年每亩油菜生产成本逐年上涨，从 331.49 元增至 799.91 元，上涨 141.31%；与生产成本的变化趋势一致，2008～2017 年每亩油菜土地成本逐年上涨，从 62.12 元增至 122.63 元，上涨 97.41%。就生产成本内部而言，2008 年以来人工成本、物质与服务费用基本上逐年上升，与 2008 年相比，2017 年的物质与服务费用上涨 68.02%、人工成本上涨 196.55%。

再来看成本结构的变化，2008 年以来生产成本和土地成本占总成本的比例变化不大，与 2008 年相比，2017 年生产成本占总成本的比例略有上升，土地成本占总成本的比例略有下降，并且生产成本所占比例大于土地成本所占比例。就生产成本内部而言，2008 年以来物质与服务费用占生产成本的比例总体呈现出下降趋势，从 42.98% 下降到 2017 年的 29.93%，人工成本占总成本的比例总体呈现出上涨趋势，从 57.02% 上涨到 2017 年的 70.07%，并且人工成本所占比例大于物质与服务费用所占比例。

综上所述，2008 年以来我国油菜单位面积产值和单产变化不大，但是总成本大幅度上升，导致净利润和成本利润率呈现出基本逐年下降的趋势，甚至出现成本利润率为负值。我国油菜生产状况不容乐观，生产成本尤其是其构成中的人工成本、土地成本全面上涨导致油菜生产难以盈利，因此我国要提升油菜的生产效益和竞争力，必须从缩减生产成本入手。

六、蔬菜

蔬菜产业作为农业中的重要产业，已成为我国农民增收、出口创汇的重要支柱。近 20 年来，随着国内外蔬菜市场需求的增加，我国已成为世界第一大蔬菜生产和出口国，2016 年我国蔬菜生产面积达到 2232.8 万 hm^2，产量达 79 779.7 万 t。近几年随着蔬菜种植技术的发展，我国目前形成了以辣椒、黄瓜、茄子、番茄为主的设施蔬菜产业，以及包括萝卜、白菜等在内的露地蔬菜产业。随着农业经济结构的调整和农村市场化改革的推进，我国蔬菜产业发展在保供给、增收入、促就业方面发挥着重要作用。

从蔬菜生产面积和产量上看，我国均居世界首位，且大幅领先于世界其他国家（表 2-27）。在蔬菜生产面积上，我国长期居于世界首位且呈现出持续增长的态势，1997 年为

表 2-27 主要蔬菜生产国的生产情况

指标	年份	印度	意大利	墨西哥	尼日利亚	菲律宾	西班牙	越南	中国
生产面积（万 hm^2）	1997	209.0	13.8	2.5	60.0	45.0	2.3	37.7	1 128.8
	2002	231.0	14.3	6.3	66.0	50.0	2.5	50.0	1 735.3
	2007	228.2	14.0	8.1	64.0	51.8	2.6	47.2	1 732.9
	2012	235.2	13.5	9.1	73.2	60.0	2.6	70.6	2 035.3
	2016	251.2	13.5	10.2	75.8	60.4	2.9	90.8	2 232.8
产量（万 t）	1997	2 292.1	240.6	19.7	365.7	370.0	45.0	497.0	35 962.4
	2002	2 718.0	237.7	50.0	425.6	430.0	50.0	623.5	52 860.5
	2007	2 914.6	221.9	64.5	486.2	428.2	52.1	673.6	56 452.0
	2012	3 045.9	200.0	77.5	631.2	500.0	55.1	1 137.6	70 883.1
	2016	3 323.1	202.8	86.6	705.3	503.8	59.4	1 351.3	79 779.7

注：中国蔬菜数据来源于《中国统计年鉴》，其他国家数据来源于 FAO

1128.8万hm², 是位居世界第二的印度的5.4倍, 并且超过其他国家蔬菜生产面积之和; 2016年我国蔬菜生产面积增长到2232.8万hm², 是仅次于我国的印度的8.9倍; 2016年我国蔬菜生产面积较1997年增长98%, 增长速度仅次于墨西哥和越南。

从蔬菜产量上看, 1997~2016年我国始终是世界上产量最高的国家, 且产量不断增长, 1997年为35 962.4万t, 是仅次于我国的印度的15.7倍; 2016年我国蔬菜产量增长到79 779.7万t, 远超世界其他主要蔬菜生产国, 是位居世界第二的印度的24倍; 2016年我国蔬菜产量较1997年增长1.2倍, 增长速度仅次于墨西哥和越南。

如表2-28所示, 2008年以来我国大中城市蔬菜主产品的亩产在3503.54~3883.15kg波动, 均值为3712.02kg。但是2008年以来我国大中城市每亩蔬菜产值基本上逐年上升, 从4097.77元增至2017年的7560.58元, 上升84.50%。2008年以来我国大中城市蔬菜每亩总成本逐年上升, 从2216.08元增至2017年的5433.78元, 上涨145.20%。2008年以来我国大中城市每亩蔬菜净利润在1881.69~2852.27元波动, 均值为2301.84元。2008~2017年的这10年, 我国大中城市每亩蔬菜成本利润率总体呈现出先上升后下降的趋势, 其中2008~2010年呈现出上涨趋势, 从84.91%增至102.90%, 达到这10年的最高值, 2010年以后基本逐年下降, 2017年达到这10年的最低值39.14%。

表2-28 2008~2017年大中城市每亩蔬菜的成本收益情况

指标	2008年	2009年	2010年	2011年	2012年	2013年	2014年	2015年	2016年	2017年
主产品产量（kg）	3568.40	3570.52	3503.54	3781.67	3883.15	3834.52	3803.86	3811.45	3626.58	3736.48
产值（元）	4097.77	4398.29	5475.41	5537.15	6099.72	6903.21	6203.66	6533.19	7107.07	7560.58
总成本（元）	2216.08	2310.46	2698.52	2979.48	3644.72	4050.94	4133.88	4345.30	5084.54	5433.78
生产成本（元）	2024.52	2085.04	2467.39	2728.41	3332.64	3698.25	3788.70	3999.29	4707.96	5057.83
物质与服务费用（元）	1121.93	1078.29	1133.01	1231.29	1365.49	1421.51	1403.65	1402.55	1889.01	1896.20
人工成本（元）	902.59	1006.75	1334.38	1497.12	1967.15	2276.74	2385.05	2596.74	2818.95	3161.63
土地成本（元）	191.56	225.42	231.13	251.07	312.08	352.69	345.18	346.01	376.58	375.95
用工数量	39.06	38.03	38.42	35.46	33.84	32.80	31.31	32.41	32.88	35.00
劳动生产率（kg/工）	91.36	93.89	91.19	106.65	114.75	116.91	121.49	117.60	110.30	106.76
生产成本/总成本（%）	91.36	90.24	91.43	91.57	91.44	91.29	91.65	92.04	92.59	93.08
物质与服务费用/生产成本（%）	55.42	51.72	45.92	45.13	40.97	38.44	37.05	35.07	40.12	37.49
人工成本/生产成本（%）	44.58	48.28	54.08	54.87	59.03	61.56	62.95	64.93	59.88	62.51
土地成本/总成本（%）	8.64	9.76	8.57	8.43	8.56	8.71	8.35	7.96	7.41	6.92
净利润（元）	1881.69	2087.83	2776.89	2557.67	2455.00	2852.27	2069.78	2187.89	2022.53	2126.80
成本利润率（%）	84.91	90.36	102.90	85.84	67.36	70.41	50.07	50.35	39.78	39.14

数据来源: 2009~2018年《全国农产品成本收益资料汇编》

大中城市蔬菜生产成本利润率的下降源自蔬菜生产总成本的大幅度上升, 而总成本的上升源自2008年以来生产成本和土地成本基本上的逐年上涨。2008~2017年每亩蔬菜生产成本逐年上涨, 从2024.52元增至5057.83元, 上涨149.83%; 与生产成本的变化趋势一致, 2008~2017年每亩蔬菜土地成本基本逐年上涨, 从191.56元增至375.95元, 上涨96.26%。就生产成本内部而言, 2008年以来人工成本、物质与服务费用基本逐年上升, 与2008年相比, 2017年的物质与服务费用上涨69.01%、人工成本上涨

250.28%。

再来看成本结构的变化,2008 年以来生产成本和土地成本占总成本的比例变化不大,与 2008 年相比,2017 年生产成本占总成本的比例略有上升,土地成本占总成本的比例略有下降,并且生产成本所占比例远远大于土地成本所占比例。就生产成本内部而言,2008 年以来物质与服务费用占生产成本的比例总体呈现出下降趋势,从 55.42%下降到 2017 年的 37.49%,人工成本占总成本的比例总体呈现出上涨趋势,从 44.58%上涨到 2017 年的 62.51%,并且自 2010 年以后人工成本所占比例超过物质与服务费用所占比例。

综上所述,我国蔬菜产业在过去 20 多年取得了显著成就,已成为农业经济的重要支柱,尤其在农民增收和出口创汇方面发挥了重要作用。我国作为世界第一大蔬菜生产和出口国,蔬菜生产面积和产量均居世界首位且持续增长,1997~2016 年生产面积增长 98%,产量增长 1.2 倍,远超其他国家。然而,尽管我国蔬菜生产相对稳定,但大中城市蔬菜生产的成本利润率自 2010 年以来呈下降趋势,主要原因是生产成本和土地成本大幅上升,其中人工成本上涨显著,所占比例自 2010 年超过物质与服务费用,成为影响成本结构的主要因素。

七、水果

2004~2016 年,我国水果产量和种植面积总体呈增长态势(图 2-2)。具体而言,水果产量从 2004 年的 15 340.9 万 t 增加到 2016 年的 28 351.1 万 t,年均增长 5.25 个百分点;水果种植面积从 2004 年的 9768.2×10³hm² 增加至 2016 年的 12 981.5×10³hm²,年均增长 2.41 个百分点。可见,水果产量的增长率略高于水果种植面积的增长率(图 2-3)。整体来看,我国水果产量的增长率在[3.57%,6.39%]波动,种植面积在[−2.37%,4.07%]波动。

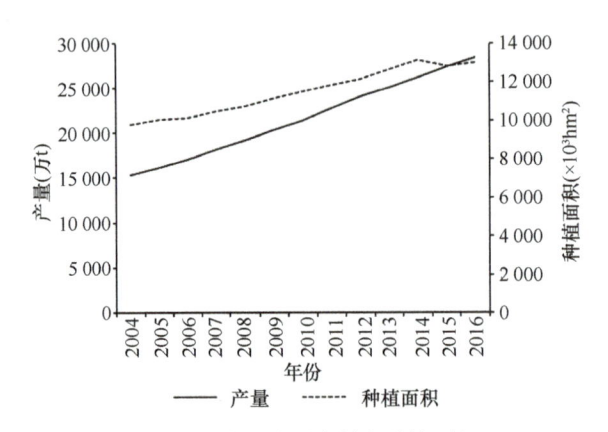

图 2-2 我国水果产量和种植面积
数据来源:2018 年《中国统计摘要》,2005~2016 年《中国农村统计年鉴》

如图 2-4 所示,以苹果、柑和橘三种水果为例,我国每亩水果产值总体呈增长态势。其中,苹果在 2008~2010 年大幅增长,从 4203.12 元增加至 8881.8 元;而柑则由 2005 年的 3675.00 元上涨至 2015 年的 7535.01 元;橘的整体增幅较小,仅由 2005 年的 3223.23

元增长至 2014 年的 4759.28 元,且波动较大。我国每亩水果成本基本呈逐年上升趋势。其中,苹果由 2005 年的 1283.69 元增至 2015 年的 5362.06 元;柑由 2005 年的 1333.29 元增至 2015 年的 3609.30 元;橘由 2005 年的 1504.64 元增至 2015 年的 3596.24 元。从收益来看,2005~2010 年我国每亩苹果净利润整体呈上升趋势,之后则呈递减趋势;我国每亩柑净利润在 2005~2008 年呈递减趋势,之后总体呈递增趋势;我国每亩橘净利润相较于苹果和柑波动较为平稳。进一步分析可知,三种水果的每亩成本均呈递增态势,每亩产值发生变动是净利润变动的主要诱因。

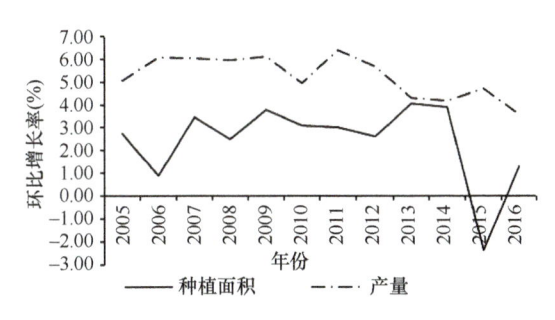

图 2-3 水果产量及种植面积的环比增长率
数据来源:2018 年《中国统计摘要》,2005~2016 年《中国农村统计年鉴》

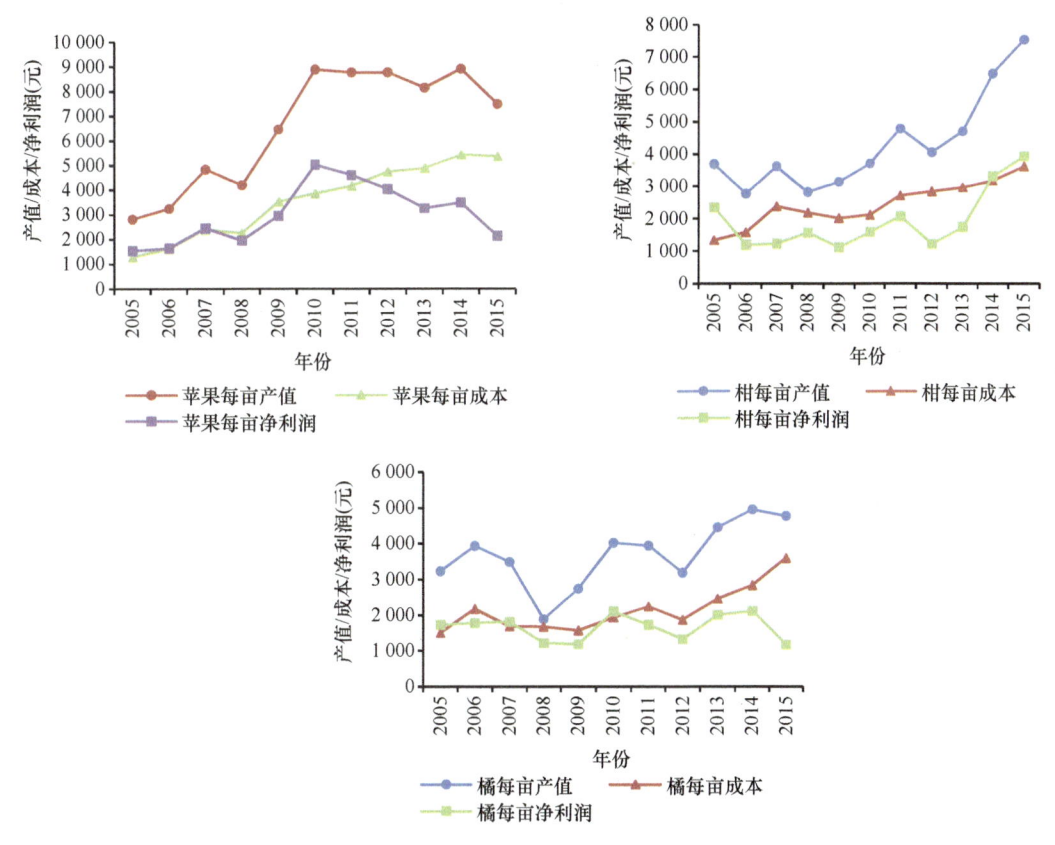

图 2-4 2006~2015 年三种水果每亩产值、成本与净利润
数据来源:2006~2015 年《全国农产品成本收益资料汇编》

水果的成本分为生产成本和土地成本两大类。对成本进行解析可知，生产成本占总成本的比例在 2005~2015 年维持在 88% 以上（图 2-5），2005 年每亩苹果、柑和橘的生产成本分别为 1163.83 元、1257.08 元和 1389.57 元，而到 2015 年分别增至 5021.56 元、3485.76 元和 3301.55 元。由此可见，生产成本的快速增长是近年来水果总成本上涨的关键诱因。需要指出的是，尽管土地成本在水果总成本中所占的比例较小，但这三种水果的土地成本总体呈上升趋势，每亩苹果、柑和橘的土地成本分别由 2005 年的 119.87 元、76.21 元和 115.07 元上升至 2015 年的 340.50 元、123.58 元和 294.69 元。

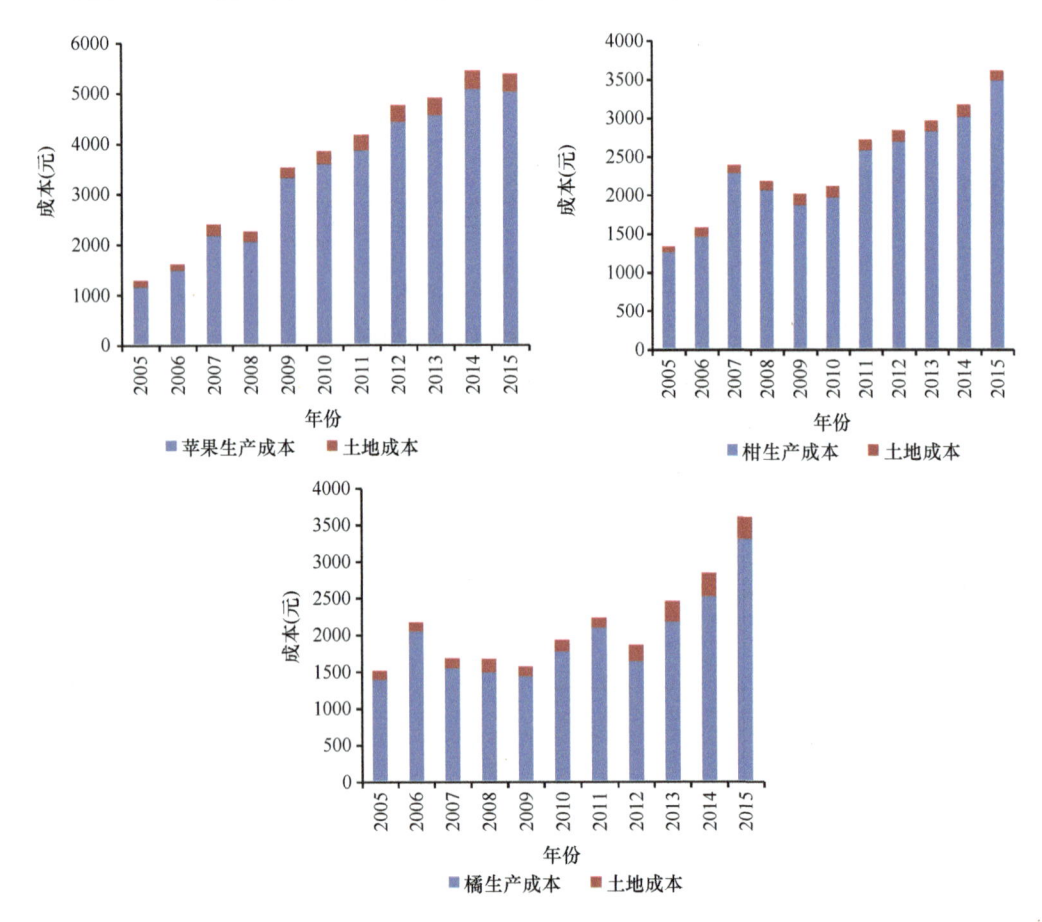

图 2-5 2005~2015 年三种水果总成本的构成

数据来源：2006~2015 年《全国农产品成本收益资料汇编》

考虑到生产成本在水果总成本中的重要性，有必要对其构成进行解析，主要包括两部分：物质与服务费用、人工成本。图 2-6 显示了 2005~2015 年每亩苹果、柑和橘的物质与服务费用以及人工成本，可见三种水果的物质与服务费用以及人工成本在这 10 年出现大幅攀升，尤其是苹果的人工成本增幅远大于柑和橘。

为了厘清生产成本构成演变的动因，需要对人工成本做进一步的探究：由家庭用工折价和雇工费用组成。图 2-7 分别是苹果、柑和橘三种水果的人工成本构成，可见家庭用工在苹果和柑的人工成本中占有举足轻重的地位；而在橘的人工成本中，家庭用工折价和雇工费用占比接近，但雇工费用越来越高。

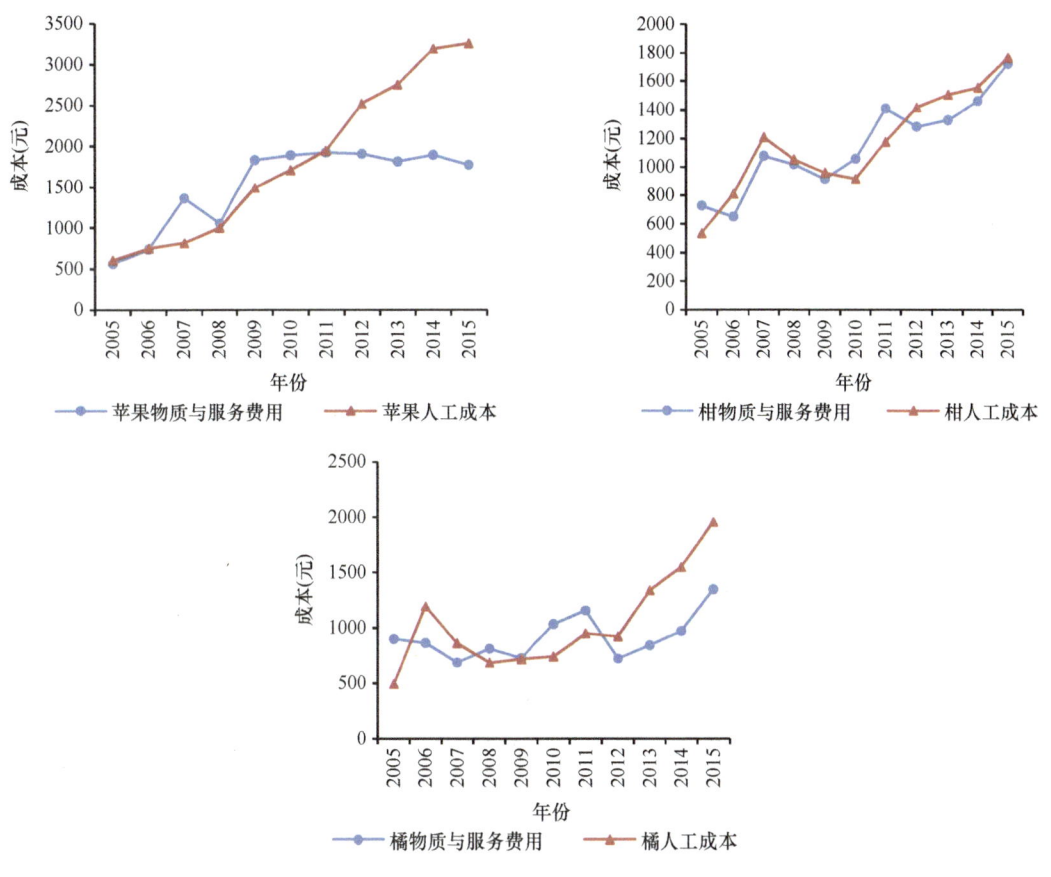

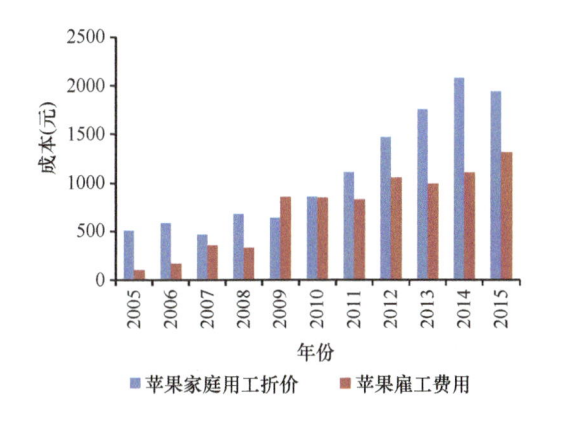

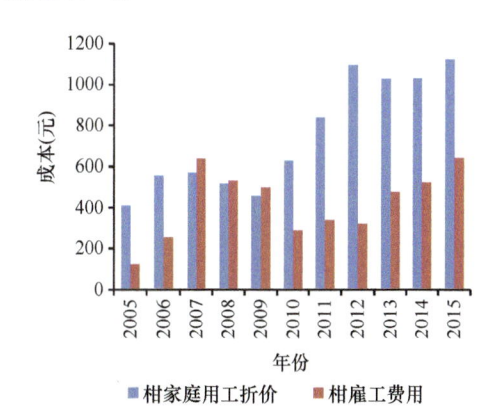

图 2-6 2005～2015 年三种水果种植生产成本的构成
数据来源：2006～2015 年《全国农产品成本收益资料汇编》

综上所述，我国水果产量和种植面积总体呈增长态势，且产量的增长率略高于种植面积的增长率。在影响水果产业净利润的因素中，生产成本的持续上涨是制约水果收益上涨的重要原因，其中人工成本的快速上涨影响尤为显著。

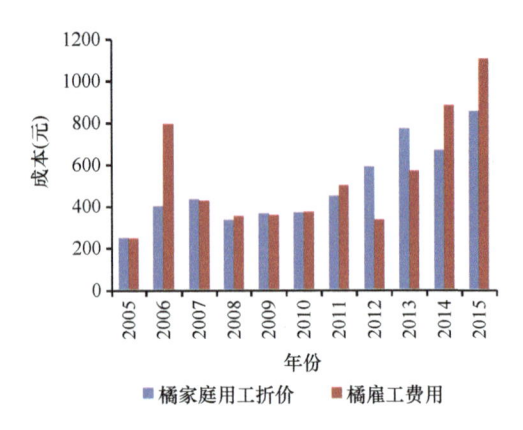

图 2-7　2005～2015 年三种水果种植的人工成本构成

数据来源：2006～2015 年《全国农产品成本收益资料汇编》

八、小结

综合上述分析，我国主要农作物的经营状况具有如下特点。

1. 主要农作物的土地生产率呈上升趋势

2008～2017 年，我国水稻、小麦、玉米、棉花、油菜、蔬菜的每亩主产品产量分别从 464.20kg、388.30kg、457.20kg、83.30kg、134.90kg、3568.40kg 增长到 481.10kg、423.54kg、501.53kg、105.94kg、138.15kg、3736.48kg。从每亩主产品产量的变化趋势可知，我国农作物的土地生产率上升，可能源自农业科技的发展提高了农作物的亩产。

2. 主要农作物的劳动生产率呈上升趋势

以每亩农产品产量除以每亩用工数量得到农产品的劳动生产率。2008～2017 年，我国水稻劳动生产率由 51.24kg/工上升到 87.31kg/工，小麦由 63.66kg/工上升到 97.59kg/工，玉米由 57.87kg/工上升到 95.35kg/工，棉花由 3.61kg/工上升到 6.78kg/工，油菜由 15.56kg/工上升到 20.59kg/工，蔬菜由 91.36kg/工上升到 106.76kg/工。可见我国主要农作物的劳动生产率呈上升趋势，可能源自农户逐渐掌握了比较先进的生产技术，从而提高了劳动效率。

3. 主要农作物的生产成本呈上升趋势

我国水稻、小麦、玉米、棉花、油菜、蔬菜的生产成本分别由 2008 年的 665.10 元/亩、498.55 元/亩、523.45 元/亩、1079.97 元/亩、393.61 元/亩、2216.08 元/亩上升至 2017 年的 1210.19 元/亩、1007.64 元/亩、1026.48 元/亩、2330.80 元/亩、922.54 元/亩、5433.78 元/亩。同时从构成来看，人工成本上升最为明显。

4. 主要农作物的净利润呈下降趋势

我国水稻、小麦、玉米、棉花、油菜的每亩净利润分别从 2008 年的 235.62 元、164.51 元、159.22 元、-16.71 元、308.46 元下降至 2017 年的 132.55 元、6.10 元、-175.79 元、-470.28 元、-208.88 元，而蔬菜由 2010 年的 2776.89 元下降至 2017 年的 2126.80 元。

可见，我国主要农作物的净利润呈下降趋势，甚至油菜、棉花和玉米在后 5 年降为负值，主要原因是农产品生产成本上升较快，从而挤压了净利润。

第三节　生产布局演变的主要驱动因素与趋势

一、生产布局演变

农作物种植结构的空间格局和时空动态信息是进行农业生产布局、农业政策制定和种植结构调整的科学依据。优化农作物种植结构的空间布局对实现农业可持续发展、保障食物安全、满足增长的消费需求、增加农民收入等具有重要意义。众多文献研究了我国农作物空间布局的变化。改革开放以来，我国主要农作物播种面积的变化呈现出较大的时空差异性，基本表现为粮食作物生产重心北移，在粮食作物内部，水稻生产仍以长江以南为主，黄淮海区成为小麦集中产区，玉米生产呈西南至东北走向，且以北方为主；大豆生产形成了以东北为主的格局；棉花生产形成了以新疆为主，以两河流域（山东和河北属于黄河流域产区，湖北属于长江流域产区）为补充的格局；以油菜、花生等为代表的油料作物生产分别向长江流域、黄淮海地区集中；蔬菜生产主要集中在以山东、河南、河北为代表的黄淮海及环渤海区及以四川、湖北、湖南、江苏等为代表的长江区。这种生产布局变化将直接关系我国食物的供给水平，也关乎我国食物的数量安全。

（一）主要农作物种植面积比例变化

改革开放以来，我国各省份均处于快速的经济增长和城市化进程中，但是种植业生产及其结构变化不尽相同。虽然全国层面形成了粮棉作物种植面积不断下降、经济作物种植面积不断增加的基本趋势，但是各地区的主要农作物种植面积变化趋势与全国总体情况并非一致，甚至存在很大差异。本研究通过描述各地区主要农作物种植面积比例在 1978 年、2017 年的变动情况来分析我国省域主要农作物种植面积比例的时空变化特征。

总体而言，与 1978 年相比，2017 年我国省域棉花种植面积比例整体处于下降趋势；蔬菜、油料作物种植面积比例整体处于增长趋势；大豆、糖料作物种植面积比例在大部分省份呈下降趋势，少部分省份上升趋势；对于粮食作物，小麦种植面积比例整体处于下降趋势，玉米种植面积比例则呈增长趋势，水稻种植面积比例在南方大部分双季稻省份呈下降趋势，在东北地区（黑龙江、内蒙古、吉林）则呈增长趋势。

具体而言，与 1978 年相比，2017 年棉花种植面积比例仅新疆、甘肃及天津 3 省份呈现出增长趋势，分别增长 5.20 倍、1.15 倍、1.16 倍，其他省份均处于下降趋势；长江流域大多数省份的油料作物种植面积比例呈现增长趋势，湖北和湖南 2 省增幅最大，分别达 3.21 倍、3.17 倍，相反，东北和华北平原的油料作物种植面积比例则处于下降趋势，其中黑龙江、天津、北京 3 省份分别下降 60.05%、72.74%、66.72%；除了黑龙江、吉林 2 省的蔬菜种植面积比例略有下降外，其他省份均呈现出增长趋势，其中甘肃、青海、浙江、江苏、广西分别增长 8.06 倍、5.89 倍、18.63 倍、16.34 倍、6.55 倍；主产区的大豆种植面积比例均处于下降趋势，其中降幅较大的 5 个省份分别是西藏、山东、辽宁、吉林及河南，下降比例分别达 91.25%、78.52%、77.10%、74.84%、67.69%；除了新疆、河北外，糖料作物种植面积比例呈增长趋势的省份集中在南方，其中广西、安徽、湖北、云南、贵州5省份增幅较大，分别达5.14倍、3.37倍、2.76倍、2.54倍、0.98倍。对于粮食作物，与1978年相比，2017年水稻种植面积比例增幅较大的为东北地区，黑龙江、内蒙古、吉林分别增长8.51倍、3.42倍、1.18倍；除贵州外，其他省份的玉米种植面积比例均处于增长趋势，其中福建、宁夏、广东分别增长39.74倍、12.62倍、6.99倍；与此相反，除了江苏、山东、河南、安徽、湖北5省的小麦种植面积比例处于增长趋势外，其他省份均处于下降趋势，下降较为明显的是东北3省和南方5省（湖南、江西、福建、广东、广西），两个地区分别平均下降96.50%、93.89%。

农作物种植面积比例的变化率从时间纵向角度反映了省域作物种植面积比例的变动水平；农作物种植面积比例则从空间截面角度反映了省域农作物种植面积的优势。本研究计算了1978年、2017年各省份主要农作物种植面积占该省份农作物总种植面积比例（三大主粮作物则计算的是其种植面积占该省份粮食作物总种植面积的比例），并取排名前10位的省份进行分析。结果显示，2017年相比1978年主要农作物种植面积比例变动率大的省份，在2017年的种植面积比例却并不一定具有优势，相反，2017年相比1978年种植面积比例变动率小的省份，在2017年的种植面积比例可能具有优势。具体而言，2017年棉花种植面积比例位列前10位的省份及其比例分别为：新疆60.78%、山东9.00%、河北8.55%、湖北6.28%、安徽4.55%、湖南2.88%、河南2.48%、江西1.57%、江苏1.29%、天津0.72%。2017年油料作物种植面积比例位列前10位的省份及其比例分别为：青海26.44%、湖北17.97%、湖南16.23%、江西12.92%、重庆和四川12.75%、内蒙古12.46%、贵州10.99%、河南10.60%、西藏8.63%、甘肃8.20%。2017年蔬菜种植面积比例位列前10位的省份及其比例分别为：上海34.27%、福建33.27%、北京31.98%、浙江29.11%、广东29.07%、广西21.34%、贵州19.53%、江苏18.58%、重庆15.84%、四川15.84%。2017年大豆种植面积比例位列前10位的省份及其比例分别为：黑龙江21.27%、安徽9.34%、内蒙古7.21%、山西5.08%、浙江3.94%、吉林3.39%、福建2.93%、辽宁2.78%、江苏2.63%、河南2.62%。2017年糖料作物种植面积比例位列前10位的省份及其比例分别为：广西15.34%、云南3.94%、广东3.58%、新疆1.14%、内蒙古0.79%、浙江0.38%、贵州0.34%、福建0.31%、江西0.26%、河北0.19%。对于粮食作物，2017年水稻种植面积比例位列前10位的省份及其比例分别为：江西90.91%、湖南83.96%、广东77.93%、福建68.98%、上海68.84%、浙江64.36%、广西64.27%、湖北48.61%、江苏41.66%、安徽34.46%；2017年小麦种植面积比例位列前10位的省份及其比例分别为：河南52.78%、山西51.51%、山东50.00%、江苏41.38%、安徽37.47%、河北36.16%、陕西34.17%、青海34.11%、天津31.06%、甘肃27.98%；2017年玉米种植面积比例位列前10位的省份及其比例分别为：吉林74.25%、北京74.05%、辽宁73.61%、天津59.94%、内蒙古56.59%、山西52.65%、河北51.49%、黑龙江45.03%、山东44.12%、新疆40.95%。

（二）主要大类农作物产量结构变化

1978~2017年，我国主要大类农作物的产量在不断增长（表2-29）。其中，粮食、棉花、油料、糖料作物产量分别由1978年的30 476.50万t、216.70万t、521.79万t、

表 2-29 1978～2017 年我国主要大类农作物的产量变化（万 t）

年份	粮食	大豆	棉花	油料	糖料	蔬菜	茶叶	水果
1978	30 476.50	756.50	216.70	521.79	2 381.87		26.80	
1980	32 055.50	794.00	270.67	769.06	2 911.27		30.37	
1985	37 910.80	1 050.00	414.67	1 578.42	6 046.78		43.23	
1990	44 624.30	1 100.00	450.77	1 613.16	7 214.47		54.01	
1995	46 661.80	1 350.20	476.75	2 250.34	7 940.14	25 726.71	58.86	
2000	46 217.52	1 540.90	441.73	2 954.83	7 635.33	44 467.94	68.33	6 225.15
2005	48 402.19	1 634.78	571.42	3 077.14	9 451.91	56 451.49	93.49	16 120.09
2010	55 911.31	1 508.33	577.04	3 156.77	12 008.49	65 099.41	146.25	20 095.37
2015	66 060.27	1 178.50	590.74	3 390.47	12 499.96	78 526.10	227.66	24 524.62
2017	66 160.72		565.30	3 475.24	12 556.00		246.04	25 241.90

2381.87 万 t 上升至 2017 年的 66 160.72 万 t、565.30 万 t、3475.24 万 t、12 556.00 万 t；大豆产量由 1978 年的 756.50 万 t 上升至 2015 年的 1178.50 万 t；蔬菜产量由 1995 年的 25 726.71 万 t 上升至 2015 年的 78 526.10 万 t；茶叶产量由 1978 年的 26.80 万 t 上升至 2017 年的 246.04 万 t；水果产量由 2000 年的 6225.15 万 t 上升至 2017 年的 25 241.90 万 t。

在粮食作物内部，水稻产量占全国粮食作物总产量的比例呈下降趋势，由 1978 年的 44.93% 下降至 2017 年的 32.15%；小麦和玉米产量占全国粮食作物总产量的比例均呈上升趋势，分别由 1978 年的 17.67%、18.36% 上升至 2017 年的 20.30%、39.16%（表 2-30）。

表 2-30 1978～2017 年我国粮食作物产量的结构变化（%）

作物	1978 年	1980 年	1985 年	1990 年	1995 年	2000 年	2005 年	2010 年	2015 年	2017 年
水稻	44.93	43.64	44.46	42.43	39.70	40.66	37.31	35.27	32.11	32.15
小麦	17.67	17.22	22.63	22.01	21.90	21.56	20.13	20.77	20.08	20.30
玉米	18.36	19.53	16.84	21.70	24.00	22.93	28.79	34.12	40.11	39.16

（三）主要大类农作物种植集中度与区域变化简析

本研究采用集中度（CR）来衡量各作物的生产布局是否沿着专业化生产方向发展（苗齐，2003），旨在通过考察农作物主产区种植份额的变化来较简便、快捷地从整体上把握种植业区域分工的演变情况。分别选择 1979～1983 年和 2014～2017 年某种农作物种植面积占全国该农作物总种植面积比例排名前 4 位的省份作为旧、新主产区，以旧、新主产区各省份所占比例的加和作为该农作物生产的集中度，从而分析各农作物主产区种植份额的变化及主产区的位移。从统计意义上的解读是，当旧、新主产区组成省份相同时，集中度的增减反映了分工水平的上升或下降，而当旧、新主产区所含省份不一致时，则说明该作物的生产区域发生了转移。

改革开放初期（1979～1983 年），我国粮食主产区为四川、河南、山东、河北（表 2-31），其种植面积占全国的比例分别为 8.87%、7.80%、7.05%、6.28%，同时黑龙江占 6.27%，可见旧主产区集中度（CR1）为 30.00%。2014～2017 年，黑龙江粮食种植面积占全国的 10.44%，跃居省域粮食种植份额的第一位，河南以 8.80% 的占比保持在第二位，四川

表 2-31 1979~2017 年主要农作物种植面积的比例和集中度变化（%）

作物	省份	1979~1983年	1984~1988年	1989~1993年	1994~1998年	1999~2003年	2004~2008年	2009~2013年	2014~2017年
粮食	黑龙江	6.27	6.53	6.62	6.95	7.72	9.41	10.16	10.44
	山东	7.05	7.32	7.23	7.27	6.76	6.44	6.33	6.52
	河南	7.80	8.27	8.12	7.98	8.45	8.89	8.73	8.80
	四川	8.87	8.58	8.81	9.49	8.91	8.39	7.69	7.27
	河北	6.28	6.01	6.09	6.29	6.25	5.88	5.56	5.43
	CR1	30.00	30.18	30.25	31.03	30.37	29.60	28.31	28.02
	CR2	29.99	30.70	30.78	31.69	31.84	33.13	32.91	33.03
棉花	河北	11.86	16.38	14.22	9.97	8.92	12.13	13.20	8.82
	江苏	12.29	11.12	9.84	9.90	7.40	6.43	4.79	2.07
	山东	18.55	24.30	22.31	10.99	14.43	16.95	16.81	11.97
	河南	12.68	15.68	17.37	18.59	18.78	13.99	8.37	2.81
	湖北	11.01	8.68	8.09	9.74	7.47	8.72	10.58	7.00
	新疆	4.24	5.84	8.96	17.25	23.70	27.74	36.37	55.77
	CR1	55.38	67.48	63.74	49.45	49.52	49.50	43.17	25.67
	CR2	45.66	55.20	53.58	47.95	54.52	65.54	76.96	83.56
油料	安徽	8.39	9.52	9.21	9.21	9.60	8.14	6.57	5.29
	山东	7.82	7.63	6.61	6.77	6.59	6.45	5.93	5.67
	河南	8.18	7.84	8.42	9.74	9.98	11.63	11.63	11.71
	四川	7.63	8.85	8.92	7.96	8.44	9.75	11.08	12.46
	湖北	5.12	5.80	6.60	8.07	9.85	10.25	10.90	10.94
	湖南	4.68	4.27	6.47	7.09	6.18	6.03	9.40	10.58
	CR1	32.02	33.84	33.16	33.68	34.61	35.97	35.21	35.13
	CR2	25.61	26.76	30.41	32.86	34.45	37.66	43.01	45.69
蔬菜	黑龙江	8.92	4.90	3.48	2.87	2.60	1.81	1.25	1.23
	山东	8.13	6.39	6.43	10.14	11.35	10.62	10.19	9.05
	湖南	6.48	5.99	5.67	4.76	5.02	5.71	6.71	6.89
	四川	8.20	10.00	9.90	8.37	7.73	8.71	10.36	10.57
	江苏	3.61	5.73	5.53	5.85	7.11	6.58	7.17	7.20
	河南	5.83	6.29	6.22	6.85	8.01	9.72	9.78	8.92
	CR1	31.73	27.28	25.48	26.14	26.70	26.85	28.51	27.74
	CR2	25.77	28.41	28.08	31.21	34.20	35.63	37.50	35.74
大豆	黑龙江	23.14	27.51	29.55	29.52	32.59	41.49	39.76	38.28
	安徽	9.23	8.44	6.01	5.65	7.65	10.17	11.53	12.22
	山东	8.26	6.81	5.96	6.26	4.41	2.14	1.95	2.05
	河南	13.36	11.03	7.51	7.02	6.12	5.50	5.80	5.54
	内蒙古	2.60	3.15	4.63	7.80	8.01	8.45	8.86	8.03
	CR1	53.99	53.79	49.03	48.45	50.77	59.30	59.04	58.09
	CR2	48.33	50.13	47.70	49.99	54.37	65.61	65.95	64.07
糖料	吉林	5.75	4.02	2.95	1.71	1.20	0.18	0.21	0.05
	黑龙江	23.52	21.94	19.50	15.62	9.19	4.57	3.65	0.38

续表

作物	省份	1979~1983年	1984~1988年	1989~1993年	1994~1998年	1999~2003年	2004~2008年	2009~2013年	2014~2017年
糖料	广东	22.34	23.82	16.57	12.65	10.41	8.85	8.77	10.34
	广西	13.32	15.45	21.37	26.97	36.11	52.34	59.63	60.50
	云南	5.10	5.92	7.65	11.31	16.89	16.30	17.12	18.26
	新疆	2.23	1.92	3.67	4.68	4.45	4.21	3.95	4.11
	CR1	64.93	65.23	60.39	56.95	56.91	65.94	72.26	71.27
	CR2	42.99	47.11	49.26	55.61	67.86	81.70	89.47	93.21

注：相关网站均未公布2017年大豆种植面积数据，因此最后一列大豆统计时间为2014~2016年

的份额减少至7.27%，山东以6.52%的占比位居第四，可见新主产区集中度（CR2）达33.03%。

1979~1983年的数据显示，我国棉花主产区为山东、河南、江苏、河北，其种植面积占全国的比例分别为18.55%、12.68%、12.29%、11.86%，同时新疆占4.24%，可见旧主产区集中度为55.38%。2014~2017年，新疆棉花种植面积占全国的55.77%，超过一半，山东的份额减少至11.97%，降至第二位，河北以8.82%的份额位居第三，湖北以7.00%的占比紧随其后。经过40年的发展，江苏和河南的棉花种植面积占比大幅下降，分别下降83.16%、77.84%；相反，新疆的棉花种植面积占比上涨迅速，增长12.15倍，成为我国棉花产区的重中之重。自此，我国形成了棉花生产以新疆为主，以两河流域（山东和河北属于黄河流域，湖北属于长江流域）为补充的新格局。

1979~1983年，我国油料作物主产区为安徽、河南、山东、四川，其种植面积占全国的比例分别为8.39%、8.18%、7.82%、7.63%，可见旧主产区集中度为32.02%。20世纪90年代以来，两湖地区油料作物生产快速发展，2014~2017年湖北种植面积的份额达10.94%、湖南达10.58%，分别攀升至第三、四位，四川以12.46%的份额跃居第一位，河南以11.71%的份额稳居第二，可见新主产区集中度提升至45.69%。

我国蔬菜种植面积比例保持持续增加的势头。1979~1983年，蔬菜主产区为黑龙江、四川、山东、湖南四省，种植面积占全国的比例分别为8.92%、8.20%、8.13%、6.48%，可见旧主产区集中度为31.73%。2014~2017年，蔬菜主产区转变为四川、山东、河南、江苏，可见新主产区集中度提高至35.74%。经过40年的演化变动，黑龙江蔬菜种植面积比例降幅明显，由1979~1983年的8.92%下降至2014~2017年的1.23%。

改革开放初期，我国大豆主产区为黑龙江、河南、安徽、山东，可见旧主产区集中度为53.99%。其中，黑龙江和河南两省份种植面积所占比例较大，分别占全国的23.14%、13.36%。经过40年的发展，黑龙江大豆种植面积比例的涨幅较大，其中2004~2008年提升至最大值41.49%。2014~2016年，大豆生产新格局变化为以黑龙江、安徽、内蒙古、河南为主，可见新主产区集中度为64.07%。

1979~1983年，我国糖料作物主产区为黑龙江、广东、广西、吉林，可见旧主产区集中度为64.93%。其中，黑龙江和广东两省份种植面积所占比例较大，分别占全国的23.52%、22.34%。经过40年的发展，吉林和黑龙江的糖料作物种植面积比例大幅下降，分别下降99.13%、98.38%；相反，广西的糖料作物种植面积比例却持续上涨，增长3.54

倍，占比高达 60.50%。此外，经过 40 年的演化变动，云南的糖料作物种植面积比例增幅明显，由 2014 年的 5.10%上升至 2017 年的 18.26%。2014～2017 年，新主产区及其顺序变为广西、云南、广东、新疆，集中度为 93.21%。

从三大粮食作物的集中度来看：改革开放初期，湖南、广东、江西、四川为我国的水稻主产区（表 2-32），旧主产区集中度为 44.82%，同时黑龙江水稻种植面积占全国的比例为 0.67%。经过 40 年的发展变化，黑龙江水稻种植面积比例大幅上升，2014～2017 年达到 10.98%，跃居第二位，而湖南以 13.46%的份额稳居第一位，由于旧主产区中广东的水稻种植面积比例大幅下降至 6.07%，降幅超过 50%，新主产区集中度略有下降，为 44.01%。1979～1983 年，河南、山东、河北、四川为我国的小麦主产区，旧主产区集中度为 43.22%。经过 40 年的发展变化，河南、山东、河北三省的小麦种植面积比例总体上不断上升，2014～2017 年分别上升至 22.40%、15.73%、9.51%，分别位列第一、二、四位，第三位由占全国总种植面积比例 10.34%的安徽占据，可见小麦生产进一步向主产区集中，新主产区集中度达 57.98%。我国的玉米主产区在改革开放初期为河北、山东、四川、河南，占全国总种植面积的比例分别为 11.34%、11.19%、8.84%、8.71%，

表 2-32　1979～2017 年水稻、小麦、玉米种植面积的比例和集中度变化（%）

作物	省份	1979～1983 年	1984～1988 年	1989～1993 年	1994～1998 年	1999～2003 年	2004～2008 年	2009～2013 年	2014～2017 年
水稻	江西	10.04	10.09	9.69	9.64	9.79	10.97	10.95	10.97
	湖南	13.24	13.31	13.21	13.04	12.79	13.34	13.42	13.46
	广东	12.26	11.01	9.27	8.68	8.09	7.00	6.42	6.07
	四川	9.28	9.59	9.65	9.64	9.93	9.55	8.89	8.60
	黑龙江	0.67	1.43	2.20	3.63	5.28	6.82	9.52	10.98
	CR1	44.82	44.00	41.82	41.00	40.60	40.86	39.68	39.10
	CR2	33.23	34.42	34.75	35.95	37.79	40.68	42.78	44.01
小麦	河北	8.85	8.21	8.25	8.84	10.04	10.27	9.80	9.51
	山东	12.42	13.72	13.54	13.66	14.13	14.57	14.70	15.73
	河南	14.11	15.78	15.68	16.56	19.40	22.08	21.70	22.40
	四川	7.84	7.04	7.41	8.01	7.78	6.52	5.67	4.35
	安徽	6.81	6.83	6.71	7.00	8.16	9.65	9.76	10.34
	CR1	43.22	44.75	44.88	47.07	51.35	53.44	51.87	51.99
	CR2	42.19	44.54	44.18	46.06	51.73	56.57	55.95	57.98
玉米	河北	11.34	9.86	9.72	10.15	10.46	9.81	8.23	7.54
	山东	11.19	11.59	11.42	11.41	10.35	9.76	8.12	7.76
	河南	8.71	9.27	9.73	8.59	9.28	9.41	8.22	8.00
	四川	8.84	8.59	8.14	7.58	7.06	6.10	4.96	4.54
	内蒙古	2.99	2.94	3.63	4.81	6.18	6.89	7.35	7.86
	吉林	8.41	10.10	10.23	10.05	10.17	10.20	8.62	8.79
	黑龙江	8.66	9.43	9.74	10.26	8.93	10.63	12.72	12.81
	CR1	40.08	39.31	39.01	37.73	37.15	35.08	29.53	27.84
	CR2	28.78	31.74	33.33	33.72	34.56	37.12	36.91	37.46

可见旧主产区集中度为 40.08%。经过 40 年的发展变化，玉米主产区格局发生了较大变化，黑龙江跃居第一位，份额达 12.81%，吉林则以 8.79% 的占比跃居第二位，河南以 8.00% 的份额占据第三位，内蒙古以 7.86% 的占比占据第四位，可见新主产区集中度略有下降，仅为 37.46%。近年来，受缩减"镰刀弯"地区玉米种植面积的影响，我国玉米主产区进一步向黑龙江转移。

二、生产布局演变的主要驱动因素

农业作为与自然界密切相关的生产部门，自然条件如水分、温度、日照强度等对其生产布局有重要影响，农业带必须遵循农业自然资源的生态适宜性进行布局。事实上，即使是在特定气候环境的限制下，农民生产作物的选择也不是唯一的，通常具有一定范围。从我国种植业发展的现实情况来看，非自然资源因素对种植业生产布局的影响是不可忽视的，历史上客观气候环境的变化并不大，但是各地区的农作物生产布局还是表现出比较明显且频繁的变迁，还受到区域社会经济发展、市场需求、科技创新与技术采用、国家政策等因素的影响。这些因素在很大程度上会影响区域分工，进而导致农业生产区位形成及演变。区位、资源、市场、环境、技术、政策等影响因素主要通过不同的途径和方式，不同程度地作用于农业区域的形成及演变过程，而多因素交叉作用所形成的布局即最优农业区域配置（图 2-8）。现有众多学者运用实证分析法，对上述因素对全国及区域粮食（稻谷、玉米、小麦）、油料（大豆、油菜）和经济（棉花）等作物生产布局变动的影响进行了丰富的研究。

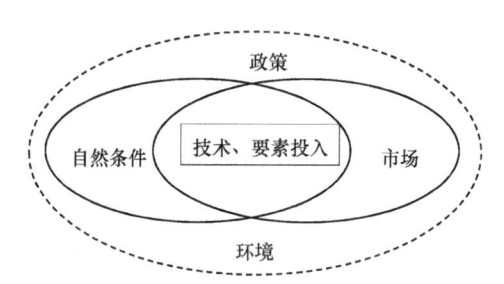

图 2-8 农作物生产布局的形成与演变驱动因素

（一）自然条件因素

与农业生产有关的天然生产资料如光、温、水、土地、生物等都是农业自然资源。我国幅员辽阔，从南至北分布了不同的气候带，形成了南北不同的作物种植制度。同时，不同作物生长发育要求的气候条件、气象条件不同，采取的病虫害防治手段也不相同。因此，一个地区的农业布局应充分考虑当地的气候因素。在平原、山地这两种不同的地形地貌上，耕作及机械化操作难易程度存在巨大差异，因此会形成不同的农作物生产布局。例如，广袤的平原地区往往机械化程度高，利于粮食作物的种植；而山地、丘陵地区难以实施机械化作业，更适宜种植劳动力投入量多但是经济效益较高的经济作物或者弃耕抛荒。水资源对农业生产至关重要，表现在旱地和水田适宜种植的农作物类型不同；农田及其周围的水利灌溉设施是否完备和齐全，不仅会改变作物的生产布局，也会影响作物的单产和总产；过度开采地下水资源用于农业生产，使得北方地区形成巨大的漏斗区，对生态环境造成严重的负面影响。土壤为作物生产提供了大部分的微量元素、水分和养分，是作物生长的物质基础，但我国土地资源丰富、类型多样，不同的土壤类型适宜种植不同的作物。土地资源是农业生产的主要载体，我国地域辽阔，不同区域的土地禀赋特征不同，劳动力与土地的相对比价也不同，影响区域作物的生产布局。此外，农业生产与自然气候息息相关，极端气候条件对农业收成的影响较大，遇上大型风灾、水灾可能颗粒无收，经验丰富的农民善于依据往年的农业气象合理安排下一年度的种植决策计划。

（二）劳动力资源因素

舒尔茨认为经济增长中人力资本的贡献大于物质资本的贡献，人力资本是农业经济增长的主要源泉。在人口红利时期，劳动力需求不足掩盖了劳动力的异质性，劳动力被同质化。随着我国人口红利逐步减弱，劳动力的异质性逐步凸显，对农业生产的影响越发受到关注和重视。大量研究从劳动力数量、人口结构变化、劳动力价格等方面研究了劳动力对农业生产的影响。农业劳动力转移和人口结构变化对农业生产的影响主要体现在农业产出、农业生产技术效率等方面。关于农村劳动力转移与粮食产量关系的研究成果丰硕，形成以下3种不同观点：劳动力转移对粮食产量具有正向、负向及统计上无显著影响（程名望等，2013）。但在我国老龄化、女性化、低文化程度的农业人口结构演变趋势下，男性和壮年女性的转移会提高农户退出农业生产的概率，增大农户家庭耕地流出率，甚至会降低农业产出增长率（盖庆恩等，2014）。以老龄劳动力或者女性劳动力为主从事农业生产的农户在农业生产技术应用、生产经营方式、生产经营收入、生产结构方面，相比由非老龄劳动力或者男女劳动力共同从事农业生产的农户均表现出明显劣势（李旻和赵连阁，2009a，2009b）。但是，老龄化带来的影响因作物本身对劳动力体力与人力资本的要求不同而有差异。老龄化对农作物生产的影响随着作物集体决策与机械化程度由高到低变化，呈现出由完全没有影响到部分有影响再到有显著影响的梯度变化（胡雪枝和钟甫宁，2013）。事实上，农业劳动力老龄化并非绝对的坏事。农业劳动力的老龄化和受教育程度高有利于提高农业与粮食生产的技术效率，但女性化会降低农业和粮食生产的技术效率（彭代彦和吴翔，2013）。目前较少有研究关注劳动力价格上涨对作物播种面积的影响，但有研究表明随着每工日劳动力价格的上涨，江苏省水稻播种面积增加而浙江省播种面积减少（易福金和刘莹，2016）。农村劳动力价格上涨并不意味着粮食播种面积下降，而是有利于降低粮食种植比例、增加经济作物种植比例（杨进等，2016）。

（三）农业技术因素

农业发展的根本出路在科技，现代农业的发展过程实质上是先进科学技术在农业领域广泛应用的过程。科学技术是第一生产力，先进的科学技术代表先进的生产力。例如，优质的种子既可以提高品质，又可以增加产量，如袁隆平水稻育种团队经科学选配而制成的杂交水稻种子；优良的栽培措施也可以增加产量。科技创新与技术采用还包括新品种化肥、农药及种子的使用和推广，生产方式、田间经营管理技术、农业机械技术的进步与发展,通常农业技术应用和推广在一定程度上会受到一定资源条件的制约。舒尔茨就提到,农作物新品种的高产出是新品种化肥、较高的田间管理水平配套综合作用的结果。而农业机械技术作用的发挥更是受到耕地地形地貌条件的约束,地形地貌条件决定的耕地机械化作业适宜度是影响农业机械化发展的重要因素。平原地区的耕地容易实施机械化种植,而丘陵山区实施机械化作业的难度较大(郑旭媛和徐志刚,2017)。

(四)政策因素

农业政策作为我国农业发展的指挥棒,对农业发展起着重要作用。2004 年实施农机具购置补贴、农民直接补贴、粮食最低收购价政策,2006 年取消农业税,2008 年实施临时收储政策,以及 2014 年实施目标价格政策等一系列农业生产促进性补贴及粮食价格支持政策,不仅对提高农民种粮积极性、扩大粮食播种面积作用明显,而且有利于促进区域农作物结构调整和农业生产布局优化。如果说经济作物种植结构的变化更多地受区域经济发展水平、居民收入水平、消费结构改变、市场供求变化的调节和影响,则粮食作物作为保障我国 14 亿以上人口粮食安全的物质基础,其播种面积的调整是政策重点关注的内容。我国先后启动的粮食最低收购价格制度(2005 年启动早籼稻与中籼稻的最低收购价格制度,2006 年启动小麦的最低收购价格制度,2008 年启动玉米的临时收储制度)对不同区域的农业种植结构造成深远影响。有研究表明,粮食主产区享受最低收购价格的粮食播种面积比例显著提升,而非主产区则显著下降(田旭和张淑雯,2017)。当前,针对粮食主产区的最低粮食收购价格政策可能是造成我国种植结构调整的重要原因之一,且在一定阶段内维持一定的粮食收购价格对保障粮食安全依然必不可缺。同时,以劳动力流入区新疆的棉花生产为例,除了独特的自然地理禀赋外,政府还采用目标价格补贴等政策手段来保护棉农利益,从而保护棉农的种植习惯不被破坏,成为新疆棉花生产不断规模化、集中化发展,产量逐步趋于稳定的重要原因。2007 年国务院办公厅下发的《关于促进油料生产发展的意见》规定:"从 2007 年起,在长江流域'双低'油菜优势区(包括四川、贵州、重庆、云南、湖北、湖南、江西、安徽、河南、江苏、浙江),实施油菜良种补贴,中央财政对农民种植油菜给予每亩 10 元补贴"。这一政策的实施极大地促进了长江流域农民种植冬油菜的积极性,2008 年我国长江流域油菜种植面积比 2007 年增加 80.5 万 hm^2。当前,我国的农业生产依然离不开政策的支持。

(五)社会经济发展与市场需求因素

营养是当前及今后全球粮食安全研究的重点之一,多样性的食物结构是居民保持营养健康的重要基础,而农业与食物生产是多样化饮食的重要前提。近年来,随着收入水平提高、饮食消费习惯变化、膳食营养结构升级,城乡居民消费观念表现为由"吃得饱"向"吃得好、吃得安全、吃得健康"转变[1]。为了迎合城乡居民消费结构的快速升级,满足人民日益增长的健康生活需要,我国作物种植结构及农业生产结构正在不断调整优化,进而使农产品结构和质量尽量适应这一新的消费观念。为了实现满足国民营养健康

---

[1] 数据来源:《全国种植业结构调整规划(2016—2020 年)》。

需求的农业发展目标[2]，各级政府部门均制定了相应的发展战略，并采取了相应的政策措施。例如，《中共中央国务院关于落实发展新理念加快农业现代化 实现全面小康目标的若干意见》《农业部关于促进草食畜牧业加快发展的指导意见》等文件的相继推出，为加快农业"转方式、调结构"，促进"粮饲经"三元种植结构发展，形成粮草兼顾、农牧结合、循环发展的新型种养结构，从源头上保障膳食结构的多样性与高品质农产品的供给提供了政策依据。在当前农业生产率下降、极端气候现象突现、水资源稀缺与土地退化等因素威胁未来粮食安全的背景下，为了追求环境与人类身体健康的双重目标，农业生产需要从动物食品生产转向植物食品生产，尤其是要提供水果和蔬菜，加强农业生产系统的多样性，以保护生态与保障多样化的饮食结构。按照国际粮食安全需求规律及欧美发达国家的经验借鉴，可以预测未来我国粮棉油糖等大宗农产品的需求将增长及其在农业生产中的地位将逐渐下降，畜牧业、水产品、蔬菜、水果和多功能农业将会是未来农业发展的重点（黄季焜，2018）。

在不断推进的城镇化进程中，农业越来越市场化，因而农作物种植结构调整更多地受到作物利润的影响，需求因素特别是价格因素的影响变得更加重要。而价格因素直接反映了市场环境对作物种植选择的激励。农业产品生产是为了消费，大部分要到市场上完成销售才能实现经济价值，农户为了追求经济利益最大化，将会根据市场行情有选择性进行农产品生产，因此市场需求影响农业生产的类型和规模。而任何一个理性的生产者，但凡有不同的选择，一定会比较不同农作物生产的投入和产出效益。

三、生产布局演变趋势

生产布局是农业可持续发展的基础，没有合理的生产布局，就难以实现农作物品种结构与市场需求的适应及发展，难以形成生产生态相协调的区域结构，难以形成合理、科学的耕作制度，进而难以实现农业可持续发展。历史经验说明，我国主要农作物生产总体上遵循比较优势原理，"十四五"期间主要农作物生产仍然会遵循此原理，其生产布局将进一步向专业化、区域化发展。

水稻是我国的重要口粮之一，对粮食安全有着重要的战略意义。当前，我国水稻形成东北平原、长江流域和东南沿海3个主产区。其中，优质粳稻生产主要分布在东北平原，由三江平原、松嫩平原、辽河平原组成，主要包括黑龙江、吉林、辽宁三省；长江流域水稻生产以粳稻为主，包括洞庭湖平原、江汉平原、鄱阳湖平原等地区；东南沿海水稻生产以籼稻为主，包括杭嘉湖平原、闽江流域、珠江三角洲、潮汕平原等地区（《全国优势农产品区域布局规划（2008—2015年）》）。上一轮水稻生产布局发生重大变化主要源自经济社会的重大变革与农作物种植结构内部比较收益的调整。改革开放以前，水稻主产区以长江中下游和东南沿海为主；改革开放以后，经济发达地区的传统种植业不再具有比较优势，东南沿海地区水稻种植面积不断下降，而在东北地区水稻相对于其替代作物玉米具有明显的比较优势，其逐步成为新的水稻主产区，长江中下游地区水稻种植面积保持相对稳定。在经济稳定运行的前提下，未来水稻生产政策的重点仍以"稳定"

---

2 数据来源：《国务院办公厅关于印发中国食物与营养发展纲要（2014—2020年）的通知》；《国务院办公厅关于印发国民营养计划（2017—2030年）的通知》。

为主，布局保持"由南向北"的趋势，最终逐渐形成"一中一北"的结构。长江中下游与东北地区相比，虽具有明显的规模优势和水温光热等自然资源优势，但生产效率优势不明显；而东北地区水稻生产的进一步发展受到水资源与配套灌溉设施不足的限制。随着发展环境变化、农业绿色发展兴起及居民消费需求转变，长江中下游地区可以通过稳定双季稻播种面积来保证水稻生产能力，而东北地区有很大一部分水资源尚未得到充分利用，未来可以通过完善农田水利设施来进一步发掘水稻生产潜力。

玉米是我国重要的粮食、饲料和工业原料兼用作物。近年来，我国玉米种植面积、产量逐年增加，2008年以后产量、进口量和库存量"三量齐增"，反映了玉米供给侧结构的严重失衡。其中，在缺乏比较优势的地区种植是我国玉米供给侧生产布局失衡的重要体现。当前，我国玉米主产区有北方春播玉米区、黄淮海夏播玉米区和西南山地玉米区。其中，北方春播玉米区包括黑龙江、吉林、辽宁、宁夏、内蒙古全部，山西、河北、陕西大部等地；黄淮海夏播玉米区包括黄河、淮河、海河流域中下游，山东、河南全部，河北大部等地，是全国最大的玉米集中产区；西南山地玉米区包括四川、云南、贵州全部，陕西南部，广西、湖南大部等地。2015年国家确定调减"镰刀弯"地区的玉米生产，包括东北冷凉区、北方农牧交错区、西北风沙干旱区、太行山沿线区及西南石漠化区，大力削减非优势产区玉米种植面积，并且取消玉米临时收储政策，积极调整玉米种植相关政策，优化生产布局，经过连续两年调减，玉米种植面积已基本实现调减目标。同时，国内玉米供求形势发生明显变化，生产调减和消费增长同步进行，未来可能会出现供求缺口，长时间来看供求缺口会逐步扩大，玉米价格有回升的可能。整体来看，玉米种植收益相对较高，其他替代作物如杂粮杂豆、马铃薯、花生等市场容量较小，生产效益受到一定影响。在比较效益的作用下，"镰刀弯"地区玉米种植面积可能面临调减动力不足的问题。鉴于我国玉米种植面临突出的结构性失衡问题，未来玉米生产政策风险较高，短期内种植面积可能出现较大波动，长期来看玉米生产的专业化程度、集中程度会进一步提高，并逐步向基础建设完善、农业技术水平较高的地区集中。

小麦是我国的基本口粮，已基本实现全程机械化生产，播种面积、单产和总产保持稳定增长，供求总体基本平衡。小麦生产在我国的分布较广，主产区分别为黄淮海、长江中下游、西南、西北、东北5个地区。其中，黄淮海区以优质强筋、中强筋和中筋小麦为主，包括河北、山东、北京、天津全部，河南中北部等地；长江中下游区以优质弱筋、中筋小麦为主，包括江苏、安徽两省淮河以南、湖北北部、河南南部等地；西小麦区以中筋小麦为主，包括四川、重庆、云南、贵州全部等地；西北区以优质强筋、中筋小麦为主，包括甘肃、宁夏、青海、新疆全部，陕西北部及内蒙古河套地区；东北区以优质强筋、中筋小麦为主，包括黑龙江、吉林、辽宁全部及内蒙古东部。除自然因素外，制度政策、社会经济和科技生产投入逐渐成为影响小麦生产布局的关键因素。国家针对小麦生产的意见始终围绕"稳定生产"展开，区域布局上要求黄淮海和长江中下游区稳定冬小麦生产；东北的部分冷凉地区、内蒙古的河套地区和新疆的天山北部地区，依托构建合理的轮作体系来恢复局部区域的春小麦生产。我国小麦生产总体将保持稳定，集中度会进一步提升，空间格局上仍旧以中部和黄淮海地区为核心，总体变化不会很大（叶志标，2017）。

我国种植棉花的地域辽阔，覆盖东北、东南、中部、西南、西北地区。20世纪90年代以来，我国棉花生产布局发生较大的变化，生产重心由黄淮海流域和长江流域部分地区向西北内陆新疆地区迁移，新疆的棉花种植面积迅速增加。传统棉花产区的不断萎缩及新兴新疆棉花产区的不断扩大，使得棉花生产集中度显著提高，专业化程度大幅度提升。综合考虑地区间资源禀赋、经济发展水平和技术条件的差异，新疆棉花生产比较优势显著，山东和河北具有一定的资源禀赋优势和综合比较优势，新疆、山东和河北3省份是我国棉花生产的优势产区。未来，我国棉花生产布局将以区域间动态比较优势为基础，逐步向光热资源丰富的优势产区集中。

我国油菜主产省份变化不大，主要为湖北、湖南、四川、安徽、江西和江苏6省。长期以来，我国油菜主产省份具有十分稳定的效率比较优势、规模比较优势和综合比较优势，其中长江流域的油菜主产区始终具备稳定的比较优势。未来，我国油菜生产布局仍根据各地区比较优势向长江流域、华东、华中、西南等优势产区集中。

我国蔬菜产区分为华南区、长江区、西南区、西北区、东北区、黄淮海与环渤海区六大区，优势产区多分布在自然禀赋较好的东部地区。虽然各地区粮食作物的生产结构对蔬菜的生产结构产生了一定影响，但随着农业结构调整的深入推行、地区经济的发展和比较收益的变化，未来各地区结合自身蔬菜生产特色，将充分发挥各自的比较优势。

我国大豆种植主要分布在东北地区、黄淮海流域、长江流域，其中东北地区种植面积占全国的50%以上。我国是世界上最大的大豆进口国，80%的大豆依赖进口，居高不下的进口依赖度决定了我国大豆生产在很长时间内难以摆脱进口大豆的冲击，尽管国内不断出台扶持大豆种植的相关政策，短期内大豆生产受种植业政策调整的影响可能出现短暂上升，但长期内种植面积上涨的空间有限（李顺萍，2018）。

水果生产对自然条件的依赖性较强，较其他农产品具有更显著的地理集聚性，我国水果生产布局存在"西进东退"的现象，未来的宏观发展格局仍然是产销分离和跨区流通。

我国茶叶生产以西南茶区、江南茶区、华南茶区和江北茶区为主导，形成了地域差异明显的分工格局，生产重心整体呈自东向西转移的趋势。其中，山地资源是影响茶叶生产布局的最重要因素，而西部地区大面积的山地资源尚未得到充分的开发使用，因此我国茶叶生产的西移趋势可能会进一步加深。

第四节　种植方式演变的主要驱动因素与趋势

一、种植方式及其演变

（一）熟制与复种指数

改革开放以来，我国农作物复种指数整体呈现波动下降的趋势（图2-9），其中1978~1995年总体呈现上升趋势，复种指数由151%增至157%；1996年由于耕地面积大幅度调整，而农作物总播种面积变化不大，复种指数骤降至117%；1996~2009年复种指数呈现波动趋势；2010~2017年复种指数呈现不断上升趋势，由116%增至123%，但与20世纪80年代相比仍有较大的差距。

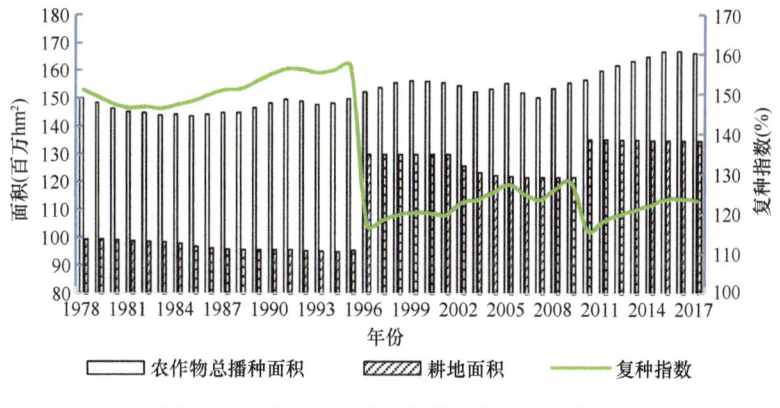

图 2-9 改革开放以来我国的农作物复种指数

我国由南到北的热量差异显著,有一年一熟到一年三熟多种耕作制度,大约有 40%的耕地实行多熟制种植,是耕地复种指数较高的国家之一。近 30 年来,全国范围的种植结构变化表现为粮食作物比例下降,经济作物比例逐步上升,同时粮食作物中双季稻、小麦等作物的播种面积下降,而一季稻等作物的种植面积却不断增加,经济作物中花生、油菜、甘蔗和烟叶等作物的播种面积快速上升,而甜菜的种植面积却大幅减少(李炎子,2014)。大部分省份的种植业结构越来越趋于专业化,如新疆棉花种植面积快速增加,成为我国最大的棉花主产区,广西则大幅增加甘蔗的种植面积,成为我国最大的甘蔗主产区。

双熟区的热量条件为粮田一年两熟提供了可能,两熟制的上茬包括冬小麦、油菜、春玉米,其中多数为冬小麦。1985 年之前,受生产条件与技术水平限制,双熟区主要的复种方式为小麦—玉米、小麦—水稻、油菜—水稻、小麦—棉花及果粮间作等模式;进入 90 年代,由于技术进步及受市场影响,种植方式呈现多样化的趋势,出现了粮经间套作四种四收、五种五收甚至七种七收的高产高效模式,间套作等种植方式的不断丰富,大大提高了土地生产率。

20 世纪 50 年代初期,三熟区进行了以"单季改双季、间作改连作、籼稻改粳稻"的"三改"为主的大规模耕作制度改革。例如,江西进行了"单季变双季、中稻变早稻、旱地变水田"的"三变";浙江进行了"发展连作稻、发展三熟制、发展高产作物"的"三发展"等;70 年代开始逐步推广水田三熟制,麦—稻—稻、油—稻—稻等种植面积逐年扩大;1978 年后种植方式进入局部性调整阶段,没有再进行全面和大范围的耕作制度改革,这一时期的主要特征是增加了高产高效经济作物的种植,压缩了部分不适宜种植双季稻地区的种植面积,复种指数在 80 年代后有所下降,90 年代徘徊在 160%左右。

20 世纪 50 年代中后期,针对我国耕作制度普遍存在的复种指数低、生产力低等多方面问题,农业部提出在全国进行"单季改双季、间作改连作、籼稻改粳稻"的"三改",其中南方地区进行了大规模的耕作制度改革。例如,湖北江汉平原从 1956 年开始进行耕作制度的大改革,水田主要改冬泡、冬闲为冬种,改中稻为绿肥—双季稻;旱地以套种(套作)为中心,棉区推广"麦/棉""油/棉""蚕豆/棉"(黄国勤,2001)。

20 世纪 50 年代至 70 年代后期,我国南方稻区普遍推广双季稻,单季稻改双季稻曾经为保障粮食安全起到很大的作用。进入 80 年代中后期,早晚两季水稻开始改为一季中稻或一季晚稻，特别是 1995 年之后双季稻播种面积开始大幅度下降，而中稻种植面积开始迅速上升（陈风波和丁士军，2006）。

(二) 农业物质投入水平

改革开放以来，我国农业物质投入水平不断提高，生产条件得到改善（图 2-10）。1978~2017 年化肥用量（折纯量）由 884 万 t 增加到 5859.41 万 t，增加量超过 4975 万 t，年均增长率为 17.15%；农药用量由 1990 年的 73.3 万 t 增加到 2016 年的 174.05 万 t，增加量超过 100 万 t，年均增长率为 20%；农膜用量由 1990 年的 48.2 万 t 增加到 2016 年的 260.26 万 t，增加量超过 212 万 t，年均增长率为 25%；有效灌溉面积由 1978 年的 4496.5 万 hm² 增加到 2017 年的 6781.56 万 hm²，增加量超过 2285 万 hm²，年均增长率为 10.32%；1978~2017 年农村用电量由 253.1 亿 kW·h 增加到 9524.42 亿 kW·h，增加量超过 9271 亿 kW·h，年均增长率为 22.77%。

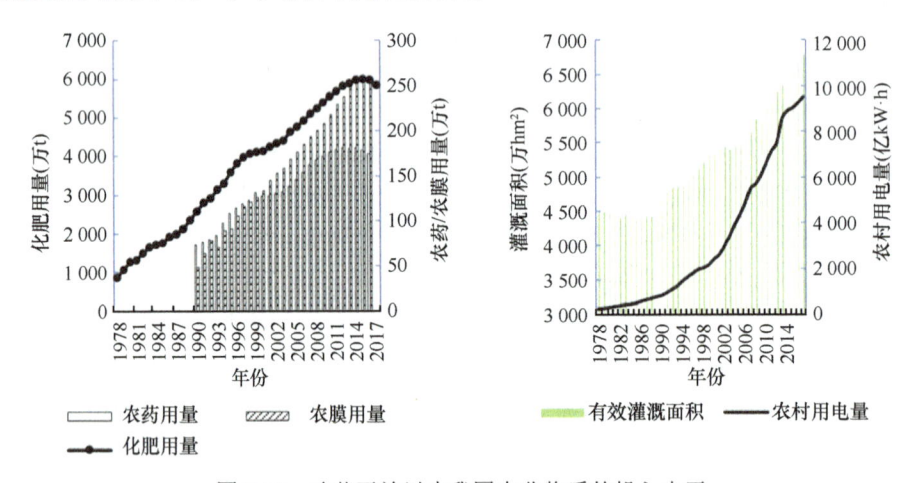

图 2-10 改革开放以来我国农业物质的投入水平

(三) 农业机械化水平

农业机械化水平的提高对解放农村劳动力、提高生产效率和保护生态环境，进而促进农业可持续发展有着重要影响。改革开放以来，我国在农业机械化领域取得了巨大的成就，从全国综合水平来看（图 2-11），1978~2015 年农业机械总动力持续增长，由 11 749.9 万 kW 增至 111 728.07 万 kW，2016 年开始略有下降；从全国机耕水平、机播水平和机收水平的变化趋势来看，机耕水平呈现波动上升趋势，机播水平和机收水平均呈现不断上升趋势，三者分别由 1978 年的 40.9%、8.9%和 2.1%上升至 2012 年的 74.11%、47.37%和 44.4%。

从主要粮食作物的机械化水平来看，改革开放以来三种主要粮食作物的机播水平和机收水平整体呈现上升趋势，表明我国主要粮食作物的机械化水平增长较快，且处于加速发展阶段（图 2-12）。从粮食作物内部结构来看，无论是机播水平还是机收水平，小麦始终高于水稻和玉米，处于领先地位。其中，玉米的机播水平增长迅速，由 1979 年的 8.7%增至 2012 年的 82.3%，年均增长率达 21.9%，远远高于水稻的机播水平；而水稻的机收水平一直高于玉米，且从 20 世纪 90 年代开始迅速增长，由 1990 年的 0.89%

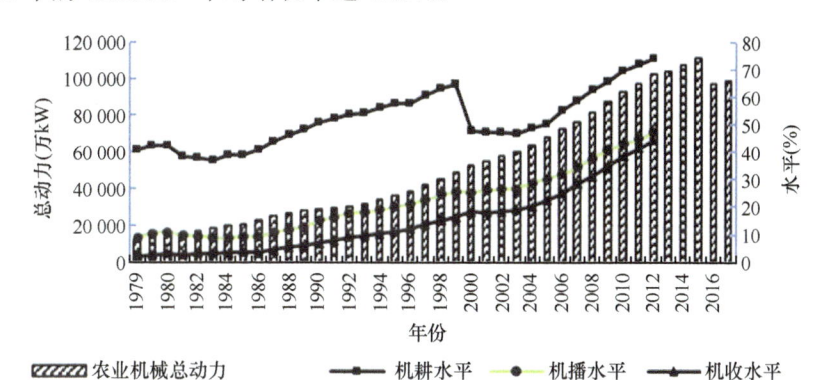

增至 2012 年的 73.35%，年均增长率达 47.9%。

图 2-11　改革开放以来我国农业的机械化水平

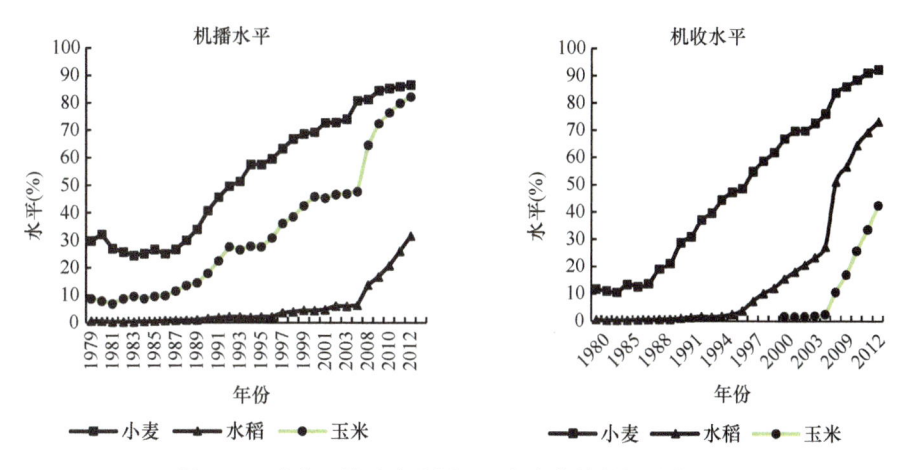

图 2-12　改革开放以来我国主要粮食作物的机械化水平

（四）保护性耕作

面对传统耕作对环境等方面造成的负面影响，保护性耕作被视为一种能促进农业生产可持续发展的技术（王金霞等，2009）。保护性耕作的核心技术包括少耕免耕播种、秸秆覆盖、沟垄耕作、残茬覆盖耕作、以松代翻、化学除草，同时要求采用机械化作业、少用除草剂、保持高产稳产（曹光乔和张宗毅，2008；高焕文等，2013）。保护性耕作不仅可以节约成本，还可能对环境产生许多潜在的有益作用。例如，保护性耕作方式下的土壤具有较高的水分渗透能力，从而可以减少地表径流、降低土壤侵蚀率；土壤表层覆盖秸秆可以提高土壤的有机质含量，能够创造良好的生态、社会和经济效益。我国自 2002 年起以旱作地区为重点推广保护性耕作技术，2014 年应用面积超过 860 万 hm^2，占全国耕地总面积的 6.4%，但总体上仍处于起步阶段[3]。

图 2-13 汇总了我国的保护性耕作面积、机械化秸秆还田面积和机械节水灌溉面积，整体来看三者均呈现上升趋势，尤其是机械化秸秆还田面积增长迅速，由 2005 年的 19 340.99×10^3hm^2 增至 2013 年的 36 998.3×10^3hm^2，年均增长率达 65.1%，且

---

[3] 数据来源：《中国应对气候变化的政策与行动》。

处于加速发展阶段。虽然保护性耕作技术总体上处于起步阶段，但增长速度较快，其应用面积由 2008 年的 $2985.34 \times 10^3 hm^2$ 增至 2013 年的 $7731.36 \times 10^3 hm^2$。而机械节水灌溉面积呈现缓慢增长的趋势，由 1997 年的 $2784 \times 10^3 hm^2$ 增至 2013 年的 $14\,200.19 \times 10^3 hm^2$。

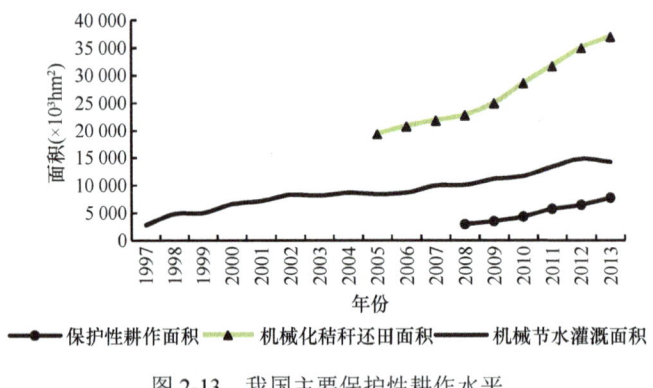

图 2-13 我国主要保护性耕作水平

二、种植方式演变的主要驱动因素

（一）成本收益

通常不同种植方式的成本差异较大，以江西双季稻种植为例，由于机插有成本低、效益高的优势，稻农均愿意采用机插种植方式（吴青香，2018）。蔬菜作为人们日常的生活必需品，其市场化进程要快于粮食作物，在农业生产中占据重要地位。通常大部分蔬菜存在大棚、露地两种生产方式，但不同种植方式的产出水平及成本收益存在较大差异。叶乐安（2007）对上海市郊主要调查蔬菜的平均收益和利润进行分析发现，大棚设施栽培和露地种植蔬菜的成本、收益存在较大差别，大棚设施栽培蔬菜的总收益与总利润分别接近和超过露地种植蔬菜 2 倍，有利于推动菜农选择大棚设施栽培蔬菜。不仅农作物的成本、收益在不同的种植方式下表现出差异，每一种种植方式对应的最优土地规模也存在差异。柯福艳等（2015）基于对浙江蔬菜产业调查发现，在露地种植、混合种植、设施种植三种模式中，露地种植属于低投入、低回报种植模式，设施种植属于高投入、高回报种植模式，混合种植的投入与收益水平介于二者之间；调查结果还显示，有 72.7%的农户采用混合种植和设施种植方式，追求高收益成为多数种植户的重要生产目标；同时，3 种种植模式的平均收益最高值均出现在 $1.33 \sim 3.33 hm^2$ 经营规模的农户中，总收益最高值均出现在高于 $6.67 hm^2$ 经营规模的农户中。我国甘蔗机械化种植比人工种植更具优势，且全程机械化种植方式的优势更为显著，主要为成本和效率优势，比人工种植的效率高 5 倍以上，每亩种植成本能节约 177.15 元，成本、收益上的差异有力促进了甘蔗机械化种植的发展（王水连和辛贤，2017）。

（二）气候、水土资源变化

气候、土地、水资源是农业生产中的三大资源禀赋。我国在土地与水资源稀缺的情况下，通过不断改良品种、提高单产，并在此基础上发展各类节水型、设施型农业生产方式，在很大程度上缓解了资源约束。例如，地处天山北麓的石河子年降雨量仅 180～270mm，蒸发量却高达 1000～1500mm，干旱是这里的常态，在研发出膜下滴灌技术之前，干燥少雨的石河子从未种过水稻，2017 年膜下滴灌技术应用之后，其水稻平均亩产能达到 600kg，最高可达 830kg，高于全国平均水平。可见，膜下滴灌技术的应用使石河子摆脱了气候限制，现已在全国多地大面积应用于 40 余种作物种植。新疆的棉花与番茄灌溉技术中，最重要的是滴灌丸粒化直播种植与水肥一体化技术，不仅有效提高了产量，还减少了虫害，番茄采用滴灌丸粒化直播种植技术后，亩产达到 8～9t，比常规种植的每亩收益提高 50%左右。此外，设施化、模块化种植技术如漂浮农场以及大棚种植、立体化种植等技术的利用，缓解了农业生产对土地资源的依赖，在水面上、耕地资源稀缺的地区提高了空间利用率，形成了"全年无休"的高产农业。

（三）劳动力转移变化

近年来随着社会经济发展，农村劳动力大量转移，农业劳动力明显减少，因此在农业生产活动中，减小劳动强度、节省劳动力的农作物轻型栽培技术越来越受到人们的关注。其中，水稻的种植方式随着农业劳动力的转移发生改变，20 世纪 90 年代以来水稻抛秧逐渐得到应用，而在最近几十年里直播和机械移栽实践越来越多。全国水稻生产中，手栽、抛秧、直播和机插面积分别占全国种植面积的 50%、25%、12%和 13%（孔飞扬，2018）。直播和机插具有省工、省力、节本、高效等优势，是未来水稻种植方式的重要方向。有学者对玉米不同种植方式进行试验的结果表明，翻耕育苗移栽、免耕育苗移栽、翻耕精量直播和免耕精量直播相互间的产量差异均达到显著水平，以翻耕育苗移栽的产量最高，达 8488.5kg/hm^2，以免耕精量直播的投产比最好，达 1∶2.39（潘德怀等，2007）。但是也有学者认为，由于农村剩余劳动力的存在及劳动力的自由移动，劳动力可获性暂时不是影响农户种植方式和种植规模的关键因素（吕美晔和王凯，2008）。

（四）科技创新

党的十九大报告提出了一个重大论断：经过长期努力，中国特色社会主义进入了新时代，农业科技成为主要驱动力量。2007～2017 年，我国农业科技进步贡献率从 47%提高到 57%；主要作物单产的提高幅度分别为：小麦 26%、玉米 11%、稻谷 10%、棉花 31%，水果、蔬菜和畜禽产品生产效率的提高幅度更大；农业装备日益现代化，农业机械化程度显著提高；全国耕种收机械化率从 36%提高到 66%；无人机、物联网等引领性先进技术日益兴起。这大大提高了劳动效率，减少了劳动强度，并且更好地满足了农时要求。

提供可及的优良品种和种植模式的选择为种植方式转变提供了重要的技术支撑。例如，湖北再生稻品种培育与种植模式的推广，极大地推动了区域种植模式的改变，缓解了劳动力投入和生产成本上升的冲击。事实上，随着高效除草剂技术的成熟、早熟高产新品种的育成及劳动力成本的升高，国内外许多地方逐步将传统的水稻移栽种植方式转变为直播栽培。而"双低"油菜优良品种、高油大豆品种的推广及普及，分别使得长江流域扩大了冬闲田的油菜种植面积，东北及内蒙古通过合理轮作适当恢复了大豆的种植面积，进而带动区域农作物种植方式的改变。

三、种植方式演变趋势

未来主要农作物的种植方式主要朝着资源节约型的高效模式发展，即集成型、节约型、高效型种植模式，有望将精量播种、精量施肥、精量灌溉、病虫害综合防治、保护性耕作、机械化收获等10余项农业技术组装集成，以提高农业资源和投入品的使用效率，进而达到农民增收、农业增产的目的。

（一）大宗农作物劳动力节约型

大力提高大田主要粮食作物和经济作物的农业机械化水平，发展农业机械化服务——生产性服务外包，实现作物种植的区域专业化，同时鼓励农户之间连片种植。

（二）资源导向节水型

在资源节约型社会中发展农业，首先要将原有的粗放型水分管理模式转变为节约和高效的水分管理模式。在改进地面灌溉设施的同时，适度发展喷灌、滴灌（如膜下滴灌技术）、微灌、智能灌溉等技术，有效减少输水过程中的水分损失，从而节约灌溉成本，提高用水效率。其次要研发选育抗旱耐旱节水型高产作物品种，推广水肥一体化等措施的综合效果。

（三）设施型

设施型农业通过现代化的工业生产技术及方式，在充分发挥气候与土壤潜能的基础上，为农业提供适宜、可控的生产环境，从而实现农业高品质、高产量、高效益，在节约土地资源的基础上，依靠现代生物、光电、信息化、自动化等技术极大地提高蔬菜、水果等农产品的数量和质量。

（四）用地养地结合型

北魏农学家贾思勰在其所著的《齐民要术》中就有"谷田必须岁易"的记载，指出了作物轮作的必要性。党的十八届五中全会作出了关于开展耕地轮作休耕试点、促进农业可持续发展的决策部署。我国耕地复种指数高，利用强度大，生产负荷重，实施耕地轮作休耕，对培肥地力、调整农业产业结构、促进农业绿色可持续发展具有重要意义。因此，要因地制宜根据不同区域的地形地貌特征，发展多种资源友好和节约型的种植模式，在丘陵山地发展合理轮作和休耕、套种、循环农业、生态农业；在平原粮食主产区发展劳动节约型种植方式和种植技术，对经济作物等高附加值农作物进行技术资本密集的品种改造和种植方式创新。

（五）探索营养牵引型

应适应人民群众日益多样化、多元化的农产品需求，关注"从农业源头解决营养问题"的国际发展态势，把握并及时调整科技创新的方向和重点，从根本上加大基础研究投入，大力培育优质高产及具有特殊营养价值的农作物品种，因地制宜指导优质作物品种的区域化布局和专用化种植，提高农产品品质及附加值，助力农业提质增效。

（六）智慧农业型

未来农业的发展，要求我们加强农业与信息技术的融合，应综合运用信息化、工程化等技术，实现对从生产到消费全过程的高质量、高效率监控和管理，实现传统农业向大农业、信息农业的跨越，因此将现代生物、光电、信息化、自动化技术与传统品种改良与种植技术相结合的智慧农业必将大有作为、大有可为。

第五节 主要科技创新发展方向

一、种植业技术发展的总目标

2049 年，新中国成立 100 周年时，我国将进入中等发达国家行列，建成社会主义现代化强国。2049 年也是习近平总书记提出的实现中华民族伟大复兴中国梦的关键节点。为了实现这些目标，党中央始终坚持科学技术是第一生产力的科学论断，把科技创新作为国家发展的动力，全面实施创新驱动发展战略。2050 年，我国人民已经实现美好生活中"吃"的需求由"量"的增长向"质"的提升转变，农业是有竞争力的农业，农村是生态宜居的农村。随着经济的快速发展，消费者对农产品的需求结构将会发生明显改变，对农业多功能性的需求将增加。技术的发展不仅要助力实现农业、农产品的高质量发展，还将担负起助力环境可持续发展的新使命。在信息化技术、生命科学技术、重大装备技术、集成技术及营养改良技术的共同支撑下，2050 年我国的农业将成为一个具有无限发展空间和潜力的行业，农业经营将不再是"土"的代表，而是令人羡慕和向往的产业。然而，发展机会与巨大威胁始终并存，到 2050 年我国仍然要用世界 9%的耕地、6%的淡水来满足近 20%人口对高质量农产品及农业生态功能、文化传承功能等方面的需求。因此，农业技术取得发展迫在眉睫。

为此，需要对当前农业技术的现状及问题进行分析，制定未来农业技术的发展目标。至 2050 年，农业技术将向更深和更广发展，科学研究取得的重大突破将使农业生产和科学技术发生质的飞跃，现代农业科学在实现学科分化、分工与更新的同时，将走向新的综合与联合。我国种植业技术的总体发展目标是：到 2050 年，通过农业技术科学的重大创新和突破，使我国具备实现农业资源可持续发展、国家粮食总量和质量安全得到充分保障、农业进入传统功能与现代多功能并存的未来新农业所需要的科技支撑条件（邓楠，2001）。

二、当前种植业技术中存在的主要问题

现代农业的发展不再过多依赖劳动力人数的增多，而是更加强调农业科技水平的提高和农业技术人才的培养，但是我国目前的农业科技水平总体偏低，现有的一些农业科技成果也没有发挥出应有的效益，并且农业技术人才匮乏。

（一）种植业机械技术

当前我国的农业机械化水平呈现出稳步提高的趋势，尤其是农村地区，近几年农业机械的应用越来越广泛，从农作物播种到收割全过程越来越多地使用机械，但目前还存在一些问题，如机械质量不可靠，机械作业效率低，部分机械功能单一等。而世界上的主要发达国家如美国早在1946年就基本实现了农业机械化，1954年全面实现了农业机械化，所以我国和一些发达国家相比还有一定的差距。

1. 装备水平与机械化水平不相称

国家统计局近几年的数据表明，我国的农机总动力、联合收割机数量及农机投资总额等指标总体较高，而且不低于发达国家，但是每公顷的平均农机占有量、每公顷的平均农机总投入等指标较低，远远低于发达国家，装备水平和机械化水平不相称。

2. 农机数量与结构不相称

我国农业机械化总体上呈现动力机械多、配套机械少、机械功能单一的特点，大中型和小型拖拉机的配套比分别为1∶1.76和1∶1.50，而发达国家为1∶4和1∶6。我国的小型拖拉机占比高，大中型拖拉机数量少，虽总数多但结构失衡。此外，我国拖拉机的农田作业利用率低，而且远远低于发达国家。另外，我国高新型农业机械缺乏，更新慢。

3. 农机生产能力与研发能力不相称

我国一些农机企业生产的机械设备大多功能单一、适应性差，如同一机械设备无法针对南北方自然条件的不同而同时满足双方需要。另外，大中小型拖拉机等农用机械设备虽然产量很高，但生产水平低，生产方式落后。一些小型的配套农机具质量难以保证，甚至有些乡镇没有农机维修、配件供应服务及小规模机械加工和生产工厂。主要原因还是我国农机研发能力差，技术水平一般（陶金先，2010）。

（二）种植业信息技术

2050年我国农业实现现代化的主要标志之一是实现信息技术在农业中的运用，具体包括基于大数据技术建立农林生态系统中生物、气象和经济的立体数据库；基于全球定位技术建立病虫害发生区域鉴别与预警机制；实现航模及无人机技术在农业生产中的应用；研发出精准农业生产技术等。但目前仍然面临以下问题。

1. 农业信息技术的基础设备不完善

目前农业信息技术的应用范围越来越广泛，随着其不断完善，我国的农业信息化建设将逐步形成一定的规模，但依然存在一些问题，如缺乏应用软件、基础设施不完善、更新慢等，中西部地区尤其明显，基础设施极不完善、计算机等硬件设施老旧和更新慢、网络不发达等严重阻碍了农业政策的传播和市场信息的发布，导致农业信息技术的利用率低下。

2. 对农业信息技术的认识不足

现代社会的发展离不开信息技术，现代农业的发展同样依赖农业信息技术的广泛应用，而农业信息技术取得发展不仅可以提高农业产量，还可以提高农民生活水平，转变农村社会面貌，对解决"三农"问题起到至关重要的作用。受限于分散的细碎化、小规模经营体制，农田基础设施条件等，我国农户采纳新技术尤其是信息技术的动机很弱，因为新技术的投资回报率太低。此外，政府和相关农业部门对农业信息化的重视度不够，导致农业信息技术的发展受阻。同时，部分地区从事农业生产的工作人员依然采用传统方法，不仅效率低下，而且难以适应农业未来的发展道路。

3. 农业信息技术工作人员技能较低

我国是传统的农业大国，农业生产历史悠久，但是小规模经营体制导致农业信息技术应用晚，不仅缺乏相应的基础设施，而且缺乏人才。而人才是农业信息技术发展过程中最活跃的关键环节，由于缺乏专业、科学、经验丰富的农业信息技术人才，我国农业信息化的发展过程受到影响，遇到的问题没有得到有效解决。国家应该重视相关人才的培养，地方要及时引进专业的高学历人才，这样才能为农业信息技术更好、更快地发展提供助力（张泽等，2019）。

（三）种植业集成技术

我国农业要向现代化转型，关键在于农业集成技术得到发展，集成农业不同于以往的传统农业，在农业现代化的要求下，不仅要实现高收益，还具备适应性强、绿色生态的优点。集成农业是我国农业现代化发展的一个趋势，但是在推广普及过程中存在一些障碍，如对农业集成技术的推广重视不足，现代农业装备程度低等，主要包括以下四个方面。

1. 缺乏设施制造体系

目前我国现代农业的装备程度低，缺乏相应的设备制造体系，农业设备生产厂家规模较小，而且缺乏高精技术，因此需要大量引进国外的农业设备，所以在现代农业的发展过程中农业集成技术发挥不了效益。

2. 缺乏专业化施工企业

我国集成农业在生产过程中所需的各种农业机械设备都是农民从不同的厂家购买部件，然后自行组装而成，由于这一系列过程均由农民自行操作，农业机械设备的质量和有效运转难以保障。

3. 与农业生产的相关产业难以配套

我国集成农业的发展模式仅重视传统意义上的农业生产方式，缺少与之配套的农业相关产业链，如农产品运销、加工等。由于相关产业难以配套，农业集成技术的发展很受限（刘一佳等，2018）。

4. 农业集成技术与所在村域的基础设施建设难以整体协调

我国集成农业的发展模式现在仍以小农户为单位，在发展过程中与农村地区的基础设施建设包括村庄规划、道路建设等难以协调，会产生一系列的负外部性，不仅会阻碍集成农业的发展，也会影响农村地区的建设发展。

（四）种植业育种技术

在种植业的生产活动中，农作物种子的质量是实现农作物高产优质的关键所在。因此，农作物育种技术是农业生产活动中的一项关键技术，育种科技人员不仅要有专业的育种知识与技能，还应紧密结合当地的农作物育种现状，分析当下育种技术中存在的不足并提出有效的解决方式。目前，我国种植业育种技术中主要存在以下几个方面的问题。

1. 育种人员的整体技术实力有待进一步提升

我国的育种技术水平总体偏低，育种人员缺乏对相关技术的及时更新学习且育种人才短缺。同时，我国的地形气候复杂多样，不同地区的实际情况不同，加之人多地少的特征，所以育种人员很难根据不同地区的实际情况因地制宜进行大规模的品种改良。目前，我国大部分农村地区的农业选种更多依靠的是经验和运气，有些真正的高产种子缺乏推广。

2. 试验基地的建设质量有待进一步提升

农作物育种试验基地是农作物育种工作的物质载体。但随着当今社会经济发展的加快，城市化过程的明显推进，非农用地征占农业用地的现象严重，农作物育种用地作他用的情况也时有发生。因此，我国农作物育种工作只能在偏远的地区进行，不利于在育种工作中采取最新的科技手段，也不能在第一时间接收育种政策的发布。此外，经过多次的育种实验后，一些基地已经不再适合作为农作物育种试验基地。因此，建设一批新的农作物育种试验基地迫在眉睫。

3. 育种方式单一，育种率有待进一步提升

我国种植业的育种方式比较单一，缺乏创新能力，虽然我国在大力支持育种技术的发展，育种人员也在积极地研究新的育种方式，但是育种率依旧不高，甚至有些高产品种的性状源自经验和运气以及无意识的改良。同时，常规育种技术有较多的限制因素，效率低下。另外，现有的育种材料难以满足育种需要，且品种的适应性差，对自然条件要求严格，不适应异地种植等（房裕东和韩天富，2019）。

（五）种植业营养改良技术

在当前的社会发展过程中，随着生活质量的提高，居民的消费观念发生了改变，对农产品的需求结构发生了巨大变化。长期以来，我国城乡居民的农产品消费以粮食和普通农产品为主，但经过近些年的发展，其农产品消费结构发生明显变化，口粮消费日益减少，肉蛋奶等消费明显增加，并对农产品的质量提出了新要求，因此粮食安全与营养问题愈发重要。在种植业的发展过程中，土地资源是最为重要的农业资源，是农业生产

中不可缺少也不可替代的基本要素。种植业在生产中利用各种自然力的基础就是土地，因此土地的营养状况与种植业所生产的粮食营养状况息息相关。但是当前资料显示，我国农业用地污染严重，尤其是重金属污染严重且污染区域呈现出逐年递增的趋势。重金属污染农业用地不仅造成农作物产量明显降低，还会引发农产品消费者中毒或者患病事件。除此之外，工业用水的不合理排放及农业生产活动中农药化肥的不合理使用造成了农业用地土壤性状发生改变，不仅使得农地土壤肥力严重下降，也使得农产品产量降低、质量下降。

1. 重金属污染对土壤造成污染

近些年，我国城市化进程不断加快，高污染型企业如工矿企业、化工企业、造纸企业等向乡镇搬迁，但由于处理设施不健全，工业废水往往不经过处理就排入附近水体而后用作农地灌溉用水，但这些工业废水包含许多重金属离子，随废水排放后造成农业用地严重污染，同时更多的重金属离子在水体中沉淀并进入地下对地下水源造成污染，进而对农村居民的生活饮水安全构成威胁。

2. 肥料和农药施用给土壤带来污染

当前农业生产技术发展迅速，为了保证和提高农产品产量，农业生产者通常会增加化肥和农药施用量。在农业生产过程中，增加化肥施用量虽然能在一定程度上提高农作物产量，但需要把握好量。而化肥的过量施用不仅会造成农业用地土壤板结，破坏农地原有的土壤结构，还会污染农地附近的水资源。同样，各种杀虫剂、除草剂等农药的使用确实可以杀虫灭草，但过量后会留在土壤之中，进而导致农产品质量安全难以保障。

3. 农民环保意识不够或政策不力

农业用地的使用者主要就是农业生产者，但受自身文化素质的局限，农业生产者在农业生产活动中往往只追求经济效益而忽视农业用地的健康，没有意识到土地可持续利用的重要性，甚至没有意识到土壤污染对人类健康造成的严重危害。此外，政府对农村的农业用地污染现状不了解，不能及时准确地作出相应的防治措施，且农业用地污染的相关法律法规不够健全，不能根据新出现的问题作出及时补充。另外，相关部门对农村的环保问题监管不力，导致高污染企业的生产污水恣意排放，进而造成农业生产用地和农业生产用水污染严重（邱敦莲，2006）。

三、种植业技术的发展方向

（一）提高机械化技术水平

1. 法规更加健全，管理日趋科学

严格遵循《中华人民共和国农业机械化促进法》，保证依法行事、依法办事。各个地区的农业机械管控部门可以借助广播、电视等多媒体手段宣传实行农业机械化时需要严格注意的事项，强化农业生产者的法治意识，为农业机械化的发展提供优良条件。

2. 提高科技创新能力

首先,加强对农业机械化技术的投资力度,建立多渠道的投资体制,以保证农业机械科技研发工作能够持续稳定开展。其次,促进农业机械科技研发部门与农业高等院校、农业机械龙头企业进行交流与联合,不仅能保证农业机械化的创新力量源源不断,也能够大大提升农业机械化科技创新成果的实用性。最后,我国地大物博,种植业所需的农业机械要根据当地的具体情况而定。在进行农业机械化科技创新时,要根据各个地区的具体情况,结合《优势农产品区域布局规划》来具体落实,按照有所为、有所不为的原则,形成各具特色的农业机械化区域,满足农业生产者对机械化技术多样化及收入提高的需求,进而使得各个区域的农业机械化发展与经济发展相协调。

3. 农机服务社会化

所谓农机服务社会化,就是农机专业户或者农机合作社有偿为农户提供包括耕、种、收等环节的农机作业服务,让专业的人做专业的事。农机服务社会化是现代农业发展的一个重要方向,是提高农业专业化、高效化、合作化水平的一个重要支撑,也是实现农业机械化、农业现代化的必然要求。农机服务社会化的实现,首先要实现土地的规模经营,制定合适的土地流转机制;其次要加强对农机合作社的政策扶持,使农机合作社同每一位社员成为利益共同体;最后要重视培养相关人才,引进农机社会化服务专家(王剑屏等,2007)。

(二)提高信息技术水平

1. 增加农业信息技术的资金投入

以家庭为中心进行自给自足的生产是我国农业发展的一种传统模式,当前我国农作物种植大多还是依靠祖祖辈辈积累的经验,对外界最新的种植信息获取较少,不能及时准确地将种植新技术应用到农业生产活动中,将直接影响农产品的产量和质量。针对这一问题,农业相关部门要积极推广农业信息技术,号召各类农业企业积极投入农业信息化建设中。各地的农业相关部门要开设专门支持种植业信息技术的专项资金,并将专项资金的效益发挥到最大化。同时要逐步丰富农业生产者获取农业信息的途径,创建销售农产品的一手网络平台,拓宽农产品的销售渠道,增加农业生产者的农业收入,从而促进种植业信息技术的进一步发展。

2. 加强农业信息技术人员的培训

当前我国农业信息技术人员的专业能力不足,需要持续加强其专业技能培训,尤其是在农村地区,乡镇的农业相关部门需要加强学习,组织培训,并同农业类高校合作,以培养更多的专业技术人才,不断提升农业信息技术人员的专业素质,使其掌握更多的专业知识并提高业务能力,从而为农业现代化提供更好的服务。

3. 实现农业信息一体化

实现农业信息一体化,首先要整合各部门资源,构建农业信息一体化平台,为农业部门或者农业生产者提供完整高效的技术保障。其次要加强农业高校与农业企业的合作，将科学理论知识与实践经验相结合，以不断提高农作物产量。最后要借鉴国外先进经验，结合国内实际情况，因地制宜推动农业信息一体化的持续发展（陈少林等，2019）。

（三）提高集成技术水平

1. 将集成技术转化为农业设施装备或生产力的物质形式

种植业生产技术与设施装备相配套是集成农业的一个重要特点。种植业的机械装备是农业集成技术与农业现代化水平的显示器，离开设施装备，农业生产技术便成为空谈。种植业集成技术是物质性的技术，需要通过物质性的农业生产资料（农机设备、化学农药等）和农业环境资源得以实现。

例如，区块链是一种供参与者共同记账的信息技术，可支持产品或服务相关数据的数字化储存和跟踪，从原始生产阶段一直覆盖到最后实时到达消费者手中。改变的活动被记录为一个信息区块，产生一个价值链上各方都能看到的唯一时间戳——字母数字密码。账户可分配信息（以区块的形式），但信息本身不能变更。链上交易记录采用的是无法作弊的总账，账户中记录了交易相关的全部或部分信息。区块链技术提高了产品从生产到销售全程信息的透明度和可追溯性，也加强了交易各方的彼此信任。消费者可获取整个价值链上的多种信息，从而激励价值链上各方共同生产更可持续、更高质量、更加安全的产品。

2. 完善农业科技集成政策

第一，资金及财政金融价格政策。要制定合理的农业科技金融合作价格政策，引导各类金融机构和民间资金参与园区科技的一体化转型。第二，农业集成技术与机械设施融合政策。在没有任何相关政策说明的情况下，农业集成技术转化为农业机械设备会缺少方向上的指导，转化边界不清晰，因此必须完善农业科技集成政策，否则农业科技园区不可能推广其先进的农业技术。第三，集成农业是集农民、村庄和农业科技园区于一体的现代农业，农民、农村是农业集成技术推广的最终对象和基本要素，要以此为基点着手解决"三农"问题，把农业集成技术与农民、村庄相结合。

3. 拓宽农业集成技术推广普及道路

走集成农业科技设施推广普及之路，坚定不移地改变当代农业科技的传统普及方式，是当前发展集成农业的一项重要措施。集成农业的基本要求是以设施装备为物质条件实现现代农业集成技术的普及。因此，农业科研院所成为集成农业发展的首要环节，即农业科研院所必须把试验场地、种植场地、居民餐桌综合为一体，在种植业生产过程中应用由农业技术集成创新所形成的设施，同时使农业集成设施的性能稳步提高。当农业集成设施的性能和质量得到改善时，其便会得到大规模生产，进而使相关设施和技术得到广泛普及。将种植业集成技术转化为一项农业技术的创新是当前情况下对种植业集成技术认知的质的转变。在原有的农业科研创新活动无法良好应对种植业发展状况时，想要拓宽农业科学技术推广普及的道路，必须确立农业集成技术的核心地位。

4. 完善现代集成农业制造制度

种植业的基础设施及装备制造是我国发展现代农业的重要一环，而发展集成农业可以大力提升现代农业的设施制造水平，因此必须在相关的制度层面保证并促进其健康发展，同时设立并逐步发展多业并举的先进的农业设施制造制度（刘一佳等，2018）。

（四）提高育种技术水平

农作物产量能否大幅提升与其育种工作息息相关。因此，从事育种工作的相关人员应以当前农作物育种中明显存在的问题为立足点，采用切实有效的方法加以解决，在农业生产活动中做到能真正提高育种工作的效果，研发出更加契合当地种植业发展状况的优质良种。

1. 制定科学合理的育种目标

任何工作都必须制定目标，育种工作也要提高目标意识，只有明确目标，才能为育种工作提供源源不断的动力。所以在育种进程中，应坚持种植业对品种的需求这一目标，使抗病性、合格性与高产性相适应，并仔细考量作物群体结构，对育种作物类型进行精心设计，找到高产量培育优质种子的途径，切实提高育种工作的水平，从而最大化地避免无目标的选择，为种植业育种优质率的提高打下坚实基础，有效提高育种成功率，实现种植业的优质育种目标。

2. 育种手段多元化，提高农作物品种的丰产性和增产潜力

传统的育种方法如单交、双杂交、循环选择等，在目前及今后的很长一段时间内仍是选育新品种的重要途径，也是最主要的育种方法。然而，仅依靠传统育种方法已经远远不能满足当前的作物育种需要，因而杂种育种成为种植业提高产量的重要方法。虽然当前的育种科学技术发展快速，但育种工作中的基因工程、细胞工程等生物工程技术决不能脱离传统的育种方法，而应与其紧密结合，补齐其存在的短板和不足，从而培养出具有突破性进展的优良种植业品种（房裕东和韩天富，2019）。

（五）提高营养改良技术水平

20世纪粮食单产的1/2、总产的1/3来自化肥的贡献，如果停止使用化肥，全球作物产量将减少50%（中国可持续发展研究会，2016）。

1. 改良土壤营养程度

一是严格控制氮肥使用。土壤酸化的主要原因之一是氮肥使用不合理。硫酸铵作为酸性肥料，使用之后会使土壤的酸度增加、营养流失。施用碳酸氢铵后，肥料之中的氨气大量挥发，不利于农作物的生长发育，因此尽量不要在种植过程中大量使用硫化铵和碳酸氢铵。在施用氮肥之前，应快速测量土壤的氮含量，依据得到的结果合理使用肥料。二是推广土壤计量施肥技术。土壤计量施肥技术是在遵循作物需肥规律及施肥效果，并在恰当施用各种肥料的前提下，对所使用肥料的品种和数量、施肥年限进行分析并提出氮、磷、钾等元素测定方法的技术。经过数年来的推广实践，证明土壤计量施肥技术是可行的，这样的肥料施用方法可以使作物获得充分合理的养分，并能有效提升肥料的利用率，从而使农作物产量得到提高。因此，为了减少肥料用量，提高农业用地的土壤活性，降低种植业用地的污染程度，应切实推行土壤计量施肥技术。三是增施有机肥料。有机肥的使用可以有效改善农用土地的生物学特性，提高贫瘠土壤的耕作利用率，改善农用土地的保墒保水性能，调节土壤的水力、肥力、热度等情况，从而有利于农作物的生长发育，因此增加有机肥料的投入量能切实提高土壤的营养程度。

2. 加强生物肥料研发与应用

生物肥料是一类通过微生物生命活动及其产物使农作物获得特定肥料效果的微生物活体制品，具有生产成本低、效果好、不污染环境等特点，施后不仅能增产，还能提高农产品品质，是促进农业可持续发展的重要抓手。一方面，生物肥料可以改造中低产田，而我国现有耕地的78%属于中低产田。据FAO估算，自然界的生物固氮量约为2亿t/年，其中豆科植物根瘤菌贡献65%～70%。另一方面，生物肥料可以提高农产品品质、抑制土传病害、增强作物抗逆性。据研究，生物肥料可以促进农作物中硝酸盐的转化，与普通化肥相比，可以使农产品中硝酸盐含量降低20%～30%，维生素C含量提高30%～40%，可溶性糖提高1～4波美度（中国可持续发展研究会，2016）。

3. 解决农村土地重金属污染问题

重金属污染不仅会造成土壤中有害物质含量过高且不易降解，影响作物生长，而且会渗入地下，对人类健康和食品安全造成威胁。所以，综合治理重金属污染对维护生态环境、食品安全至关重要。首先，环保部门要严格要求乡镇工矿企业的重金属排放量，对于污染较大的行业或企业责令整改；其次，相关行业如冶炼、机械等要实行技术改革，优化生产方式，规范污染物排放，提高工业污染物综合利用率。最后，对于已经污染的土壤，要采取适当的工程治理措施或物理化学修复方法进行修复，如安徽铜陵铜尾矿与澳大利亚合作，通过种植耐重金属的植物进行修复后，可以作为非农业耕地，效果显著。

4. 提高农民环境保护意识

农村地区的教育水平偏低，导致大多数农民的文化水平不高，环保意识薄弱，而且农村地区大多为中老年人口，农业生产和生活大都以粗放型为主，对污染问题的重视不够。所以相关部门要加强农村地区的环保宣传工作，引导农民科学合理种田，节约绿色生活，向农民介绍各种污染物的来源和危害，鼓励农民保护环境和监督企业的污染物排放，增强农民的环保意识。

5. 落实各项法规、政策和治理技术

目前我国环境问题日益严重，应该持续加强其综合治理工作。首先，必须制定更加明确的行业法规，对于存在环境问题的企业要严格管控其污染物排放量，如对于存在废水污染的企业严格把控其废水排放量，目的是从源头上减少乃至杜绝污染物的产生。其

次，加强对违规排放企业的惩治力度，如对环境造成重大污染的企业要追究其法律责任；对在生态环境保护工作中具有积极表现的企业或个人给予经济上的奖励和补贴。最后，加大土地污染治理技术的资金和人才投入。例如，借鉴国外经验，加强国际合作，引进国外土壤污染治理新技术、新方法，并根据我国土壤污染的现状和特点加以推广应用（史玉淼和李静，2014）。

第三章　中国种植业生产方式与发展趋势

第一节　农业机械化的发展情况

机械化是推进农业发展的关键手段，也是衡量农业综合生产能力的重要指标。在我国农村劳动力大量转移，农村空心化、老龄化、女性化日益严重的情形下（路玉彬等，2018），用机械代替人力进行农业生产就成为必然趋势。

一、农业机械化的总体情况

（一）农业机械持有量总体呈上升趋势

由表 3-1 可知，我国农用大中型拖拉机数量由 1998 年的 72.52 万台增长到 2017 年的 670.08 万台，上涨 8.23 倍，年均增长率达到 12.41%；同时，配套的农具设施数量也增长迅速，年均增长率为 12.19%。从绝对值来看，农用小型拖拉机及其配套农具的数

表 3-1　1998～2017 年我国主要农业机械产品拥有量

年份	农用大中型拖拉机（万台）	农用小型拖拉机（万台）	大中型拖拉机配套农具（万部）	小型拖拉机配套农具（万部）	联合收割机（万台）	排灌动力机械（万台）
1998	72.52	1122.06	120.37	1437.83	18.26	1246.10
1999	78.42	1200.25	132.04	1621.04	22.60	1345.49
2000	97.45	1264.37	139.99	1788.79	26.26	1429.43
2001	82.99	1305.08	146.94	1882.18	28.29	1504.24
2002	91.17	1339.39	157.89	2003.36	31.01	1561.52
2003	98.06	1377.71	169.84	2117.15	36.50	1586.62
2004	111.86	1454.93	188.71	2309.69	41.05	1661.08
2005	139.60	1526.89	226.20	2464.97	48.04	1731.40
2006	171.82	1567.90	261.50	2626.57	56.56	1842.40
2007	206.27	1619.11	308.28	2732.96	63.38	1897.99
2008	299.52	1722.41	435.36	2794.54	74.35	1984.77
2009	351.58	1750.90	542.06	2880.56	85.84	2059.72
2010	392.17	1785.79	612.86	2992.55	99.21	2122.41
2011	440.65	1811.27	698.95	3062.01	111.37	2181.43
2012	485.24	1797.23	763.52	3080.62	127.88	2231.12
2013	527.02	1752.28	826.62	3049.21	142.10	2194.10
2014	567.95	1729.77	889.64	3053.63	158.46	2223.46
2015	607.29	1703.04	962.00	3041.52	173.90	2242.89
2016	645.35	1671.61	1028.11	2994.03		
2017	670.08	1634.24	1070.03	2931.43		

数据来源：国家统计局；排灌动力机械包括农用排灌电动机和农用排灌柴油机

量在 20 年间有明显增加,但年均增长率仅分别为 1.99% 和 3.82%,与中大型拖拉机相比有较大的差异。此外,联合收割机的数量在 1998~2015 年增加 8.52 倍,年均增长率为 12.59%;而排灌动力机械的数量仅上涨 79.99%,年均增长率为 3.14%。整体而言,我国各类产品的数量均有明显增长,但在年均增长率上存在差别,其中联合收割机、农用大中型拖拉机及其配套农具的增速最快,远超其他三类农业机械。

(二)农业机械总动力发展良好

从图 3-1 来看,改革开放至今我国的农业机械总动力总体呈现出上升趋势,年均增长率达到 5.61%,仅有个别年份(2016 年、2017 年)出现下降。1978 年农业机械总动力为 1.17 亿 kW,2000 年上升至 5.26 亿 kW,已是 1978 年的 4.5 倍,2012 年农业机械总动力首次突破 10 亿 kW,并于 2015 年达到峰值 11.17 亿 kW,是 1978 年的 9.5 倍。虽然 2016 年、2017 年有所下降,但仍维持在 9.8 亿 kW 左右。

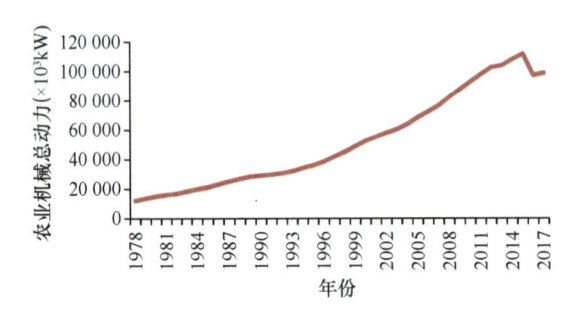

图 3-1 1978~2017 年我国农业机械总动力的变化
数据来源:历年《中国统计年鉴》

(三)农业机械化进入优质高效发展阶段

改革开放 40 年来,我国农业机械总动力先后经历了高速增长(1978~1987 年)、增速放缓(1988~1996 年)、稳步增长(1997~2010 年)、优质发展(2011 年至今)4 个阶段。在改革开放初期,由家庭联产承包责任制带动的农村改革,极大地解放了农业生产力,农民主体开始释放活力,生产积极性空前高涨,农业机械使用主体从政府转向农民,直接推动了农业机械化的发展,因此第一阶段虽然农业机械总动力基数小,但年均增长率最高。到第二阶段,机械总动力的年均增长率下滑明显,一方面是由于包产到户使得农户经营规模减少,大中型机械的使用量骤减(焦长权和董磊明,2018),另一方面与国家、政府对农业机械的投资逐渐减少,而农户投资的作用尚未凸显有关(路玉彬等,2018),因此该阶段农业机械总动力增长缓慢。从 1994 年开始,我国开始实行市场经济,农业机械需求量与市场挂钩,极大地促进了农业机械化的发展;同时,我国农业劳动力转移开始活跃,大量农村劳动力进入非农产业,为填补劳动力缺口,农业机械使用更加普遍。2004 年后,在经济上我国进入工业反哺农业的转折期,在政策方面国家出台了相关法律来促进农业机械化的落实,因此该阶段的农业机械总动力稳步增长。自"十二五"规划实施以来,我国农业机械总动力增速逐渐放缓,在度过农机化发展的"黄金十年"后迈入新的发展阶段。由于农机投入处于饱和状态,仅关注机械数量的扩增已不能满足农业现代化的发展要求,因此该阶段的工作重心势必向提高农业机械化的发展质量和效益转移(江泽林,2018)。

二、农业机械化面临的现实问题

(一)全程农业机械化比例低,机械使用存在薄弱环节

从农户机械配套使用情况(图 3-2)来看,在生产过程中实现全程机械化的农户只占 11.9%,近 90%的农户未实现生产全程机械化。此外,还有 37.62%的农户在三个生产环节均未使用机械。从统计数据来看,样本中有 44.76%的农户用旋耕机耕整土地,有 59.05%的农户用收割机收割农作物,只有 14.29%的农户用播种机播种。在村集体方面(图 3-3),利用机械进行耕整、收割、播种的村集体分别占 59.04%、63.81%、21.9%。由此可见,在粮食生产的不同环节,农业机械化程度具有较大的差别,其中播种环节机械化程度极低,是农业机械化的薄弱环节。

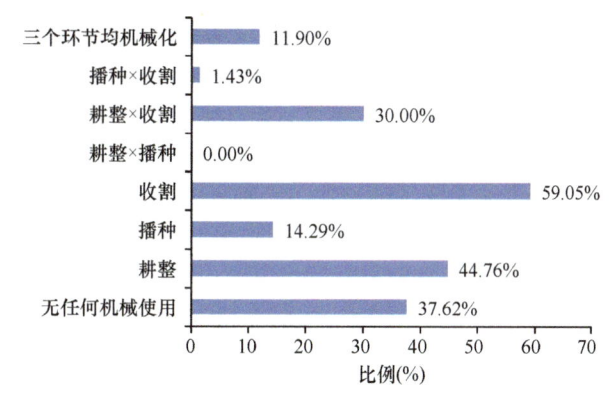

图 3-2 农业机械配套使用情况(农户)

各项目不是整合关系,存在重合部分,因此合计不等于 100%,下同

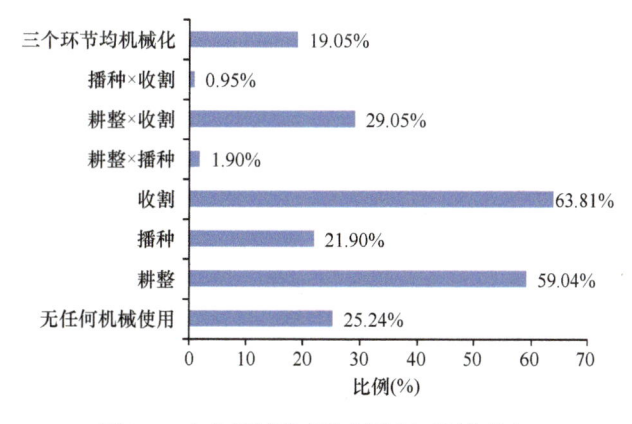

图 3-3 农业机械配套使用情况(村集体)

(二)农业机械生产效率较低且短板明显

从农业机械生产效率的评价来看(表 3-2),机收效率的评价一般,机耕效率的评价

较低，但机播效率的评价最差。总体而言，农户对各生产环节机械生产效率的评价均处于中等偏下水平。

表 3-2 农户对机械生产效率的评价

评价	机耕效率低（%）	机播效率低（%）	机收效率低（%）
非常赞同	18.84	27.94	14.22
比较赞同	17.87	26.47	22.06
中立	33.82	22.06	16.67
不太赞同	19.81	22.06	22.55
非常不赞同	9.66	1.47	24.50

农户认为机械生产效率低的原因主要包括以下几个方面：第一，对于机械耕整而言，地表地形、交通条件和需求特征是影响机械耕地效率的主要因素，尤其是对于山区、丘陵地区的农户而言这些问题更为突出（潘彪和田志宏，2018）。而作业成本、政策支持对机械耕地效率的影响一般。此外，旋耕机的质量和操作难易程度并非关键影响因素，但农机维修服务在一定程度上影响农户对机耕效率的评价（表 3-3）。第二，在机播效率的评价中，地形和规模是阻碍机播效率提升的主要原因，其中认为地表崎岖导致农机作业不便的农户占 72.07%，认为地块狭小导致农机作业不便的农户达到 84.68%。此外，播种机的价格和地块狭小问题也影响机播效率。播种机的质量和操作难度依旧不是关键影响因素，而作业成本、政策支持、维修服务会在一定程度上影响机播效率（表 3-4）。第三，在机收效率的评价中，收割机的质量、供给及操作难易程度对机收效率没有显著影响，而其他因素都会显著降低机收效率。其中，地表地形不适合农机作业对机收效率的影响尤为突出，而农机价格高、作业成本高、政策支持不足、维修服务不到位等也明显降低了机收效率（表 3-5）。

表 3-3 农户认为机耕效率低的原因分析

原因分类	具体原因	赞同程度（%）		
		赞同	中立	不赞同
地表地形	地表崎岖，旋耕机无法抵达田间	81.58	10.53	7.89
	地块狭小，旋耕机作业不便	84.21	9.21	6.58
交通条件	交通不便，外地旋耕机无法抵达本村	63.16	11.84	25.00
	无机耕道设施，旋耕机无法抵达田间	76.32	13.16	10.52
农机特征	旋耕机价格高，购买能力有限	75.00	17.11	7.89
	旋耕机质量较差，甚至导致减产	26.32	36.84	36.84
作业成本	作业成本高，外地旋耕机不愿过来	44.74	39.47	15.79
作业技术	农机操作难度大，安全事故频发	27.63	47.37	25.00
政策支持	国家对适合本地的旋耕机缺乏补贴	39.47	36.85	23.68
维修服务	农机维修服务不到位，购机意愿低	47.37	18.42	34.21
需求特征	耕地较少，外地旋耕机不愿过来	73.68	19.74	6.58

注：为使分析直观方便，将非常赞同和比较赞同选项合并为赞同，不太赞同和非常不赞同选项合并为不赞同，下同

表 3-4 农户认为机播效率低的原因分析

原因分类	具体原因	赞同程度（%）赞同	中立	不赞同
地表地形	地表崎岖，播种机无法抵达田间	72.07	12.61	15.32
	地块狭小，播种机作业不便	84.68	9.01	6.31
交通条件	交通不便，外地播种机无法抵达本村	51.35	21.62	27.03
	缺乏专业道路设施，播种机无法抵达田间	54.95	21.62	23.43
农机特征	播种机价格高，购买能力有限	65.77	16.22	18.01
	播种机质量较差，甚至导致减产	24.32	27.03	48.65
	市场上买不到适合本地的农机	40.54	34.23	25.23
作业成本	作业成本高，外地播种机不愿过来	50.45	30.63	18.92
作业技术	农机操作难度大，安全事故频发	23.42	45.05	31.53
政策支持	国家对适合本地的播种机缺乏补贴	34.23	35.14	30.63
维修服务	农机维修服务不到位，购机意愿低	45.95	37.83	16.22
需求特征	耕地较少，外地播种机不愿过来	66.67	18.92	14.41
	秧苗（种子）不统一，无法开展机播	50.45	19.82	29.73

表 3-5 农户认为机收效率低的原因分析

原因分类	具体原因	赞同程度（%）赞同	中立	不赞同
地表地形	地表崎岖，收割机无法抵达田间	87.84	6.75	5.41
	地块狭小，收割机作业不便	93.24	4.05	2.71
交通条件	交通不便，外地收割机无法抵达本村	67.57	14.86	17.57
	缺乏专业道路设施，收割机无法抵达田间	74.32	20.27	5.41
农机特征	收割机价格高，购买能力有限	77.03	18.92	4.05
	收割机质量较差，甚至导致减产	37.84	35.14	27.02
	市场上买不到适合本地的收割机	33.78	51.36	14.86
作业成本	作业成本高，外地收割机不愿过来	51.35	41.89	6.76
作业技术	农机操作难度大，安全事故频发	37.84	45.94	16.22
政策支持	国家对适合本地的收割机缺乏补贴	66.22	17.56	16.22
维修服务	农机维修服务不到位，购机意愿低	71.62	12.16	16.22
需求特征	耕地较少，外地收割机不愿过来	71.62	18.92	9.46

综上所述，地形限制、交通设施不完善和耕地细碎化是影响机械生产效率最为严重的几个短板问题，并且影响覆盖到农业生产的每个环节。此外，农业机械化发展还存在可持续性不强的问题，尤其体现在农机服务不到位、农业机械技术创新活力有限、国家支持力度不足等方面，这也是今后推进农业机械化需要着力解决的重要问题。

（三）专业农机服务供给不足，不能满足农户需求

从农户需求来看，没有农业机械的农户对农机服务的需求比较大。在样本农户中，有七成没有旋耕机，但其中有 28.85%在耕整环节使用了机械。类似的情况还发生在播种和收割环节，在不拥有播种机和收割机的农户中，分别有 11.00%和 52.87%使用了相

应机械。除此之外，拥有农业机械的农户仍然需要购买相关的农机服务来完成农业生产，尤其是对于收割工作而言，需要农机服务的农户较多（表 3-6）。由此可见，农户对农机服务具有较大的需求，尤其对于那些没有经济实力购买农机的农户而言，购买农机服务是完成机械作业的有效途径。

表 3-6　农户持有农机时的机械生产需求（%）

分类	利用自有机械	租用别家机械	购买农机服务	自有机械和购买服务结合
持有旋耕机的农户	78.13	12.50	6.25	3.12
持有播种机的农户	66.67			33.33
持有收割机的农户	18.18	33.33	39.39	9.10

从目前农机服务的提供情况来看，63.81%的农户在村内可以找到提供机械作业服务的专业户，专业户提供耕整、播种、收割作业服务的可能性分别为 79.85%、28.36%、53.73%。这些专业户的服务对象大多集中在县内，能为本村、本乡镇、本县提供农机服务的比例分别为 15.91%、52.27%和 26.52%，能够提供省内和跨省农机服务的比例不到 8%。还有近四成的农户不能轻松地获得相关的农机服务，其需求尚不能得到满足。在耕整、播种、收割等环节，农机服务结构并不平衡，且农机服务多集中在本地。

（四）农户对农机的购买意愿和支付意愿偏低

图 3-4 反映了样本农户对小型机械的购买意愿。可以发现，农户目前的购买意愿并不强烈，并且对农机的支付意愿还与其购买意愿有关。当农户具有非常强烈的农机购买意愿时，其能给出的最高支付价格也比较高，其中有 38.46%的农户愿意购买价格在 2 万元以上的小型农机（表 3-7）。随着农户对农机的购买意愿不断下降，其支付意愿也逐渐降低，Pearson chi2 统计值通过了 1%的显著性水平检验。在目前农户购买农机意愿不高的现实情况下，其支付意愿也不会太高，大多集中在 0.5 万元或 0.2 万元以下。

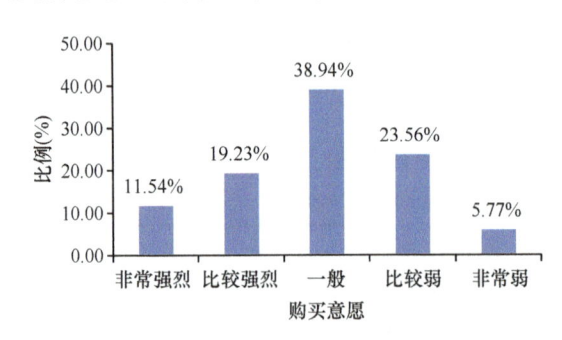

图 3-4　农户对小型农业机械的购买意愿

（五）农机装备仍有较大的改进空间

大部分农户认为农机使用的钢材和整体质量较好，对目前农机的行走速度表示肯定，但认为农机耗油量偏高，只有 16.99%的农户表示可以接受目前的耗油量，其余农户则希望耗油量能更低。在操作过程中，分别有 41.26%和 35.92%的农户认为农机在遮阳挡雨、灵活转弯辅助功能上还存在不足。在农机作业质量上，存在深浅不一（54.37%）、有遗漏（74.76%）的情况，并且有 41.26%的农户认为机械作业可能会导致田地损伤。此外，通过统计数据还发现，利用机械进行生产在很大程度上节约了人力，但对提高作物产量及节约种子、肥料、农药等物资并没有突出的效果。近半数农户对农机频繁故障持中立态度，说明故障频率并不高；在故障发生后，维修时间一般在农户可接受范围内（超 70%的农户表示可以接受）；但有 44.17%的农户认为维修成本非常高；农机维修点距离远、维修服务不到位、缺少重要配件等问题也是农户对目前农机服务评价低的原因。

表 3-7　农户购买意愿与支付意愿交叉表（%）

购买意愿	支付意愿金额				
	0.2 万元以下	0.2 万～0.5 万元	0.5 万～1 万元	1 万～2 万元	2 万元以上
非常强烈	23.08	15.38	11.54	11.54	38.46
比较强烈	22.50	35.00	35.00	5.00	2.50
一般	37.04	39.51	13.58	7.41	2.46
比较弱	61.23	22.45	10.20	6.12	0.00
非常弱	66.67	8.33	8.33	8.33	8.33

注：Pearson chi2 统计值为 79.941，并在 1%显著性水平通过检验

尽管目前我国农业机械化生产已取得较大的成就，农户对机械生产也持肯定的态度，但农机生产装备尚存在一定的缺陷，可以通过进一步的研发来完善相关功能，如降低耗油量，减少农户额外支出；增加遮阳挡雨、灵活转弯等辅助功能，提升农户满意度；加快技术更新，减少机械作业带来的负面效应，保护好脆弱的小农生产；完善配套设施与服务，解决农户的后顾之忧。

三、农业机械化的未来展望

近年来，我国推进农业机械化的环境发生了深刻变化，因此对农业机械化提出了新的要求：不仅需要妥善处理好长期以来积累的问题，还要着力提升农业机械化发展的质量和效益。结合上文对目前农业机械化现状和存在问题的论述，以下将从五个方面讨论相关政策建议及农业机械化的未来展望。

（一）农业机械化增速放缓，但"减人增机"仍是趋势

从发展阶段来看，我国已经在"黄金十年"完成了农业机械化的大幅度增长，目前农业机械投入趋近饱和，总体来看机械化进程增速平缓，已进入低速增长、稳步推进的阶段，但进一步利用机械代替人力劳动依然是这一阶段的大势所趋。城镇化使越来越多的年轻劳动力跳出第一产业，转而进入第二三产业，农村的空心化、老龄化问题日益严重，农业劳动力和农业人才相对稀缺，原本的劳力工作不得不由机械完成，从客观上推动了农业机械的使用和发展。因此，即使农业机械化的整体增速放缓，但在"四化"协同发展的背景下，"减人增机"仍是趋势。

（二）攻克薄弱环节，农业机械化向全产业链覆盖

针对目前农业机械化的薄弱环节，一方面要通过不断研发创新，使农机与关键环节

的生产活动相匹配，提高农机生产效率，另一方面要做好相关示范引导工作，通过生产大户或合作社的带头作用，以点带面地提高农户在农业各生产环节中使用农机的积极性，强化农户的操作技能，提高农业机械的使用率和使用效果。目前，部分薄弱环节（如水稻插秧、收割，玉米收割等）的机械化生产已取得重大进展，生产大户的带头示范作用也逐渐突显出来，农业机械化的薄弱环节正在被逐渐攻克。此外，随着传统农业生产方式的变迁与发展，我国农业生产包含的内容也逐渐丰富，不仅包括简单的耕作、播种、插秧、收割，还包括植保、排灌、加工、运输等环节。因此，农业机械化还会随着农业生产领域的扩张而不断延伸，不仅使农业生产关键环节的机械使用增加，还扩展了农业机械的应用范围，逐步覆盖农业全产业链。

（三）弥补发展短板，薄弱地区农业机械化步入正轨

对于薄弱地区（山地、丘陵等地）的农业机械化而言，地形限制、交通设施不完善和耕地细碎化是最为突出的几个制约因素。要突破这些制约，一是要针对山地、丘陵的特殊情况，研发、提供一些适合在此类地区进行作业的小型农机，使农机供给跟上农业机械化需求；二是要培育当地的农业机械化服务主体，缓解从外地难以引入农机进行作业的困境；三是针对山地、丘陵地区的交通条件和耕地细碎化特征，开展平整土地、修建机耕道等工作，提高农机作业的便利程度。目前，这些工作正在有些地区积极开展，如针对山地、丘陵地区的特点，加强基础设施建设和适用农机开发，同时大力鼓励本土化农机服务发展，以满足农户的机械生产需求。整体来看，薄弱地区的农业机械化正逐步走上正轨。

（四）农业机械化服务逐渐完善，并向专业化发展

一方面，农业机械化服务将不断完善，不仅体现为服务内容的拓宽，随着农业机械化向全产业链覆盖，服务主体将为农户提供产前、产中、产后一系列的机械化服务工作，还体现为服务范围的扩展，在目前的激励措施下，服务主体必然能从提供小区域范围作业逐渐发展为可以完成跨区作业。另一方面，农业机械化服务必然会朝着专业化方向发展，一是服务主体的专业化，在市场要求和国家扶持下，专门提供机械化生产服务的组织机构数量呈现上升趋势；二是农业机械的专业化，随着现代科技的发展与进步，农机所能处理的生产工作更加精细，专机专用效果明显；三是农机服务人员技能的专业化，在分工原则的指导下，通过培训服务人员的工作专业性不断增强，可为农户提供专业的指导与服务。

（五）农机装备不断升级，智能化成为趋势

上文已表明农机装备尚存在改进空间，为了提高农机工作效率，完善其使用性能，需要结合农业生产的具体环节，不断进行科技创新，增强核心技术的应用价值。在目前的农机研发中，随着整合各项资源进行"产学研"一体化研究的不断深入，已经初步实现基础科研与生产应用的融合发展。因此，针对市场与农户的需求，未来有能力不断更新完善农机装备，从而大幅度增强其有效供给能力。随着科技的不断进步，农业机械化发展还将进入智能化时代。结合信息化数据，将会出现越来越多的高新技术并应用于农

业机械化生产中,不仅可以代替劳力完成一些简单劳动,还可以通过判断和分析完成更多复杂精确的生产工作,以弥补人工的不足。因此,智能化是未来农机装备的发展趋势。

第二节 现代高新技术的认知与应用、发展趋势

现代高新技术具有强大的发展动能,用其武装农业对农业高质量发展有重要的意义。但是,目前高新技术企业的涉农比例仍处于较低的水平,2016年涉农高新技术企业数量为6800家,占当年高新技术企业总数的6.54%,到2017年这一占比上升至8.60%,但大多数涉农企业的研发投入仍处于很低的水平,农业领域的高新技术发展与其他领域相比还有较大的差距。

一、现代高新技术的认知与应用

技术进步在我国农业发展中具有不可撼动的地位,是推动农业发展的关键力量。目前,我国高新技术产业发展迅猛,且各类技术逐渐出现,主要包括无人机技术、遥感技术、大数据技术、物联网技术、基因工程技术及人工智能技术等(沈红霞,2018)。但这些技术是否真正地普及到农村,农户如何看待这些技术,都会影响农业的现代化进程。

(一)总体知晓率偏低,高新技术尚未普及

根据农户对六类现代高新技术认知情况的回答,将结果汇报于表3-8中。总体而言,农户对现代高新技术的认知水平较低,绝大多数对这些新兴技术了解甚少。从均值来看,在这六类技术中,无人机技术的知晓率最高,达到50.08%,说明有半数农户听说过这项技术或知道该技术的存在;其次是人工智能技术,知晓率为42.73%;再次是物联网技术和基因工程技术,知晓率均在30%左右;而遥感技术和大数据技术的知晓率最低,均不到25%。

表3-8 不同作物种植户对现代高新技术的知晓率(%)

现代高新技术	作物品种									均值
	水稻	小麦	玉米	棉花	油料	糖料	水果	蔬菜	茶叶	
无人机技术	48.95	57.20	48.32	57.01	44.25	55.65	57.58	43.33	38.46	50.08
人工智能技术	36.29	54.09	44.58	47.66	38.05	47.83	39.39	36.67	40.00	42.73
遥感技术	23.21	28.79	26.04	31.78	21.24	27.83	20.61	15.56	27.69	24.75
大数据技术	22.36	27.24	28.21	30.84	25.66	29.57	28.48	11.11	19.23	24.74
基因工程技术	22.78	32.68	39.25	45.79	29.20	17.39	35.76	28.89	17.69	29.94
物联网技术	27.43	27.24	28.40	28.97	32.30	37.39	42.42	24.44	30.00	30.95

在无人机技术上,水果、小麦、棉花种植户的知晓率较高,均超过57%;随后是糖料作物种植户,知晓率达到55.65%;水稻、玉米、油料作物、蔬菜种植户的知晓率处于一般水平;茶叶种植户对无人机技术最不了解,只有38.46%知道该技术。对于人工智能技术而言,小麦种植户的知晓率最高,是唯一一个超过半数农户都知道的技术;糖料作物、棉花、玉米种植户的知晓率都在平均水平以上;其他作物种植户的知晓率均低

于平均水平。在遥感技术、大数据技术和基因工程技术方面，棉花种植户的知晓率都是最高的，且对基因工程技术的知晓率达到 45.79%，超过均值近 16 个百分点；而糖料作物、蔬菜、茶叶种植户对这三项技术的知晓率偏低，其中有 5 项指标都未达到 20%。最后在物联网技术方面，知晓率最高的是水果种植户，为 42.42%；而蔬菜种植户的知晓率最低，低于均值近 6 个百分点，与最高值有将近 18 个百分点的差距。通过横向分析可以发现，在种植不同作物的农户群体中，最了解无人机技术和物联网技术的是水果种植户，最了解人工智能技术的是小麦种植户，而最了解遥感技术、大数据技术和基因工程技术的是棉花种植户。

（二）农户对高新技术重要性的评价一般

当农户知道高新技术时，对高新技术重要性的评价大多集中在"一般"和"比较重要"两个选项，说明对高新技术有一定了解的农户能切实把握到其对农业生产的重要作用（表 3-9）。有部分知道高新技术的农户认为其对农业生产是不重要的，可能的原因是农户知道高新技术但不了解其完整信息，残缺的信息直接影响了农户对高新技术重要性的判断；此外，如果曾经有过不好的技术使用体验，就会降低农户的技术信任度，从而影响其对高新技术重要性的认知。

表 3-9　农户对现代高新技术知晓情况与重要性评价的交叉分析（%）

知晓情况		重要性					Pearson chi2 统计值
		很不重要	不太重要	一般	比较重要	非常重要	
无人机技术	知道	1.66	11.82	29.06	36.13	21.33	178.488***
	不知道	2.76	17.10	45.66	23.45	11.03	
人工智能技术	知道	0.38	7.41	28.99	42.27	20.95	209.472***
	不知道	1.81	17.41	43.65	25.76	11.37	
遥感技术	知道	1.11	7.31	34.15	36.59	20.84	139.756***
	不知道	2.72	15.82	49.12	23.90	8.44	
大数据技术	知道	0.65	4.96	29.09	32.76	32.54	189.268***
	不知道	2.72	17.00	43.03	26.38	10.87	
基因工程技术	知道	1.05	5.08	19.09	37.13	37.65	292.132***
	不知道	2.73	15.38	43.72	26.87	11.30	
物联网技术	知道	0.73	7.10	21.31	37.34	33.52	212.568***
	不知道	3.97	13.03	47.97	24.17	10.86	

注：***表示 Pearson chi2 统计值通过 1%的显著性水平检验

农户对高新技术的认知情况和重要性评价之间存在正相关关系，并且六类高新技术的 Pearson chi2 统计值均通过 1%的显著性水平检验，说明当农户充分了解高新技术之后，便可以正确理解这些技术在农业生产中发挥的重要作用。目前，农户对高新技术的知晓率低，对高新技术重要性的评价存在偏差，还需要相关政府、企业、村集体等组织共同努力，做好宣传和科普工作，大力推动现代高新技术走进农村、融入农村。

二、现代高新技术的发展趋势

2017 年我国高新技术企业的涉农比例仅为 8.6%，且大部分的涉农企业研发投入占比不足 1%，同时国家缺乏针对农业高新技术企业的认定标准。在农户层面，其对高新技术的知晓率和重要性评价均处于较低水平，可见农业高新技术的研发和应用非常滞后。若要改变当前高新技术的应用困境，需要根据其发展趋势，大力推进高新技术的研发推广。从我们的调查来看，农业高新技术发展呈现以下几个方面的趋势。

（一）以生物技术和信息技术为主导

现代高新技术包括生物技术、新材料技术、信息技术、新能源技术。在农业领域，生物技术和信息技术尤为重要。一方面，在资源与环境的双重约束下，农业生产空间不断被压缩，这就要求利用基因工程等生物技术来突破作物在生长过程中受到的空间限制；另一方面，在分散经营的情况下，需要通过大数据、信息网络等技术快速获取有效信息，以弥补传统农业生产中信息不对称或信息滞后的缺陷。生物技术和信息技术势必会成为农业高新技术发展的主要内容。

（二）绿色化

科学技术的深入发展为社会生产提供了强劲动力，但也对生态环境产生了一定负担。对于农业生产而言，作物生长依赖自然环境的条件和质量，生态环境的不断恶化已为农业发展带来严峻考验。因此，在研发高新技术时不能只考虑经济效益，更要关注其是否符合生态环境保护的要求，要突出绿色清洁的特点，在深化科技含量的同时做到资源节约、环境友好。

（三）简便化

任何高新技术的研发与应用都不能脱离生产实际，农业领域的技术推广对象大多是受教育程度较低、接受能力较差的农户，尤其是在农户对现代高新技术认知程度较差的现实情况下，高新技术的采纳与应用更难实现。因此，高新技术的发展要切实考虑农户在生产应用上的困难，将高深的技术与简单的生产工具相结合，为农业生产提供操作更加简便、适用性更加广泛的现代高新技术。

第三节　农业社会化服务的需求与供给

一、农业社会化服务的战略意义

农业社会化服务即社会上的各类机构为农业生产提供的产前、产中、产后等综合配套服务（陈和午，2004），主要包括农业技术服务、农业信贷服务、农业信息服务、农业机械服务、农机配套服务、农资与粮食存储服务等。学术界已有的研究表明，科学完善的农业社会化服务体系可以降低服务成本，从而提高土地生产率（穆娜娜等，2019）。

（一）农业社会化服务有助于实现乡村振兴

通常各类专业的社会组织机构能够集聚技术、人才、设备、信息和资金等各类要素，进而可以通过整合各类资源为生产经营规模较小的农业生产者提供服务，让其能够享受大规模生产的好处。纵观其他国家的农业发展，无论生产规模大还是小，农业社会化服务体系均在实现农业现代化的进程中发挥着不可替代的作用。在当前乡村振兴的背景之下，农业社会化服务是推进我国乡村振兴的重要因素。

（二）农业社会化服务有助于解放农村生产力

第三次全国农业普查数据显示，2016年全国进行农业生产经营活动累计达30天以上的有31 422万人，与第二次全国农业普查数据相比，人数减少8.7%。由此可见，"谁来种地"的问题成为当前无法回避的问题。此外，"有地不想种""有地不会种""种地用工难"等问题也严重制约农业生产的发展。构建农业社会化服务体系，通过专业化、标准化的市场服务，可有效提高劳动生产率，大大解放农村生产力。同时，种田大户、各类生产组织等经营主体也呼唤更加专业的社会化服务来降低生产成本、扩大经营规模。

（三）农业社会化服务有助于破解小农户与现代农业衔接的困境

可以预见，在相当长一段时间里，小农户仍然是我国种植业发展的重要主体。但经营成本高、经营风险大、交易成本高、技术瓶颈难以突破、抵抗自然风险的能力弱等因素都制约着小农户与现代农业的有机衔接，而农业社会化服务可以有效解决上述问题，是小农户与现代农业之间的天然纽带。

经过多年发展，我国农业社会化服务体系的建设已经取得一定成效，但还存在着龙头带动不强、服务内容不新、利益联结不紧、管理水平不高等问题，尤其是当前的供需结构性矛盾严重制约农业社会化服务的进一步发展（王钊等，2015）。从供给和需求的角度出发，深层次剖析农业社会化服务的供需现状，对提供更加平衡、科学、有针对性的农业社会化服务、破解当前农业社会化服务供需不平衡的矛盾具有重要指导意义。

二、农业社会化服务的供需分析

（一）农业社会化服务需求

调查显示（图3-5），农户对社会化服务的需求较为强烈。农户的需求大小依次为：农业市场信息服务、农产品营销服务、农资供应服务、农业绿色生产技术服务、农机作业及维修服务、农产品初加工服务、农业废弃物资源化利用服务。其中，农业市场信息服务（21.46%）是农户最迫切需要的社会化服务，其次是农产品营销服务，占比达18.04%。

从表3-10可以看出，种植水稻、玉米、棉花、蔬菜、水果的农户，对农业市场信息服务、农产品营销服务的需求较高；种植小麦的农户，对农业市场信息服务需求最高，紧随其后的是农资供应服务；糖料作物、玉米和茶叶种植户对农资供应服务的需求较高。

第三章　中国种植业生产方式与发展趋势

```
农产品营销服务    18.04%        780
农产品初加工服务  10.66%    461
农机作业及维修服务 11.17%    483
农业废弃物资源化利用服务 9.20%  398
农业绿色生产技术服务 12.37%    535
农资供应服务      17.09%       739
农业市场信息服务  21.46%         928
```

图 3-5　社会化服务需求数量及其占比

表 3-10　社会化服务需求表

指标	水稻 需求数量	水稻 占比(%)	玉米 需求数量	玉米 占比(%)	小麦 需求数量	小麦 占比(%)
农业市场信息服务	120	20.27	245	21.51	122	20.20
农资供应服务	97	16.39	213	18.70	108	17.88
农业绿色生产技术服务	73	12.33	127	11.15	90	14.90
农业废弃物资源化利用服务	46	7.77	103	9.04	60	9.93
农机作业及维修服务	81	13.68	99	8.69	70	11.59
农产品初加工服务	64	10.81	129	11.33	59	9.77
农产品营销服务	111	18.75	223	19.58	95	15.73

指标	棉花 需求数量	棉花 占比(%)	油料 需求数量	油料 占比(%)	糖料 需求数量	糖料 占比(%)
农业市场信息服务	64	25.30	102	20.77	50	16.61
农资供应服务	39	15.42	69	14.05	56	18.60
农业绿色生产技术服务	32	12.65	70	14.26	32	10.63
农业废弃物资源化利用服务	26	10.28	52	10.59	37	12.29
农机作业及维修服务	28	11.07	73	14.87	42	13.95
农产品初加工服务	21	8.30	57	11.61	39	12.96
农产品营销服务	43	17.00	68	13.85	45	14.95

指标	水果 需求数量	水果 占比(%)	蔬菜 需求数量	蔬菜 占比(%)	茶叶 需求数量	茶叶 占比(%)
农业市场信息服务	84	22.22	55	26.19	86	24.16
农资供应服务	64	16.93	29	13.81	64	17.98
农业绿色生产技术服务	39	10.32	24	11.43	48	13.48
农业废弃物资源化利用服务	31	8.20	15	7.14	28	7.87
农机作业及维修服务	28	7.41	22	10.48	40	11.24
农产品初加工服务	38	10.05	20	9.52	34	9.55
农产品营销服务	94	24.87	45	21.43	56	15.73

（二）农业社会化服务供给及可得性

从整体上看，农业市场信息服务的供给主体主要为村集体和涉农企业，详细情况见表 3-11。从中可知，被调查农户了解市场行情的主要渠道为村干部和邻居等村集体成员，占比高达 36.57%。紧随其后的渠道是农资店、收购商等涉农企业，占比为 33.37%。值得注意的是，农技人员等政府机构渠道仅占 1.90%，说明政府机关、合作社等公益性服务机构提供农业市场信息服务的作用有待强化。

表 3-11　农业市场信息服务的供给主体

指标	政府机关	村集体	合作社	涉农企业	广播、电视、互联网等	其他
频数	63	1214	49	1108	846	40
比例（%）	1.90	36.57	1.48	33.37	25.48	1.20

根据调研结果（表 3-12），大部分农户可以及时、有效地获得市场信息，不能及时、有效获取市场信息的农户占比达 39.31%，说明仍有部分农户没有办法及时、有效地获取市场信息，农业市场信息服务供给体系建设亟待加强。

表 3-12　农业市场信息服务获取的及时性、有效性

能否及时、有效获取市场信息	频数	比例（%）
是	562	60.69
否	364	39.31

从整体来看（表 3-13），农户销售农产品的途径以商贩为主，农贸市场在农产品销售中占据重要地位；网络平台、政府机构等供给主体基本没有提供农产品营销服务。通过比较农产品营销服务的供给主体可以发现，政府、合作社、网络平台和企业等为农户提供的农产品营销服务非常有限，商贩和农贸市场仍然是农产品营销服务的重要供给主体。

表 3-13　农产品营销服务的供给主体（个数）

供给主体	基本没有	比较少	一般	比较多	基本全是
政府	908	151	67	42	13
合作社	840	146	103	64	22
商贩	198	150	184	334	387
企业	816	187	98	34	56
农贸市场	428	170	197	253	137
网络平台	1021	72	56	18	5

由表 3-14 可知，52.74% 的农户表示周边有加工农产品的小作坊，47.26% 的农户则表示周边没有小作坊；只有 22.49% 的受访者可以在周边获得大作坊提供的农产品初加工服务，剩下的 77.51% 受访者没有办法获得由大作坊提供的农产品初加工服务。农产品初加工服务的供给主体主要是周边小企业，公益性服务组织在农产品初加工服务供给中扮演的角色与受访者期望有很大的差距。

表 3-14 农产品初加工服务的供给主体情况

供给主体	是 频数	是 比例（%）	否 频数	否 比例（%）
小作坊	935	52.74	838	47.26
大作坊	377	22.49	1299	77.51

调研结果显示（表 3-15），合作社、亲朋邻里、企业在农业绿色生产技术服务的供给中都发挥着显著作用。由此可见，在农业绿色生产技术服务方面，农技部门、农协、科研院所等公益性组织是重要的供给主体，起着主导支撑作用，同时企业等营利性组织的作用正逐渐显现。

表 3-15 农业绿色生产技术服务的供给主体情况

供给主体	是 频数	是 比例（%）	否 频数	否 比例（%）
农技部门	1333	77.64	384	22.36
农协	1331	79.61	341	20.39
企业	1355	81.82	301	18.18
亲朋邻里	1426	83.88	274	16.12
科研院所	1384	79.54	356	20.46
合作社	1395	83.99	266	16.01

三、农业社会化服务的未来展望

（一）形成以公益性机构为基础，营利性机构为补充的多元供给格局

为加快农业社会化服务体系的建设，政府一直扮演着主导者的角色，为农业生产经营者保驾护航。公益性社会化服务机构是我国当前农业社会化服务体系的重要组成部分，以公益性机构为基础的农业社会化服务体系已然发挥着关键作用。但从调研结果来看，公益性机构提供的农业社会化服务数量不足、质量参差不齐、形式单一、灵活性差，与农民的期望还有较大差距。但随着农业经济的发展，针对农民的需求，涉农企业、行业协会和各种合作组织等营利性机构提供的农业社会化服务将更加丰富、灵活、周到，从而成为公益性农业社会化服务机构的有益补充。目前，我国以公益性机构为基础，营利性机构为补充的农业社会化服务多元供给格局正在形成。

（二）服务模式不断创新，服务环节继续优化

近年来，我国各类农业社会化服务模式层出不穷，如为了提供全方位的农业社会化服务建立了农技110服务中心和专家大院，为了更易于农民学习开办了田间学校等。我国探索新型农业社会化服务模式的步伐一直未曾停止，如"村集体+中介组织+农户""农业合作社+农户""公司+合作社+农户""公司+村委会+农户"等模式大大缩短了农业社会化服务和农民之间的距离。随着新型社会化服务主体的快速发展，我国农业社会化服

务模式正在不断得到创新：从被动服务到主动服务、从常规服务到个性化服务、从专项服务到综合服务，各种服务模式相辅相成，蓬勃发展，以全方位满足农户的社会化服务需求。

（三）服务信息化、网络化的时代特征正在不断彰显

在乡村振兴的背景之下，我国农产品的区域性品牌建设迫在眉睫，与此同时农户对市场信息服务的需求很高，进而倒逼农产品信息流通平台发展，市场上已经出现了一些"农商对接""农超对接"服务模式，人工智能、大数据、5G时代的到来也为农产品信息流通平台的建设提供了强有力的技术支持，提高了信息的获取、处理和应用能力，可以有效推动农业社会化服务的网络化、信息化发展。

四、农业社会化服务的重要启示

我国农业社会化服务模式的探索要以市场为导向，抓住农户对社会化服务的需求，结合当前相应服务的供给现状，在供需现状中寻找平衡点，进而为不同的农户提供更有针对性、更加多元化的服务。

强化公益性服务机构的支撑作用。首先要完善运营机制，农业社会化服务体系建设是一个系统性的工程，需要各个部门协调合作，通过政策手段形成目标统一、权责明确的分工协作体系。其次要完善利益协调机制，由于农业社会化服务体系的建设既涉及公益性服务，又涉及经营性服务，因此要建立完善的利益协调机制，平衡好各单位的利益，确保农业社会化服务体系高效运转。最后要完善保障机制，将确定农业社会化服务中的薄弱环节和合理的补助标准作为工作重点，不断推动农业社会化服务发展，加快实现农业现代化。

专业化组织是农业社会化服务供给主体的主力军，引进和培育各种新型农业社会化服务组织迫在眉睫。一方面，应该积极引进国内外已经发展成熟的农业合作组织，使其发挥"榜样"作用，引领国内农业合作组织的发展。另一方面，应大力培育农村专业服务人员，成立规模化的服务组织，形成当地的特色品牌。最终以涉农企业、科研高校、专业农业合作组织等主体为基础，形成农业社会化服务供给主体的多元化格局。

第四节　种植业生产与生态环境

一、化肥、薄膜、农药的使用现状

长期以来，我国农业经济的发展依赖化肥、农药、农用薄膜等化学品的大量投入，农业生态环境逐渐亮起了"红灯"，农产品质量问题更是成为人们生命健康与安全的巨大威胁。

从化肥使用强度来看，从2008年的340.88kg/hm^{2}增至2017年的352.27kg/hm^2，年均增长幅度为0.37%，且明显表现出"先增长、后降低"的趋势。其中，2008~2014年为增长阶段，至2014年化肥使用强度达到样本期的最大值，为363.46kg/hm^2，这一阶

段的年均增长幅度为1.07%；2015~2017年为下降阶段，尤以2017年下降最明显，与2016年相比降低1.73%（表3-16）。单从2008~2017年这10年化肥使用强度的变化趋势来看，盲目、大量投入化肥的农业生产方式有所改变，在保证农业总产稳步提升的基础上，减少了单位面积化肥使用量，表明我国化肥利用率在不断提升。但进一步从化肥使用强度的绝对水平上看，目前我国远远高于世界平均水平。《到2020年化肥使用量零增长行动方案》中数据显示，我国农作物亩均化肥使用量是美国的2.6倍，是欧盟的2.5倍。可见，对于我国农业发展而言，持续提高化肥利用率、降低化肥使用强度仍是将来一段时间需要重点解决的问题，也是实现种植业发展与生态环境保护协调的重要内容。

表3-16 2008~2017年我国化肥、农药、农膜使用强度的变化趋势

指标		2008年	2009年	2010年	2011年	2012年	2013年	2014年	2015年	2016年	2017年
化肥使用强度	使用量（kg/hm^2）	340.88	347.35	354.73	356.83	360.81	361.69	363.46	361.00	358.46	352.27
	幅度（%）		1.90	2.12	0.59	1.11	0.24	0.49	-0.68	-0.70	-1.73
农膜使用强度	使用量（kg/hm^2）	13.06	13.37	13.86	14.36	14.73	15.25	15.64	15.61	15.59	15.20
	幅度（%）		2.37	3.66	3.61	2.58	3.53	2.56	-0.19	-0.13	-2.50
农药使用强度	使用量（kg/hm^2）	10.88	10.98	11.21	11.18	11.16	11.02	10.95	10.69	10.42	9.95
	幅度（%）		0.92	2.09	-0.27	-0.18	-1.25	-0.64	-2.37	-2.53	-4.51

数据来源：2009~2018年《中国农村统计年鉴》

从农膜使用强度来看，与化肥使用情况十分相似，从2008年的13.06kg/hm^{2}逐渐增长至2017年15.20kg/hm^2，年均增长幅度为1.70%，整个样本期同样表现出"先增长、后降低"的特点。其中，2008~2014年为增长阶段，至2014年农膜使用强度达到样本期最大值，为15.64kg/hm^2，这一阶段的年均增长幅度为3.05%；2015~2017年为下降阶段，同样以2017年下降最为明显，与2016年相比降低2.50%。尽管近几年我国农用薄膜的使用强度有所降低，但仍处于一个较高水平。同时需要特别注意的是，我国当前农用薄膜的整体标准过低，大规模使用的地膜厚度为4~6μm，而日本使用的地膜一般厚度为15~20μm，这一差异使得我国残膜的回收工作迟迟难以有效推进，最终导致大量农用薄膜残留在耕地中，农用地膜污染也成为我国的三大耕地面源污染之一。

从农药使用强度来看，虽然也表现出"先增长、后下降"的变化趋势，但出现下降的时间较早。具体来看，农药使用强度从2008年的10.88kg/hm^{2}下降至2017年的9.95kg/hm^2，年均下降幅度为0.99%。其中，2008~2010年农药使用强度呈现出逐渐增大的趋势，至2010年达到样本期最高值，为11.21kg/hm^2；从2011年开始，农药使用强度表现出连年下降的良好发展趋势，年均下降幅度为1.69%。进一步从各年的下降幅度来看，农药使用强度的整体下降趋势愈发明显，从最初下降比例在1%左右，逐渐增加至2%，甚至在2017年达到4.51%。从发展趋势上看，我国农药使用逐渐呈现出减量化趋势，但从绝对水平上看，仍处于一个较高水平。《到2020年农药使用量零增长行动方案》提及，目前我国农药平均利用率仅为35%，盲目地使用农药不仅造成农业生产成本的大幅增加，也对农产品质量安全甚至是人们身体健康构成巨大威胁，更为重要的是大部分农药通过径流、渗漏、飘移等流失途径污染土壤、水环境，对农田生态环境造成严重破坏。因此，加快推进农业生产方式转变，提高农药利用率，是实现种植业可持续

发展的必然要求和主要发展趋势。

二、种植业绿色生产的意义

2018年中央一号文件明确提出：要坚持人与自然和谐共生，推进乡村绿色发展，打造人与自然和谐发展的新格局。可见，大力发展绿色生产是促进传统农业转变、实现农业可持续发展的根本途径。

（一）有利于治理农业面源污染

农业面源污染具有治理难度大、治理过程复杂艰巨的特点。化肥、农药、薄膜、除草剂的过量使用和农业废弃物的不合理处理是造成农业面源污染的主要原因。此外，留守的农业劳动力环保意识薄弱，农业面源污染的负外部性特征等也加剧了农业面源污染的治理难度。可见，转变农业发展方式，发展绿色生产是治理农业面源污染的必然要求。

（二）有利于增强对消费者的生态保障

改变传统农业的作业方式，大力发展绿色农业对满足消费者的生态需求具有重要的战略意义。如今我国的主要矛盾已经转变成人民日益增长的美好生活需要和不平衡不充分的发展之间的矛盾。随着人民生活水平的提高，其对绿色、优质农产品的需求日趋迫切。而种植业的绿色生产可以实现我国农业的高质量发展，进而确保农产品质量安全，以更好地满足人民日益增长的美好生活需要。

（三）有利于破解"绿色壁垒"

在当前的国际农产品贸易中，世界各国纷纷加强"绿色壁垒"，而我国应对绿色壁垒的能力不足。一方面是彼此之间的绿色标准不一致，另一方面是应该认识到我国农业生产方式还较为粗放，农产品质量还存在一定问题。为了应对绿色壁垒，提升我国农产品的国际竞争力，种植业绿色生产势在必行。

（四）有利于促进农民收入增长

在我国农村发展进入新时代的背景下，农民出现了收入增长乏力的现状。而实现农民收入持续增长需要把农业绿色发展摆在重要的位置，一方面是由于绿色农产品具有质量高、价格高的特点，农民可以获得较高的收益；另一方面是由于化肥农药减量化等绿色生产方式可以降低农民的生产经营成本。

三、农户对生态环境的认知现状

认知是农户对绿色技术进行采纳的首要环节，可见了解农户对农业生产的认知对实现我国农业绿色生产的重要性不言而喻。调研结果显示（表3-17），38.38%的农户认为化肥施用"比较影响"环境，也有32.93%的农户认为影响程度为"一般"；48.48%的农户认为农药施用"比较影响"环境；39.18%的农户表示农膜使用"比较影响"环境。

表 3-17　农业生产过程对环境造成的影响

类型	非常不影响		比较不影响		一般		比较影响		非常影响	
	频数	比例(%)	频数	比例(%)	频数	比例(%)	频数	比例(%)	频数	比例(%)
化肥施用	34	2.72	199	15.95	411	32.93	479	38.38	125	10.02
农药施用	12	0.96	110	8.81	277	22.20	605	48.48	244	19.55
农膜使用	44	3.53	156	12.50	407	32.61	489	39.18	152	12.18
秸秆处置不当	47	3.77	142	11.38	326	26.12	453	36.30	280	22.43
农药包装袋等废弃物	42	3.3	94	7.53	286	22.92	480	38.46	346	27.72
合计	179	2.87%	701	11.31	1707	27.36	2506	40.16	1147	18.30

从整体来看，认为地下水污染、土壤板结和大气污染"比较严重"的农户占比较大。大部分农户认为水体富营养化和土壤重金属污染的严重程度为"一般"。具体而言，有34.62%的农户表示当前农业生产给地下水带来的污染"比较严重"，只有28.29%的农户表示水体富营养化的污染"比较严重"，同样的认知分布还分别体现在土壤板结和土壤重金属污染方面（表 3-18）。这在一定程度上说明，在农业生产活动中，地下水污染、土壤板结等都是直观的、可以感受到的变化，而水体富营养化、土壤重金属污染不易被感知。

表 3-18　农业生产污染严重程度

类型	非常不严重		比较不严重		一般		比较严重		非常严重	
	频数	比例(%)	频数	比例(%)	频数	比例(%)	频数	比例(%)	频数	比例(%)
地下水污染	68	5.45	250	20.03	388	31.09	432	34.62	110	8.81
水体富营养化	77	6.17	248	19.87	456	36.54	353	28.29	114	9.13
土壤板结	48	3.85	143	11.46	420	33.65	491	39.34	146	11.70
土壤重金属污染	131	10.50	230	18.43	435	34.86	339	27.16	113	9.05
大气污染	100	8.01	199	15.95	354	28.37	375	30.05	220	17.63
合计	424	6.79	1070	17.15	2053	32.90	1990	31.89	703	11.27

在本次调研中（表 3-19），有36.78%的农户认为当前农村生态环境"一般"，35.10%的农户认为"比较好"，然而也有21.24%的农户对当前农村生态环境具有消极的认知，说明当前农村生态环境和农户理想中的状态有很大差距，还有很大的提升空间。

表 3-19　农村生态环境认知

认知状况	频数	比例（%）
非常差	39	3.13
较差	226	18.11
一般	459	36.78
比较好	438	35.10
非常好	84	6.73

农户对绿色生产的认知直接影响其绿色生产采纳意愿和行为，在种植业绿色发展中

扮演着重要的角色。如表 3-20 所示,农户对绿色生产的认知较为乐观,大部分农户对绿色生产的重要性有积极认知。具体而言,48.08%的农户表示绿色生产"比较重要",28.69%的农户表示"非常重要",然而也有 3.45%和 0.88%的农户分别表示绿色生产"比较不重要"和"非常不重要"。

表 3-20 绿色生产认知

选项	频数	比例(%)
非常不重要	11	0.88
比较不重要	43	3.45
一般	236	18.91
比较重要	600	48.08
非常重要	358	28.69

由上述分析可知,大部分农户表示自己有绿色生产意愿,但现实情况显示很多受访者没有绿色生产行为。其中,半数以上的农户表示绿色技术支持对绿色生产行为的开展"比较重要",46.63%的农户认为政策制度保障"非常重要"(表 3-21)。为了解决农户绿色生产"高意愿"和"低行为"之间的鸿沟,可从绿色生产技术培训和政策制度宣传等角度寻找"良药"。

表 3-21 绿色生产政策需求

项目	非常不重要 频数	比例(%)	比较不重要 频数	比例	一般 频数	比例	比较重要 频数	比例	非常重要 频数	比例
绿色技术支持	15	1.20	41	3.29	195	15.63	625	50.08	372	29.81
市场环境建设	23	1.84	43	3.45	302	24.20	492	39.42	388	31.09
政策制度保障	10	0.80	23	1.84	188	15.06	445	35.66	582	46.63
标准化生产	19	1.52	71	5.69	451	36.14	422	33.81	285	22.84
认知水平提升	21	1.68	39	3.13	248	19.87	497	39.82	443	35.50

四、气候变化对农户种植业生产经营的影响

全球大气网的数据表明,工业化时代以来,全球温室气体的排放量持续上升,而气候变化无疑会对种植业生产产生巨大影响。本部分将分析农户对气候变化的感知状况,并探究在气候变化的背景之下,农户为应对气候变化而采取相应措施的意愿。

如表 3-22 所示,39.82%的农户认为近 10 年气候变化"较明显",35.74%的农户表示近 10 年气候变化"明显",24.44%的农户表示近 10 年气候变化"不明显"。在此基础上,本研究选取认为气候变化"明显"和"较明显"的农户进行了进一步分析,结果见图 3-6。39%的农户表示气候变化主要体现为变暖,24%的农户认为气候变化的主要表现形式是干旱增多,20%的农户则认为极端天气是气候变化的主要表现形式。

上述分析表明,大部分农户认为气候变化较明显。从气候变化对种植业的影响来看,78.21%的农户表示气候变化对种植业"有影响",21.79%的农户则认为"无影响"(表 3-23)。由此可见,气候变化对大部分农户的生产经营活动有影响。从气候变化对生产

经营活动的影响程度来看（表3-24），45.39%的农户认为气候变化对种植业"影响较大"，24.59%的农户认为气候变化对种植业"影响较小"，22.95%的农户选择了"影响一般"。

表3-22　气候变化感知状况

感知状况	频数	比例（%）
明显	446	35.74
较明显	497	39.82
不明显	305	24.44

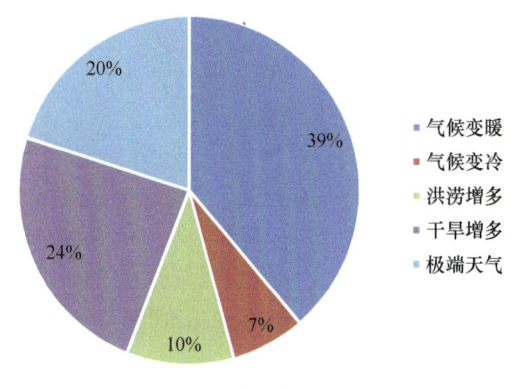

图3-6　气候变化表现

表3-23　气候变化对种植业的影响

是否有影响	频数	比例（%）
有	976	78.21
无	272	21.79

表3-24　气候变化对种植业的影响程度

程度	频数	比例（%）
影响较小	240	24.59
影响一般	224	22.95
影响较大	443	45.39
影响很大	69	7.07

按照意愿高低排序，农户应对气候变化的措施依次为：种植新品种、采用新技术、调整种植结构、修建基础设施、购买农业保险、改善农田周边环境、增加投入（图3-7）。为了应对气候变化，政策制定者可以从增加新品种、研发新技术等角度入手，寻找科学的解决之道。

五、生态环境约束下种植业的发展趋势

（一）粮经饲协调发展

在资源环境约束趋紧、生产成本持续攀升的背景下，必然要求各地根据水、耕地、气候等自然资源禀赋及经济水平、地理位置等社会经济条件，协调好粮食作物、经济作

物、饲草作物的关系，建立科学合理的种植结构。一方面，通过粮经饲协调发展，可以高效科学地利用各种资源，节约自然资源，降低环境负荷；另一方面，通过粮经饲协调发展，可以有效地推进农业供给侧结构性改革，更好地满足人民的生活需求，提高人民的生活质量。

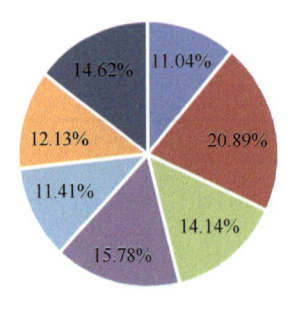

图 3-7 应对气候变化的措施

（二）种养加一体化发展

种养加一体化发展是破解农业生态环境恶化、农民增收困难等重大现实问题的有效手段之一，是种植业发展的重要趋势。发展种养加一体化农业，可以推动农业生产由"资源—产品—废弃物"的线性经济，向"资源—产品—再生资源—产品"的循环经济转变，有效利用农业废弃物资源，减少环境污染。发展种养加一体化农业，可以延长农业产业链，增加农产品附加值，促进农民增收。发展种养加一体化农业，可以通过生产绿色食品、有机农产品和地理标志农产品，打造地方、国家、国际农业品牌，提高我国农业综合竞争力，促进农民增收。

（三）气候智慧型农业迅速发展

在当前自然灾害频发、极端天气时有发生的背景之下，为科学应对自然环境变化，大力发展气候智慧型农业势在必行。气候智慧型农业是对绿色农业、低碳农业、有机农业、环境友好型农业等现代农业发展理念的深化，是高效、减排等农业生产技术的集合。发展气候智慧型农业，有利于持续提高农业生产力和增加农民收入，增强农业抵御气候变化的能力及减少温室气体排放，并增加土壤固碳能力。

（四）专业化的生产格局逐渐形成

农业实现可持续发展，要求形成生产生态协调的区域结构，因此综合考虑各地的资源承载能力、环境容量、生态类型和发展基础等因素，形成专业化的生产格局是必然趋势。从全国来看，"小而全""大而全"的农业生产格局正在被打破，但产业趋同、结构雷同等问题依然严重，各地在确定农业重点发展方向和产品的基础上，正在进行科学合理的农业生产力布局，以做大做强主导产业和优势农产品，从而有力推动地方经济发展。

第四章 中国种植业发展目标与战略

第一节 发展目标

一、2025年目标

到2025年，继续保持粮食安全水平，口粮自给率在95%以上，谷物自给率在90%以上，粮食类农产品自给率在80%以上。农业三大产业融合程度达到较高水平，智慧农业开始起步，生态农业取得显著成果。

二、2035年目标

到2035年，粮食安全水平得到进一步巩固，农业三大产业融合水平达到新高度，智慧农业取得突破性成就，生态农业发展到较高水平。

三、2050年目标

到2050年，食物供给和食品安全得到绝对保障，农业三大产业趋近融合，智慧农业、现代农业和生态农业发展到较高水平，并且三者相互渗透、相互融合。

第二节 发展战略

一、食物安全保障战略

（一）补齐三个短板战略

党的十八大以来，以习近平同志为总书记的新一届中央领导集体着眼于实现"两个一百年"奋斗目标和中华民族伟大复兴中国梦，提出了新形势下"以我为主、立足国内、确保产能、适度进口、科技支撑"的国家粮食安全战略，强调要坚守"确保谷物基本自给、口粮绝对安全"的战略底线。习近平总书记强调，保障国家粮食安全，任何时候这根弦都不能松，中国人的饭碗任何时候都要牢牢端在自己手上，我们的饭碗应该主要装中国粮。这充分体现了中央对我国国情和现代化建设规律的深刻把握，强化了重农抓粮的施政理念和工作要求。

1. 地力建设战略

提升我国粮食综合生产能力，首先要藏粮于地。目前，我国中低产田占耕地面积的2/3，有效灌溉面积仅占一半多一点，靠天吃饭的局面仍未根本改变。而要确保产能，守住耕地红线是重要前提,划定永久基本农田是重要保障,建设旱涝保收的高标准农田是重要途径。因此,要设定耕地、播种面积、水资源利用红线:①到 2020 年、2030 年耕地面积分别维持在 1.21 亿 hm²、1.20 亿 hm²。②粮食播种面积适当调减,但到 2020 年、2030 年必须分别保持在 1.09 亿 hm²、1.05 亿 hm² 以上,单产分别增至 5.895t/hm²、6.75t/hm²;谷物播种面积分别保持在 0.913 亿 hm²、0.907 亿 hm² 以上,单产分别增至 6.405t/hm²、7.17t/hm²。③农业灌溉用水总量实现有限的"负增长",但须维持在 3600 亿 m³ 以上;农田有效灌溉率持续提高,到 2020 年、2030 年分别增至 60%、65%,每立方米水的粮食产能分别提升至 1.8kg、2.0kg。

加强高标准农田建设。建议国家将高标准农田建设目标由 2020 年的 8 亿亩调增到 2025 年的 10 亿亩;建成后高产田和中产田的亩均产能分别达到 500kg、450kg;最小地块规模南方原则上不低于 10 亩,北方不低于 30 亩;水田和旱地的土壤耕层深度应分别提高到 15~20cm 和 30~40cm;农田防灾减灾能力及工程效能总体得到提升。

以国家投入为主开展新一轮大规模农业基础设施建设,加强资金使用监督尤其是第三方监督。其一,对农村高标准农田建设项目从招投标、资金来源、资金使用、项目实施、项目验收等环节实施层层监督,使农村高标准农田建设工作透明化、程序化。农民是高标准农田建设工作中利益最为直接受影响的群体,这就需要切实保障农民事前的知情权、决策的参与权与事后的救济权,以真正体现出决策的透明度与公允度,增强监督力度。高标准农田建设在规划制定初应进行公告,告知群众高标准农田建设计划,并召开规划制定的听证会,积极听取农村群众对高标准农田建设的意见和建议。在实际决策过程中,需要不断提升农民的参与度,为农民提供表达意见的有效方式,并且要明确相关规定。在制定决策时,必须对农民的意见进行全面考虑,以提高农民在决策中的影响力。在决策实际执行过程中,需要赋予农民必要的监督权。其二,强化良田建设资金监管力度。良田建设资金落到实处是一系列优惠政策真正实现预期目标的关键,必须加强良田建设各种来源资金的监管力度。依托第三方资金监管和审计体系,对各省粮田建设资金执行情况进行年度考核,考核结果与下一年度中央财政用于高标准农田建设的资金安排挂钩,并纳入地方各级政府耕地保护责任目标考核内容。加强资金使用管理,对耕地的开垦费、新增建设用地的土地有偿使用费、土地的复垦费等资金进行监管,专款专用、专人专管。其三,发挥专家优势,加强对农民建设良田的技术支持。教育背景和专业知识欠缺使得农民并不知道如何开展良田建设,迫切需要对农民进行专业技术指导。在良田建设的过程中,村干部可以搭建农民和专家联系的桥梁,请专家对农民进行良田建设方面的技术培训。国家可以考虑出台一些对应的政策,鼓励农业大学、农业科学院、农业研究所的专家走进田间地头教农民建设良田。其四,良田建设要与生态环境保护协调一致,防止适得其反。发达国家如日本的高标准农田建设工作经验表明,高标准农田在建设过程中应遵守生态环境基本规律,整治工作与生态环境治理工作同步,加强水土流失、土地盐碱化、土地荒漠化等问题的防治,提高森林覆盖率,保护生物多样性,促进当地经济、社会、生态的协调可持续发展。其五,从田、土、水、路、林、电、技、管 8 个方面协调推进良田建设。农田田块是农产品生产的重要载体,土壤是农作物生长的物质基础,水利是农业的命脉和现代农业建设的首要条件,田间道路是农业生产实现机械化的基本前提,农田林网是防灾减灾的生态屏障,输配电设施是发展现代农业的重要保障，科技进步是农业发展的根本出路，建后管护是确保建成的高标准农田长久发挥效能效益的关键。为此，一是整治田块，提高农田平整度，促进田块集中，优化农田结构布局；二是改良土壤，提升土壤有机质含量，促进土壤养分平衡，改善耕作层土壤理化性状；三是建设灌排设施，改善农田灌排和集蓄水条件，提高水资源利用效率，增强农田旱涝保收的能力；四是整修田间道路，提高田间交通配套水平，提高农业机械化作业覆盖率；五是完善农田防护林网，提高农田保持水土和防灾减灾的能力，改善农田生态条件；六是配套农田输配电设施，提高用电质量和用电安全水平，增强农业生产的电力保障能力；七是加强农业科技服务，健全农田监测网络，提高农业科技服务能力；八是强化后续管护，明确管护责任，完善管护机制，健全管护措施，落实管护资金，确保工程长久发挥效益。

2. 种植业技术开发战略

提升我国粮食综合生产能力，其次要藏粮于技。在耕地、水等自然资源约束日益强化的背景下，粮食增产的根本出路在科技。近些年，农业科技对我国粮食增产的贡献很大，但与发达国家相比还有很大差距。差距就是潜力，今后我国要坚持走依靠科技进步提高单产的内涵式发展道路，给农业和粮食生产插上科技的翅膀，紧紧依靠科技挖掘粮食增产潜力是实现粮食持续增产的根本出路。近10年，我国粮食亩产提高69.6kg，科技进步对粮食增产的贡献率接近70%。而在高起点上实现继续增产，更要发挥好科技的增产潜力，着力抓好新品种、新技术、新机具的推广应用。争取到2020年，农业科技进步贡献率和农作物耕种收综合机械化率分别达到60%和70%。

加快筛选应用一批适宜本地特点、高产优质抗逆性强的新品种。继续大规模开展粮食高产创建，抓好整乡整县整建制推进，集成推广先进实用技术，扎实开展粮食增产模式攻关，促进大面积均衡增产。加快粮食生产全程机械化进程，大力推进农机深松整地作业，进一步发挥农机在科技兴粮中的载体作用。

以国家投入为主健全公益性的种植业科技推广体系。适应农业市场化、信息化、规模化、标准化发展需要，完善体制机制，强化服务功能，提升队伍素质，创新方式方法，促进公益性推广机构与经营性服务机构相结合、公益性推广队伍与新型农业经营主体相结合、公益性推广与经营性服务相结合，加快健全以农技推广机构为主导，农业科研教学单位、农民合作组织、涉农企业等多元推广主体广泛参与、分工协作的"一主多元"农业技术推广体系，为推进农业供给侧结构性改革、加快农业现代化进程提供有力支撑。强化国家农技推广机构的公共性和公益性，使其履行好推广农业技术、防控动植物疫病、监管农产品质量安全、保护农业生态环境等职责，加强其他推广主体的服务和对其进行必要的监管。根据农业生态条件、产业特色、生产规模及工作需要，因地制宜完善农技推广机构设置。创新激励机制，鼓励基层推广机构与经营性服务组织紧密结合，鼓励农技推广人员进入家庭农场、农民合作社和农业产业化龙头企业创新创业，在完成本职工作的前提下参与经营性服务并获取合法收益。完善运行制度，健全人员聘用、业务培训、考评激励等机制。推进方法创新，加快农技推广信息化建设，建立农科教结合、产学研一体的科技服务平台。落实农技人员待遇，改善工作条件，建立工作经费保障长效机制。

引导全国科研教学单位开展农技推广服务。强化涉农高等学校、科研院所服务"三农"的职责,将试验示范、推广应用成效及科研成果应用价值等作为评价科研工作的重要指标。鼓励科研教学单位设立推广教授、推广研究员等农技推广岗位,将开展农技推广服务绩效作为职称评聘、工资待遇的主要考核指标,支持科研教学人员深入基层一线开展农技推广服务。鼓励高等学校、科研院所紧紧围绕农业产业发展,同农技推广机构、新型农业经营主体等共建农业科技试验示范基地,试验、集成、熟化和推广先进适用技术。

支持引导经营性组织开展农技推广服务。落实资金扶持、税收减免、信贷优惠等政策措施,支持农民合作社、供销合作社、专业服务组织、专业技术协会、涉农企业等经营性服务组织开展农业产前、产中、产后全程服务。通过政府采购、定向委托、招投标等方式,支持经营性服务组织参与公益性农技推广服务。建立信用制度,加强经营性服务组织行为监管,推动农技推广服务标准化、规范化。

3. 培育新型经营主体和扶持规模经营并重战略

当前我国农业生产中出现劳动力的结构性短缺,"谁来种地"的问题日益突出。随着农村劳动力大量向非农产业转移,农业兼业化、农村空心化、农民老龄化的问题日趋严重。我国农民工已达到2.7亿人,一些地方农村劳动力外出务工比例高达70%~80%,在家务农的劳动力平均年龄超过55岁。到2020年,我国城镇化率将达到60%,比2013年提高6.3个百分点,农村劳动力加快转移,结构性短缺将更加突出。同时,土地经营规模小,"怎么种地"的问题日益突出。目前,我国农业人口人均耕地2亩多,几乎是世界上最小的,大约是美国的1/200、阿根廷的1/50、巴西的1/15、印度的1/2;现有承包农户2.3亿户,在今后相当长一段时期内,广大承包农户仍将是我国农业生产经营的重要主体,小规模经营的格局不会根本改变。

一方面,在生产条件相对较好、适宜大规模生产的地区,集中生产要素,发展规模经营。通过培育发展种植养殖合作社、引进龙头企业等方式,实现资金、技术、土地和劳动力等生产要素的聚集,以农户、合作社、龙头企业之间的股份合作实现利益深度联结,提高小农户的组织化程度。在稳定农村土地承包关系并保持长久不变的基础上,引导土地有序流转,发展适度规模经营,扶持发展种粮大户、家庭农场、农民合作社、农业产业化龙头企业和社会化服务组织,积极培育新型农业经营主体。多渠道开展农民职业培训,加快培育一大批新型职业农民,重点培训种田能手、农机作业能手、科技带头人、农业营销人才、农业经营人才,同时完善农业支持政策,吸引一部分青壮年留在农村、从事农业。鼓励和支持专业化的经营性服务组织开展供种育苗、农机作业、农资供应、农产品加工及营销等服务,加快构建以农户家庭经营为基础、合作与联合为纽带、社会化服务为支撑的立体式复合型现代农业经营体系。支持农民合作社等专业化服务主体兴建加工储藏、冷链运输等服务设施,开展农机、植保、生产资料配送等社会化服务,培育"代育、代种(栽)、代管、代收"服务模式。

另一方面,在生产条件相对较差、土地零碎的地区,开展多样化的农业社会化服务。相比规模经营主体,小农户拥有的农业生产设施和装备较少,对社会化服务的需求更为迫切,应通过鼓励发展农机合作社、农业技术合作社、农业生产服务企业等专业化和市场化服务组织,推进农业生产全程社会化服务,同时开展土地托管,帮助小农户降本增效。

（二）玉米种植区域性调减与节水技术推广并行战略

华北平原和黄淮海地区是我国重要的玉米产区，也是最主要的小麦产区，但面临水资源不足、地下水超采这一严峻的资源约束问题。相比小麦，玉米植株高大、叶片大且生长期位于气温高的夏秋季节，因而耗水量大，玉米单位干籽粒耗水量约为小麦的2倍。从当前农户生产的实际情况来看，小麦生长期浇灌1次基本上可以确保比较稳定的产量，而玉米生长期通常需要浇灌2次，而且即使浇灌2次仍然不能保证较高的产量。浇灌次数、灌水量和产量波动风险，加上劳动力等各项成本上涨及价格持续低迷，玉米种植的净收益被大幅度压缩，势必影响农户的种植积极性，进而可能引发夏秋季节土地抛荒的现象。

因此，可利用当前玉米产能过剩这一背景，在华北平原分区域轮流推行夏秋季节玉米-牧草"323轮作"（即3年玉米、2年牧草、3年玉米）制度。具体而言，从南到北划分三个地带，按玉米-牧草之间的轮作顺序排列，保障每个年份只有一个区域在夏秋季末种植玉米。利用这种轮作制度，可减少玉米生产对华北平原地下水的消耗。对于牧草种植，给予适当补贴，以弥补农户因放弃玉米种植而损失的一部分净收益。同时在牧草种植期间，采取农户出资与国家补贴相结合的方式，开展玉米种植节水灌溉管道和设施建设工作；亦可鼓励农户适当饲养一定数量的羊，并以轮作牧草地作为饲料来源地。

（三）充分利用两种资源、两个市场战略

把握战略平衡点，适度进口农产品，用好两种资源、两个市场。我国地不足、水不够、资源环境压力大，为满足市场需求，适度进口是必要的。一方面，要做好品种余缺调剂。我国强筋小麦、弱筋小麦、啤酒大麦等专用品种仍供不应求，需要通过适量进口来弥补国内不足。同时，要进口一些国外特色调剂品种，以满足多样化的消费需求。另一方面，要做好年度平衡调节。早在战国时期，魏国丞相李悝就把"平籴法"作为变法的重要内容，其实质就是调节粮食市场和价格，防止谷贱伤农、米贵伤民。农业直接受气候影响，年度丰歉常有，需要通过进出口和库存来调。为适应经济全球化进程，我国需要统筹国际国内两个市场，通过适量进口粮食来补充国内库存，以减轻国内资源环境压力，但要把握好进口的规模和节奏，防止个别品种集中大量进口而冲击国内生产，给农民增收带来不利影响。

二、农业产业融合发展战略

（一）延伸农业产业链

通过多种手段延伸农业产业链。发展农业生产性服务业，鼓励开展代耕代种代收、大田托管、统防统治、烘干储藏等市场化和专业化服务。完善农产品产地初加工补助政策，扩大实施区域和品种范围，初加工用电享受农用电政策。加强政策引导，支持农产品深加工发展，促进其向优势产区和关键物流节点集中，加快消化粮棉油库存。支持农村特色加工业发展。加快农产品冷链物流体系建设，支持优势产区产地批发市场建设，推进市场流通体系与储运加工布局有机衔接。在各省份的年度建设用地指标中单列一定

比例，专门用于新型农业经营主体开展农产品加工、仓储物流、产地批发市场等辅助设施建设。健全农产品产地营销体系，推广农超、农企等形式的产销对接，鼓励在城市社区设立鲜活农产品直销网点。

（二）拓展农业多种功能

加强统筹规划，推进农业与旅游、教育、文化、健康养老等产业深度融合。积极发展多种形式的农家乐，提升管理水平和服务质量。建设一批具有历史、地域、民族特点的特色旅游村镇和乡村旅游示范村，有序发展新型乡村旅游休闲产品。鼓励有条件的地区发展智慧乡村游，提高在线营销能力。加强农村传统文化保护，合理开发农业文化遗产，大力推进农耕文化教育进校园，统筹利用现有资源建设农业教育和社会实践基地，引导公众特别是中小学生参与农业科普和农事体验。

（三）大力发展农业新业态

实施"互联网+现代农业"行动，推进现代信息技术应用于农业生产、经营、管理和服务，鼓励对大田种植、畜禽养殖、渔业生产等进行物联网改造。采用大数据、云计算等技术，改进监测统计、分析预警、信息发布等手段，健全农业信息监测预警体系。大力发展农产品电子商务，完善配送及综合服务网络。推动科技、人文等元素融入农业，发展农田艺术景观、阳台农艺等创意农业。鼓励在大城市郊区发展工厂化、立体化等高科技农业，提高本地鲜活农产品供应保障能力。鼓励发展农业生产租赁业务，积极探索农产品个性化定制服务、会展农业、农业众筹等新业态。

（四）引导产业集聚发展

加强农村产业融合发展与城乡规划、土地利用总体规划有效衔接，完善县域产业空间布局和功能定位。通过农村闲置宅基地整理、土地整治等政策新增的耕地和建设用地，优先用于农村产业融合发展。创建农业产业化示范基地和现代农业示范区，完善配套服务体系，形成农产品集散中心、物流配送中心和展销中心。扶持发展一乡（县）一业、一村一品，加快培育乡村手工艺品和农村土特产品牌，推进农产品品牌建设。依托国家农业科技园区、农业科研院校和"星创天地"，培育农业科技创新应用企业集群。

三、现代智慧生态农业发展战略

智慧农业是以信息和知识为核心要素，通过将互联网、物联网、大数据、云计算、人工智能等现代信息技术与农业深度融合，实现农业信息感知、定量决策、智能控制、精准投入、个性化服务的全新农业生产方式，是农业信息化发展从数字化到网络化再到智能化的高级阶段。现代农业实现质量水平提升需具备三大科技要素：品种是核心，设施装备是支撑，信息技术是手段。而智慧农业完美融合了三大科技要素，在农业发展中具有里程碑式意义。

综合智慧农业的技术特征及我国发展现代农业的战略需求，我国未来10年智慧农业发展的战略目标为：瞄准农业现代化与乡村振兴战略的重大需求，突破智慧农业核心技术、"卡脖子"技术与短板技术，实现农业"机器替代人力""电脑替代人脑""自主技术替代进口技术"的三大转变，提高农业生产智能化和经营网络化水平，加快信息化服务普及，降低应用成本，为农民提供用得上、用得起、用得好的个性化精准信息服务，大幅度提高农业生产效率、效能、效益，引领现代农业发展。

美国、日本等发达国家的农业实践表明，智慧农业是农业发展进程的必然趋势。据美国农业部统计，2012年已有69.6%的美国农场使用互联网开展与农业有关的生产经营活动，有38.5%、23.7%的农场分别使用DSL（数字用户线路）服务和卫星遥感服务。日本人均耕地仅有0.7亩，但通过信息网络、数据库系统、精准农业、生物信息、电子商务等现代信息技术，实现了播种、控制、质量安全及农产品物流等方面的智慧化，农业安全生产水平和农产品流通效率位居世界前列。目前我国智慧农业呈现良好的发展势头，但整体上还属于现代农业发展的新理念、新模式和新业态，处于概念导入期和产业链逐步形成阶段，在关键技术环节方面和制度机制建设层面面临支撑不足的问题，且缺乏统一、明确的顶层规划，资源共享困难和重复建设现象突出，一定程度上滞后于信息化整体的发展水平。

（一）智慧农业关键技术重点突破战略

智慧农业具有一次性投入大、受益面广和公益性强等特点，需要政府的支持和引导，即实施一批有重大影响力的智慧农业应用示范工程和建设一批国家级智慧农业示范基地。目前我国智慧农业发展依托的关键技术（如智能传感、作物生长模型、溯源标准体、云计算大数据等）还存在可靠性差、成本居高不下、适应性不强等问题，需要加强研发，攻关克难。同时，智慧农业发展要求农业生产实现规模化和集约化，必须在坚持家庭承包经营的基础上，积极推进土地经营权流转，因地制宜发展多种形式的规模经营。与传统农业相比，智慧农业对人才有更高的要求，因此要将职业农民培育纳入国家教育培训发展规划，形成职业农民教育培训体系。另外，要重视相关法规和政策的制定与实施，为农业资金投入和技术知识产权保驾护航，从而维护智慧农业参与主体的权益。

（二）智慧农业资源聚合战略

智慧农业得到发展必然要经过一个培育、发展和成熟的过程，因此当前我国要科学谋划，制定出符合国情的智慧农业发展规划及地方配套推进办法，为智慧农业发展描绘总体框架，制定目标和路线图，从而打破我国智慧农业虽然发展多年但各自为政所形成的资源、信息孤岛，将农业生产单位、物联网和系统集成企业、运营商和科研院所的相关人才、知识科技等优势资源互通，构成高流动性的资源池，进而形成区域智慧农业乃至全国智慧农业发展一盘棋的局面。

（三）智慧、生态、安全、城乡双赢多目标融合发展战略

在城市化背景下，未来我国食物消费的主体将是城市居民。伴随收入水平的提高及随之而来的安全、健康食物消费观念的兴起，城市居民对安全、绿色、特色农产品的需求将与日俱增。这就要求在供给端实现特色、优势、安全、绿色农产品的生产，并实现与消费者的有效对接。由此，可借助智慧农业，在农户层面打造完备的物联网基础设施，

并以农村行政村和城市社区街道为基础单元，实现两个基层组织在生鲜农产品和特色农产品生产及销售方面的订单化。农村村庄负责安排农户层面农产品品类、生产技术规则、产品质量保障方面的具体事务；城市社区街道负责小区内居民住户消费需求信息填报、货物到达后配送等具体事宜。借助智慧农业的信息，城市消费者可实时掌握所订购农产品的生产情况。通过这种合作模式，可实现城乡有机融合，从而实现农民增收和安全农产品销售的双赢。

另外，借助"智慧农业"还可改善农业生态环境。将农田、畜牧养殖场、水产养殖基地等生产单位和周边的生态环境视为整体，通过对其物质交换和能量循环关系进行系统、精密运算，可保障农业生产在其所处生态环境的可承受范围内，如定量施肥不会造成土壤板结，经处理排放的畜禽粪便不会造成水和大气污染，反而能培肥地力等。智慧农业作为集保护生态、发展生产于一体的农业生产模式，通过农业精细化生产，实施测土配方施肥、农药精准科学施用、农业节水灌溉，推动农业废弃物资源化利用，达到合理利用农业资源、减少污染、改善生态环境的目的，既保护好了青山绿水，又实现了产品绿色安全优质。借助互联网及二维码等技术，建立全程可追溯、互联共享的农产品质量和食品安全信息平台，健全从农田到餐桌的农产品质量安全全程监管体系，保障人民群众"舌尖上的绿色与安全"。利用卫星搭载高精度感知设备，构建农业生态环境监测网络，精细获取土壤墒情、水文等农业资源信息，匹配农业资源调度专家系统，实现农业环境综合治理、全国水土保持规划编制、农业生态保护和修复方面的科学决策，加快形成资源利用高效、生态系统稳定、产地环境良好、产品质量安全的农业发展新格局。

第三节 重 大 工 程

一、高标准农田建设工程

按照统一的规划布局和建设标准，统筹现有资金渠道和增量资金，以粮食主产区、非主产区产粮大县为重点，兼顾棉花、油料、糖料等重要农产品优势产区，开展土地平整，建设田间灌排沟渠及机井、节水灌溉、小型集雨蓄水、积肥等基础设施，修建农田道路、农田防护林、输配电设施，推广应用先进适用的耕作技术，确保每年新建一定面积旱涝保收、高产稳产的高标准农田。从田、土、水、路、林、电、技、管 8 个方面协调推进良田建设。一是整治田块，提高农田平整度，促进田块集中，优化农田结构布局；二是改良土壤，提升土壤有机质含量，促进土壤养分平衡，改善耕作层土壤理化性状；三是建设灌排设施，改善农田灌排和集蓄水条件，提高水资源利用效率，增强农田旱涝保收的能力；四是整修田间道路，提高田间交通配套水平，提高农业机械化作业覆盖率；五是完善农田防护林网，提高农田保持水土和防灾减灾的能力，改善农田生态条件；六是配套农田输配电设施，提高用电质量和用电安全水平，增强农业生产的电力保障能力；七是加强农业科技服务，健全农田监测网络，提高农业科技服务能力；八是强化后续管护，明确管护责任，完善管护机制，健全管护措施，落实管护资金，确保工程长久发挥效益。同时，加快集中连片地区中低产农田改造、喷灌、水利基础设施改造、建设与维护，集水和节水灌溉设施建设，山区梯田修建，平原和丘陵地区土地整治等。

二、"良种培育"建设工程

以"现代种业强区"为目标，健全种质资源保护与创新、种质规模繁育与生产、种苗品牌营销与技术服务三大体系，逐步实行种源农业品种创新应用与生物技术基础研究分开、品种推广与种业经营分开、科研与种业开发分开，培育壮大一批具有较强自主创新能力的"育繁推"种业"航母"，积极构建现代种业产业体系。

以优势城市为依托，打造全国良种培育中心。依托各地区丰富的高等教育科研力量，重点培育和开发高产、优质的水稻、小麦、蔬菜、水果、生猪、家禽等新品种（品系）。搞好顶层设计，着力推进"中国种都"建设快速发展。加快编制《"中国种都"发展规划（2016—2025年）》，积极争取将"中国种都"纳入国家种业重点支撑体系进行建设。

加强种业基础设施建设，增强企业生产研发和经营实力。一是建设标准化制种基地。鼓励种子企业流转土地，发展制种专业合作社，建立设施配套、长期稳定的农作物和林果花卉制种基地，支持企业建设现代化的加工、仓储、研发设施，促进良种繁育体系建设，提高其抵御自然灾害和生产种子的能力。二是建设种业研发服务平台。围绕生物育种研发的重大需求，以分子育种研究和应用为核心，建设公共组培中心、分子育种中心、基因库和智能化温室、仓储物流交易服务中心，为生物育种团队和中小种业企业提供及时、有效、便捷的全方位育种服务和仓储物流服务平台。

提升种业研发创新支撑能力。一是建立现代种业产业技术体系。在国家农业科技创新联盟中建立现代种业产业联盟，由其主导建立农科教相结合的现代种业产业技术体系，集聚种业科技资源，有效推进种业研发创新推广一体化、一盘棋、一条龙。二是加强跨区域种业科技协同创新。突破市域界限，采用合作研究、委托研究等方式，联合国内外种业科研机构、企业的优秀人才团队，围绕优异新种质、育种新材料、优势新品种、高效繁育新模式、加工储运新技术的创制研发，加强跨区域种业科技协同创新。三是推进科技成果转化应用，推动科技成果价值化、商品化、股权化和产业化。

加强种业科技示范推广。一是加强种业科技示范园区建设。按照各区域的种业产业优势，在每个区域拓展建设1～2个种业科技示范园区，形成一批可复制、可推广的技术经验。二是壮大"育繁推一体化"企业。鼓励科研人员兼职到企业开展科技创新和育种推广工作；实施更加优惠的招商引资政策，吸引国内外大型种子企业入驻；支持种业企业自主建设种业科技园。三是搭建"互联网+"种业技术咨询服务平台。依托地方农业信息网，开辟种业科技专家在线咨询服务网端口，建立网络专家咨询团，完善技术推广服务。

三、新型经营主体培育工程

围绕农民合作经济组织规范化发展水平提高，加快农民专业合作社建设和农村土地规模流转，推进农业经营体制创新。农民专业合作社建设：扶持一定数量的示范社、县域内联合社、销售合作联合社、成长性合作社；重点支持农民专业合作社生产服务、加工服务和销售服务能力建设。农村土地规模流转：对土地流转关系稳定、满足一定条件的土地流出方（入股农户）进行补贴；鼓励和引导有条件的地方推进农村土地承包经营权流转,促进土地适度规模经营并适当向粮食规模经营倾斜;对成效显著的乡镇农村土地流转有形市场建设实行"以奖代补",用于乡镇农村土地流转服务中心完善必要的硬件设施建设。富民强村示范工程:引导村集体经济组织大力发展资源开发型、资产经营型、为农服务型、异地发展型等多种形式的村集体经济;鼓励村集体经济组织利用宅基地整理、土地整治等政策,建设标准厂房、超市仓储等物业项目,增加村集体经济组织的资源性、资产性、服务性收入,从而增强村集体的经济实力。

四、种养结合循环农业工程

在南方水网密集地区畜禽限养政策大力推行、种植业化学肥料使用日渐增多及水产养殖业饲料投入强度逐渐增大的背景下,因地制宜,合理布局,推行华中地区种养结合循环农业工程,是实现解决集约化畜禽养殖粪便造成的环境污染、种植业化学肥料减量使用、粮食增产、水产养殖人工饲料减量等多重目标的着力点。

种养结合循环农业工程的核心在于迁入地区集约化畜禽养殖粪便无害化和资源化利用子工程。该子工程又可细分为粪污处理设施建设、畜禽粪便有机肥生产核心工艺研发、畜禽粪便有机肥生产技术示范推广等工程。畜禽粪便含有丰富的粗蛋白、粗脂肪、粗纤维、矿物质及钙、磷、钾、氮等营养成分,是生产价廉质优的有机肥的主要原料。而有机肥是发展生态农业、提高农产品质量所需的重要肥料。因此,应针对水稻、渔业和蔬菜的特性,以将粪便转化为高效、运输和使用方便的稻田、水产养殖和蔬菜种植有机肥作为重点研究项目进行科技攻关。积极推广塔式发酵、槽式发酵、袋装式发酵等使粪便无害化转化为有机肥料的关键技术,提高将粪便制成绿色有机肥的效率;加强利用干粪工厂化生产有机肥的工艺研究,积极鼓励有条件的地区开展粪便有机肥厂建设。应大力宣传施用有机肥的好处,通过抓无公害、绿色和有机农产品生产,在果园、菜园、农田等区域建立有机肥使用示范基地,大力推广应用有机肥,培育和壮大有机肥市场。

另外,可借鉴美国模式,通过调整生猪生产布局,促进玉米主产区与生猪主产区高度重叠,进而驱动玉米种植和生猪养殖相结合。美国是仅次于我国的生猪养殖大国,农业生产规模化、专业化和集约化水平较高,玉米种植带和生猪养殖带几乎重叠,种养结合特点突出,粪污治理已取得一定成效。美国的生猪产业通过内部整合,实现了纵向一体化的生产,大型企业通过与农场主签订生产订单来组织生产、加工和销售,农场从种植制度安排到生产、销售等各个环节都高度重视种养结合,饲料加工厂也逐渐从利润中心转化为纵向一体化生产的一个成本环节。2012年美国饲料生产总量达到1.65亿t,但商品饲料只占50%左右,美国排名前10位的公司生产的饲料大多被内部关联的饲养场消耗。此外,美国从事商品饲料生产的企业通常也与养殖企业实行订单生产,通过合约形式将饲料生产和生猪养殖有效绑定。从20世纪90年代开始,美国出现了以节约成本为目的区域分工,如在非玉米主产区进行仔猪繁育专业化生产;在玉米带边缘区,尤其是玉米带的东南、南、西南部边缘地带进行仔猪哺育;断奶的仔猪运输到玉米主产区内部进行育肥。以玉米带生猪产量排名前两位的艾奥瓦州和明尼苏达州为例,2016年,两地的生猪出栏量分别为4820万头和1961万头,分别调入仔猪2207万头和556万头,而伊利诺伊、密苏里、俄克拉何马邻近各州则相反,分别调出仔猪115万头、164万头和 312 万头。同时，美国通过综合养分管理计划（CNMP）推动种养结合，进而加强生猪集中饲养的粪污治理。猪场在审批之初，要向有关部门提交一份完整的粪污管理计划，其中包括产粪量（即营养物质产生量）及粪便储存类型、储存量、排放或应用方法和使用时间等，并定期监测粪便的存储情况、用水情况、使用或排放记录、每一季作物的营养物质使用量等。

随着农业产业结构的不断优化升级，我国生猪养殖产业面临新的机遇与挑战。在此背景下，应积极探索适应我国国情的生猪产业发展新模式，以实现经济、生态和社会效益的多赢。第一，借"南猪北上"之机，实现玉米种植和生猪养殖的有效融合。遵循比较优势原则，发挥玉米主产区饲料原料丰富的先天优势，优化生猪养殖的区域布局。调减生态脆弱区的生猪生产，引导生猪产能从南方水网地区向北方玉米主产区有序转移。在稳定华北传统主产区生猪生产的同时，深入发掘东北地区的生猪养殖潜力，将东北地区打造成全国猪肉产品的重要供应基地。同时，借鉴美国养猪地区的协作经验，强化市场物流体系建设，加强省际分工与协作，打破条块分割的体制关系，提高区域空间溢出效应的利用能力。第二，鼓励种养结合和粪污处理同步，实现生猪产能转移的绿色着陆。推进生猪产能向玉米主产区转移，要充分利用当地的饲料资源优势，充分发掘种植业对养殖业粪污的承载优势，鼓励粪肥还田。同时，要统筹考虑当地的饲料供给能力和土地载畜量，不能过度转移，即省级主管部门要统筹兼顾，根据本省土地资源和环境承载能力，制定适合本省的生猪发展产业规划。另外，引导各地区结合实际情况，制定有机肥发展行动计划，针对现有的猪场，推广庭院立体生态农业模式，实现良性循环。第三，因地制宜，实现生猪养殖的适度规模化发展。从美国的生猪养殖经验来看，规模化、标准化是今后生猪产业发展的必然趋势。但国情有别，我国的基本国情是人多地少水缺，玉米主产区虽有产业发展优势，但也存在资源限制。因此，生猪产业要遵循"适度规模"的原则，大力发展中小规模养殖，适度发展大规模养殖，构建合理的生猪养殖规模结构，因地制宜打造规模适度、标准化水平高、管理方式先进的养殖场，并在条件适宜的地区推动生猪养殖小区建设，实现统一畜舍、统一饲喂、统一防疫、统一社会化服务，从而实现种植业与养殖业生产的联动，放大规模效应，降低养殖户的风险。

第四节　发展路线图

一、食物安全保障战略路线

（一）粮食生产功能区和重要农产品生产保护区建设

2025 年：全面完成永久基本农田划定，将 15.46 亿亩基本农田保护面积落地到户、上图入库，实施最严格的特殊保护。优先在永久基本农田上划定与建设粮食生产功能区和重要农产品生产保护区。优先将水土资源匹配较好、相对集中连片的稻谷小麦田划定为粮食生产功能区，为大豆、棉花、糖料蔗等重要农产品划定生产保护区，明确保有规模，加大建设力度，实行重点保护。

2035 年：全面完成粮食生产功能区和重要农产品生产保护区划定，并建立成熟的粮食生产功能区和重要农产品生产保护区保护制度与管理体系。

（二）大规模推进高标准农田建设

2025 年：建成集中连片、旱涝保收的高标准农田 8.5 亿亩，亩均粮食综合生产能力提高 100kg 以上。

2035 年：建成集中连片、旱涝保收的高标准农田 10 亿亩，亩均粮食综合生产能力提高 100kg 以上，基本实现田、土、水、路、林、电、技、管 8 个方面的配套。

二、农业产业融合发展战略路线

（一）协同推进种植业产品生产与加工发展

2025 年：完成农产品生产基地建设及初加工、精深加工发展和副产品综合利用的空间布局规划；逐步提升主食产业化水平，完成推动种植业加工副产物循环、全值、梯次利用的行动方案；引导和鼓励玉米等农产品精深加工业向优势产区和关键物流节点转移。

2035 年：初步实现主食产业化，全面提升种植业加工副产物循环、全值、梯次利用水平；完成玉米等农产品精深加工业向优势产区和关键物流节点转移。

（二）完善种植业农产品市场流通体系

2025 年：在优势产区建设一批国家级、区域级产地批发市场和田头市场，推动公益性农产品市场建设。实施农产品产区预冷工程，建设农产品产地运输通道、冷链物流配送中心和配送站。

2035 年：全面打造农产品营销公共服务平台，推广农社、农企等形式的产销对接，构建完善的城市社区鲜活农产品直销网点，初步建立起商贸流通、供销、邮政等系统的物流服务网络和设施。

（三）发展种植业新业态

2025 年：农产品网上零售额占农业总产值的比例达到 10%。发展农田艺术景观、阳台农艺等创意农业，鼓励发展工厂化、立体化等高科技农业。

2035 年：农产品网上零售额占农业总产值的比例达到 30%。初步建立完善的农田艺术景观、阳台农艺等创意农业，工厂化、立体化等高科技农业达到一定规模。定制农业、会展农业等新业态初具规模。

三、现代智慧生态农业发展战略路线

（一）发展智慧农业

2025 年：开始对大田种植等进行物联网改造,初步建成一批农业物联网应用示范省、农业物联网应用示范区、农业物联网应用示范基地；建设村级益农信息社，对行政村实现全覆盖。

2035年：建立起全球农业数据调查分析系统，完成国家农业数据中心改造升级。建设基于卫星遥感、航空无人机、田间观测一体化的农业遥感应用与研究中心。

（二）化肥农药使用量零增长行动与废弃物资源化利用无害化处理相结合

2025年：农作物测土配方施肥技术推广覆盖率达到95%，绿色防控覆盖率达到35%；主要农作物化肥利用率达到45%，主要农作物农药利用率达到45%，农膜回收率达到90%；养殖废弃物综合利用率达到85%。

2035年：2025年的各项指标提高10个百分点。物联网技术、遥感技术、无人机技术等手段与生态农业充分结合。

参 考 文 献

曹斌. 2017. 小农生产的出路: 日本推动现代农业发展的经验与启示. 农村经济, (12): 121-128.
曹光乔, 张宗毅. 2008. 农户采纳保护性耕作技术影响因素研究. 农业经济问题, (8): 69-74.
陈风波, 丁士军. 2006. 农村劳动力非农化与种植模式变迁: 以江汉平原稻农水稻种植为例. 南方经济, (9): 43-52.
陈和午. 2004. 农户模型的发展与应用: 文献综述. 农业技术经济, (3): 2-10.
陈加满. 2018. 我国耕地质量安全问题研究. 乡村科技, (27): 57-58.
陈少林, 屈彩玲, 井增华. 2019. 农业信息化综合建设发展策略探讨. 现代农业科技, (7): 259.
陈锡文. 2016. 如何看待粮食领域"三量齐增"现象. 农村工作通讯, (10): 52.
程名望, 张帅, 潘烜. 2013. 农村劳动力转移影响粮食产量了吗?——基于中国主产区面板数据的实证分析. 经济与管理研究, (10): 79-85.
程宇航. 2013. 高品质的德国种植业. 老区建设, (7): 56-59.
邓楠. 2001. 世界农业科技发展现状与趋势. 北京: 中国林业出版社.
邓宗兵, 张旭祥. 2002. 科技进步与中国农业经济增长. 农业现代化研究, (4): 241-245.
杜蕙. 2002. 农产品中农药残留污染及其治理对策. 甘肃科技, (7): 90-91.
范江平. 2018. 农业技术推广对推动种植业发展的作用浅析. 农业与技术, 38(16): 46.
房裕东, 韩天富. 2019. 作物快速育种技术研究进展. 作物杂志, (2): 1-7.
盖庆恩, 朱喜, 史清华. 2014. 劳动力转移对中国农业生产的影响. 经济学(季刊), (3): 1147-1170.
高焕文, 何明, 尚书旗, 等. 2013. 保护性耕作高产高效体系. 农业机械学报, 44(6): 35-38, 49.
侯庆海. 2018. 种植业供给侧结构性改革初探. 理论观察, (8): 82-84.
胡雪枝, 钟甫宁. 2013. 人口老龄化对种植业生产的影响: 基于小麦和棉花作物分析. 农业经济问题, (2): 36-43, 110.
黄国勤. 2001. 建国四十五年南方耕作制度的演变与发展. 中国农史, (1): 68-78.
黄浩洲. 2018. 广西种植业供给侧结构性改革探析. 广西经济, (2): 20-23.
黄季焜. 2018. 四十年中国农业发展改革和未来政策选择. 农业技术经济, (3): 4-15.
江泽林. 2018. 机械化在农业供给侧结构性改革中的作用. 农业经济问题, (3): 4-8.
焦长权, 董磊明. 2018. 从"过密化"到"机械化": 中国农业机械化革命的历程、动力和影响(1980～2015年). 管理世界, 34(10): 173-190.
柯福艳, 徐红玳, 毛小报. 2015. 土地适度规模经营与农户经营行为特征研究: 基于浙江蔬菜产业调查. 农业现代化研究, 36(3): 374-379.
孔飞扬. 2018. 直播水稻生长特性与产量构成关系研究. 南宁: 广西大学硕士学位论文.
李旻, 赵连阁. 2009a. 农业劳动力"女性化"现象及其对农业生产的影响: 基于辽宁省的实证分析. 中国农村经济, (5): 61-69.
李旻, 赵连阁. 2009b. 农业劳动力"老龄化"现象及其对农业生产的影响: 基于辽宁省的实证分析. 农业经济问题, (10): 12-18.
李顺萍. 2018. 世界大豆生产布局及中国大豆对外依存度分析. 世界农业, (11): 108-112.
李炎子. 2014. 我国种植业空间布局演变(1978—2009). 北京: 中国农业大学博士学位论文.
李中. 2019. 改革开放40年我国高新技术产业发展实践与反思. 经济体制改革, (1): 103-109.
林宏程. 2010. 18世纪—19世纪发达国家种植业发展史对我国种植业产业化的启示. 种植业考古, (4): 336-339.

参考文献

林哲汇. 2018. 对农业供给侧结构性改革的深层探索. 智库时代, (52): 233, 238.

刘一佳, 彭浩, 王国超. 2018. 农业信息集成技术在现代农业发展中的应用研究. 乡村科技, (14): 117-118.

路玉彬, 周振, 张祚本, 等. 2018. 改革开放 40 年农业机械化发展与制度变迁. 西北农林科技大学学报(社会科学版), 18(6): 18-25.

吕美晔, 王凯. 2008. 菜农资源禀赋对其种植方式和种植规模选择行为的影响研究: 基于江苏省菜农的实证分析. 农业技术经济, (2): 64-71.

马铭蔚. 2012. 中国粮食国际竞争力研究. 天津: 天津财经大学硕士学位论文.

马晓河. 2000. 中国农产品加工业的市场供求前景与政策选择. 管理世界, (2): 157-162.

马园园. 2009. 基于品目细分的我国油料作物国际竞争力研究. 南京: 南京农业大学硕士学位论文.

苗齐. 2003. 中国种植业区域分工研究. 南京: 南京农业大学博士学位论文.

穆娜娜, 周振, 孔祥智. 2019. 农业社会化服务模式的交易成本解释: 以山东舜耕合作社为例. 华中农业大学学报(社会科学版), (3): 50-60.

潘彪, 田志宏. 2018. 中国农业机械化高速发展阶段的要素替代机制研究. 农业工程学报, 34(9): 1-10.

潘德怀, 杨忠热, 黄永林, 等. 2007. 不同种植方式对玉米产量的影响. 农技服务, 24(7): 18, 22.

彭代彦, 吴翔. 2013. 中国农业技术效率与全要素生产率研究: 基于农村劳动力结构变化的视角. 经济学家, (9): 68-76.

皮晓雯, 魏君英. 2018. 农村人口老龄化对乡村振兴战略的影响. 合作经济与科技, (22): 11-13.

邱敦莲. 2006. 利用生物新技术改善主要粮食作物的营养组成. 四川农业科技, (7): 9.

任育锋, 李哲敏, 徐琛卓. 2015. 澳大利亚的农业发展趋势. 世界农业, (8): 131-136, 232.

沈红霞. 2018. 农业高新技术产业发展现状与趋势: 以北京市为例. 中国农业科技导报, 20(12): 9-15.

史玉淼, 李静. 2014. 盐碱土壤改良技术措施. 现代农业科技, (7): 261, 263.

宋月佳, 范旭. 1997. 农业可持续发展与种植业"四元结构". 经济问题, (7): 44-45.

陶金先. 2010. 山东省农业机械化发展及对策研究. 泰安: 山东农业大学硕士学位论文.

田旭, 张淑雯. 2017. 单位面积利润变化与我国粮食种植结构调整. 华南农业大学学报(社会科学版), 16(6): 59-71.

王剑屏, 袁媛, 龚秀萍, 等. 2007. 农业科技进步集成模型与实践. 科技与经济, 20(2): 47-49, 60.

王洁. 2017. 农业科技进步对区域农业经济增长的影响. 河南农业, (35): 14-15.

王金霞, 张丽娟, 黄季焜, 等. 2009. 黄河流域保护性耕作技术的采用: 影响因素的实证研究. 资源科学, 31(4): 641-647.

王军, 李萍, 詹韵秋, 等. 2019. 中国耕地质量保护与提升问题研究. 中国人口·资源与环境, 29(4): 87-93.

王俊鑫. 2019. 耕地保护面临的主要问题与解决策略研究. 科技风, (2): 203.

王姗姗. 2006. 世界食糖市场国际竞争与中国食糖贸易研究. 杭州: 浙江大学硕士学位论文.

王胜光, 朱常海. 2018. 中国国家高新区的30年建设与新时代发展: 纪念国家高新区建设30周年. 中国科学院院刊, 33(7): 693-706.

王水连, 辛贤. 2017. 土地细碎化是否阻碍甘蔗种植机械化发展? 中国农村经济, (2): 16-29.

王钊, 刘晗, 曹峥林. 2015. 农业社会化服务需求分析: 基于重庆市191户农户的样本调查. 农业技术经济, (9): 17-26.

王志理, 王如松. 2011. 中国流动人口带眷系数及其影响因素. 人口与经济, (6): 9-16.

文天植. 2009. 谈经济高速增长时期日本的农业生产技术现代化. 农业经济, (11): 27-29.

吴青香. 2018. 江西双季稻机插栽培的制约因素与对策研究. 南昌: 江西农业大学硕士学位论文.

肖玫, 袁界平, 陈连勇. 2007. 食品安全的影响因素与保障措施探讨. 农业工程学报, 23(2): 286-289.

徐海滨. 2008. 我国油料产业国际竞争力分析. 无锡: 江南大学硕士学位论文.

徐庆国, 徐持平, 刘红梅. 2018. 优化种植业供给侧改革的探讨. 湖南农业科学, (4): 88-91.

杨春君. 2010. 美国种植业机械化研究. 农机使用与维修, (3): 4-6.

杨荷君, 万超. 2018. 农业种植业结构面临的问题与应对策略. 农家参谋, (21): 296, 298.
杨加根. 2018. 我国农业机械技术进步与农业可持续发展关联性探究. 农业与技术, 38(19): 174-176.
杨进, 钟甫宁, 陈志钢, 等. 2016. 农村劳动力价格、人口结构变化对粮食种植结构的影响. 管理世界, (1): 78-87.
杨照, 栾义君. 2014. 粮食安全条件下我国农产品消费的"三元结构". 改革, (9): 61-66.
杨子, 饶芳萍, 诸培新. 2019. 农业社会化服务对土地规模经营的影响: 基于农户土地转入视角的实证分析. 中国农村经济, (3): 82-95.
叶乐安. 2007. 上海市郊种植业绩效评估与生产经营决策. 上海: 华东师范大学博士学位论文.
叶志标. 2017. 中国小麦空间格局演变及其驱动因素贡献份额研究. 北京: 中国农业科学院大学硕士学位论文.
易福金, 刘莹. 2016. 劳动力价格上升与江、浙水稻播种面积相悖变化: 基于替代弹性的解释. 统计与信息论坛, 31(4): 87-92.
曾福生. 1996. 论农业增长方式由粗放型向集约型转变. 湖南农业大学学报, (4): 80-85.
曾衍德. 2018. 加快发展现代种植业 助力乡村振兴战略实施. 中国农技推广, 34(2): 3-8.
张华峰. 2016. 中国棉花产业国际竞争力及影响因素分析. 泰安: 山东农业大学硕士学位论文.
张莉. 2015. 荷兰的种植业现代化. 当代农机, (3): 54-56.
张倩华. 2003. 美国种植业发展给我们的启示. 山东农机化, (7): 26.
张天贵. 2003. 以市场为导向稳步推进种植业结构调整. 云南农业, (3): 5.
张伟年, 汪莉娜, 刘景. 2012. 我国农产品流通环节的质量安全控制问题研究. 物流工程与管理, 34(3): 126-128, 148.
张文静. 2017. 转基因食品消费行为研究. 杨凌: 西北农林科技大学博士学位论文.
张泽, 吕新, 侯彤瑜. 2019. 浅析中国农业信息化技术发展现状及存在的问题. 教育教学论坛, (14): 267-268.
赵辉. 2012. 关于农产品质量安全农用投入品方面的探讨. 农业环境与发展, 29(3): 55-57.
赵颖文, 吕火明. 2019. 刍议改革开放以来中国农业农村经济发展: 主要成就、问题挑战及发展应对. 农业现代化研究, 40(3): 377-386.
郑旭媛, 徐志刚. 2017. 资源禀赋约束、要素替代与诱致性技术变迁: 以中国粮食生产的机械化为例. 经济学(季刊), 16(1): 45-66.
中国可持续发展研究会. 2016. 2049年中国科技与社会愿景: 生物技术与未来农业. 北京: 中国科学技术出版社.
周振, 孔祥智. 2019. 农业机械化对我国粮食产出的效果评价与政策方向. 中国软科学, (4): 20-32.
朱晓峰. 2013. 新阶段我国农业发展的特征、问题与对策. 学术界, (6): 52-73.
朱中超. 2013. 比较优势、竞争优势与中国蔬菜产业发展. 南京: 南京农业大学硕士学位论文.
邹正冰颖. 2018. 我国耕地保护的现状、问题与对策. 法制与社会, (12): 142-143, 146.